A.T. カーニー編

A.T. カーニー
業界別
経営アジェンダ
2025

Kearney CxO Agenda 2025
Regenerate your business!

日本経済新聞出版

はじめに

創造と変革のリーダーの時代

　2020年1月、A.T. カーニーの日本代表に就任した直後に、日本を代表する大企業20社、世界に向けて価値創造する新興企業・スタートアップ企業200社のご支援に注力する方針を掲げました。また、これらの"20社＋200社"の創造と変革のために、2050年までに"2,000人の創造と変革のリーダー"に出会い、志を共有し、後押しさせて頂くことを目標としました。

　その後の5年弱の間に、"20社＋200社"の経営者、役員、ミドル、若手の皆さんとの接点と対話の機会に恵まれました。そして、2050年までにより"Well-Being な社会の創造"を実現することに繋がる、"日本を変える、世界が変わる"ための兆しを感じることができました。それらの兆しについて、人物、構想、実行の大きく3つの観点から触れておきたいと思います。

　第1に、人物の兆しです。企業は社会の公器であるという本質に立ち返って、経営を再構築する創造と変革のリーダーが着実に増えている点です。これらの経営リーダーは、短中期目線ではなく中長期目線、自社至上主義的な視点ではなくマルチステークホルダー主義的視点、地球への負荷を減らすという視点に留まらず、社会と地球を再生するという視点を持ち、経営の全てを見直すという価値観を有していると感じています。

　第2に、構想の兆しです。パーパス・ビジョン・ミッション、経営戦略・事業ポートフォリオ、R&D、新製品・サービス開発、マーケティング、サプライチェーンなどの改善に留まらず、抜本的な改革を実現するための構想に関するご相談が増えている点です。国内外のマクロ・ミクロの

多様かつ急速な環境変化に対して、産業横断の戦略構想、新たなビジネスモデルの創造などの大胆かつ柔軟な構想の必要性が認識されていると感じています。

　第3に、実行の兆しです。構想の実現に必要な組織能力を客観視し、人財採用・育成・外部戦力の必要性を早期に判断し、戦力の逐次投入ではなく、必要十分な戦力を投下する事例が増えている点です。新卒採用・終身雇用・ジェネラリスト育成・自前主義といった特徴を持つクライアント企業の中にも、大胆な創造と変革の構想に呼応し、職種別採用・中途採用・外部戦力の起用などの判断をする企業が増えています。

　このような兆しを、兆しで終わらせることなく、創造と変革のリーダーの増加、大胆かつ柔軟な構想、必要十分な組織能力の強化が加速することを願っています。A.T. カーニーは、"日本を変える、世界が変わる"を実現する"創造と変革のリーダー"が、大胆かつ柔軟な構想を企て、必要十分な組織能力の強化を実行するプロジェクトでのご支援に加えて、書籍を執筆することでも微力ながらも貢献できればと考えています。

　2023年11月に上梓した『業界別経営アジェンダ2024』に対して頂戴した様々な意見や感想を踏まえ、掲載できていなかった業界について新たに執筆するなどの改訂を行いました。産業横断の戦略構想、新たなビジネスモデルの創造などの重要性も高まる現代において、自社の事業領域以外も俯瞰し、周辺事業領域の定義・認識を更新し、次世代により良い社会を引き継ぐための構想を企てるきっかけとなれば幸いです。

A.T. カーニーとは

　A.T. カーニー（グローバル・ブランドはKEARNEY）は、本質的な正しさ(Essential Rightness)を追求する創業者のアンドリュー・トーマス・カーニーのリーダーシップのもと、1926年にアメリカ シカゴに創立され、約100年の歴史を持つ世界で最も歴史がある戦略コンサルティングファームの1

つです。

　グローバルでは、約5,300名の経営コンサルタントと多様な専門家・アドバイザーとのネットワークを擁し、フォーチュングローバル500企業のうち、4分の3以上をクライアント企業とし、謙虚かつ大胆に目に見える成果（Tangible Results）をお届けすることにこだわってきた結果、90％以上のクライアント企業に継続的に指名されるグローバルでも有数のコンサルティングファームです。

　世界40か国以上に拠点を有し、クライアント企業のグローバル展開をご支援するだけではなく、アメリカ ワシントンに Global Business Policy Council（GBPC）というシンクタンクを有し、各国の政府関係者や世界の主要企業の経営陣と共同し、Well-Being 社会の創造に向けた研究をしています。また、ダボス会議での戦略パートナーを務めるなど様々な国際機関や国際会議の有力なパートナーとして、各種アイデアを発信するとともに、その実現を支援しています。

　日本では、1972年に東京にアジア初の拠点を設けて活動を開始し、半世紀以上の歴史を有しています。現在では、“Well-Being 社会の創造”というパーパスのもと、2050年までに“日本を変える、世界が変わる”というビジョンを掲げ、日本を代表する製造業・サービス業・金融業などの大企業20社、及び、世界に向けて価値創造する新興企業・スタートアップ企業200社との創造と変革のプロジェクトに注力しています。

　また、内閣府・経済産業省・金融庁などにおいて各種政府委員を務め、20社の経営者が集って創造と変革に向けた創発をする機会、200社の経営者が集まって世界への価値創造に向けた対話をする機会を定期的に主催するほか、成長産業カンファレンス（GRIC）の後援などによるスタートアップ企業と大企業による協働にも貢献しています。

　2024年5月より、日本代表に兼任する形で、アジアパシフィック代表に就任しました。日本のほかに、インド、インドネシア、オーストラリア、

韓国、シンガポール、タイ、中国、フィリピン、マレーシアなどからなる地域を統括することになりました。A.T. カーニーのグローバルリーダーシップチームの1人として、各国の主要企業・政府関係者とのより多様かつ深い対話の機会も得られるようになりました。国内外でのこれらの活動を通じて蓄積された最新の知見を、日本のクライアント企業の皆さまにお届けすると共に、書籍や論考という形で多くの皆さまに情報をお届けすることで、より良い未来を形づくるべく、微力ながら貢献したいと考えています。

本書の位置づけと狙い

　本書は、日本のクライアント企業の皆さまの経営課題に日々向き合っているA.T. カーニーのシニアパートナー、パートナー、プリンシパル、マネージャーが共同で執筆したものです。各プラクティス（産業軸やサービス軸で専門知識や経験を蓄積している社内組織）において、日本を代表する企業の皆さまと膨大な数のプロジェクトを毎年ご一緒させて頂く中で、大きな潮目の変化や新たな脅威などを感じることが多くあります。

　本書は、可能な限り幅広い産業・サービスをカバーし、そこで起こっている最新のトレンドを俯瞰することに重きを置いています。対象とするテーマを絞り、そのテーマに関し可能な限り、多面的に検討する形も考えましたが、激変する経営環境においては、特定テーマの深掘りよりも、産業・サービスを俯瞰して幅広い視座を提供することによって、読者の皆さまが検討を深めるきっかけとして頂くことにも価値があるのではないかと考え、このような形式を採用することにしました。

　その結果として、当初の狙いは実現される一方で、一業種・一サービスあたりに割ける文字数には限りがあり、概要・方向性の提示に留まり、具体を共有するところまで踏み込んではいません。読者によっては物足りないと感じられることと思います。そのような場合には、各プラクティスが

弊社ホームページ上で発信している論考をご覧頂ければと思います。さらに、具体の議論・対話を希望頂ける場合には、各章の著者に直接にご相談を頂けましたら幸いです。

　このような本書の特徴に基づき、読者の皆さまにおかれては、興味がある産業・サービスに関して、空き時間にクイックに目を通して、トレンドにキャッチアップする形でご活用されるのも良いですし、複数業界を連続してお読み頂くことで、それらに通底するメガトレンドやうねりを考察頂くなど、状況に応じて柔軟にご活用頂ける書籍になったのではないかと考えています。

　最後になりましたが、本書の出版にあたっては、数多くの方々にご尽力頂きました。各章の著者である、A.T. カーニーの各プラクティスのシニアパートナーからマネージャーまでの各位のみならず、その裏側では各プラクティスメンバーに各種プロジェクトの経験からの示唆をインプットしてもらいました。また、Global Research チームの今村さん、工藤さん、竹田さんには各種調査を手伝って頂きました。加えて、秘書の方々（貝塚さん、天田さん、小林玲奈さん、小林恵さん、梶さん、青山さん、香川さん、中村さん、池田さん、新井さん、宮下さん）にも、本書作成のための時間確保や予定調整などに尽力頂きました。このように各章の著者以外の方々の献身的なサポートが無ければ、上梓することはできなかったものであり、この場を借りて心からの感謝をお示ししたいと思います。

　また、本書の構想・企画からお付き合いを頂いている日経BP社の永野様には様々なアドバイスなど多大なお力添えを頂きました。その他、本書の出版を支援してくださった全ての方に御礼申し上げます。

A.T. カーニーアジアパシフィック代表 兼 日本代表　代表取締役

関灘 茂

2024年11月

CONTENTS

第 1 編 産 業

自動車	10
エネルギー	33
防衛	50
船舶	68
通信	93
生成AI	115
量子コンピュータ	129
ヘルスケア	145
銀行	161
不動産	174
観光	198
メディア・コンテンツ	214
アパレル/ラグジュアリー	233
小売	250
消費財	259

第 2 編 業界横断テーマ

企業価値向上	270
M&A	289
サプライチェーン	310
サステナビリティ	330

第 1 編

産 業

第1章

自動車

量的成長の緩慢化に加え かつてない競争ステージのシフトを乗り 越えるための日本の自動車産業の論点

業界トレンド：巨大な世界市場をリードしてきた日本の自動車産業

　自動車は、食料・エネルギー等と並び人間活動の根源の「移動」を支える社会インフラであり、世界市場規模は600兆円に達し、潜在的な新車販売の伸び代も新興国中心に大規模です。自動車の普及はモータリゼーションカーブ（GDP/人が1・2百万ドル程度を超えると中間所得層が増え自動車が普及するという理論）に沿っており、経済成長が続く前提で普及が進むと見込まれる市場です。「シェアリングや公共交通により新車販売が構造的に減る」との意見もありますが、当面は普及の歴史的前提は不変と考えられます。一部先進国・都市部では変化が想定されますが、「自分で所有したほうが安い」、「公共交通は人口密度が低いと不便」等の事情からです。

　この市場で、日系の完成車メーカー（以降OEM = Original Equipment Manufacturer）の世界新車販売シェアは2023年に3割と、部品サプライヤー

産業

第1章 自動車

と共に日・米・東南アジアを主な陣地として業界をリードしています。また、関連雇用者数も国内数百万人と、日本経済を支える最重要産業の一つです。

日本勢が高い地位を築いた歴史を振り返ると、WWⅡ後の復興に必要なモビリティ需要を抱えた業界に、軍需からの撤退で出てきた優秀な技術者が参画したことに始まります。彼らが、業界の急速な**「①高品質な製品開発」**と、**「②高効率生産」**実現の原動力となったのです。また、戦後のリソース不足を補うため、OEMとサプライヤー、販売会社が密に連携し、迅速・高精度な意思疎通を実現する垂直統合型の「系列」システムが構築されてきた点も、日本勢のユニークな特徴です。これを武器に国内成長→

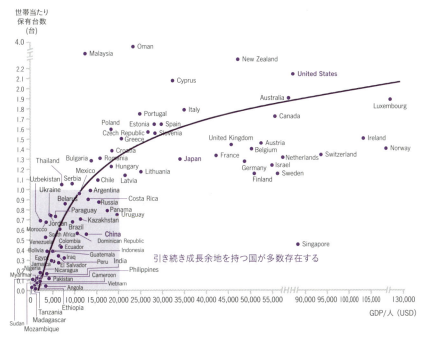

■ 図表 1-1　各国におけるモータリゼーションと経済発展の関係（2022年）

出所: S&P Global Mobility "World Parc", International Monetary Fund "World Economic Database", World Population Review "Numbers of Households by country" を参考にKearney作成

高度経済成長期の輸出拡大→貿易摩擦期の現地生産シフトによる先進国需要取り込み→2000年代以降の新興国への成長重心シフト対応、と進んできました。この流れを通じ、日系OEMは各国で「③生産・販売能力の整備」を進め、各国経済に深く根差しながら成長しました。

つまり、日本勢は、1908年T型Ford投入以降の大量生産競争に必要な①〜③を高水準に満たし、高いモノヅクリ力で現在の地位を築いてきたのです。

競争ステージがシフトし、成功要件も変化

しかしながら現在、業界は、**量的変化**としての「**新車販売台数の成長スピード緩慢化×収益圧迫**」と、**質的変化**としての「**カーボンニュートラル化**」、「**デジタル化**」という大きな変化に直面しており、日本勢の地位も盤石とは言えません。以降、それぞれの意味合いをみていきます。

量的変化：新車販売台数の成長スピード緩慢化×収益圧迫

新車販売は、世界最大市場の中国の経済鈍化でCOVID-19前には2017年94百万台をピークとして縮小し、COVID-19や自動車生産に必要な半導体不足もあり停滞してきました。

2024年に半導体不足からは脱したものの、2000年から2017年までリーマンショックを挟みつつ年率+3%で成長したのに対し、2030年にかけては低成長が予想されています。

これは、中国の経済変調や、中所得国の罠などもあり他の新興国でもこれまでの成長を維持するのが難しいとみられるためです。従い、各OEMは限られた販売台数のパイを厳しい競争で奪い合う状況となっていきます。

また、コスト面でも、COVID-19〜半導体不足、ウクライナ戦争の影響

で原材料価格等が世界的に上昇したうえ、米国では工場労働者がより自由で身体負荷も軽い業種（フードデリバリー等）に流れ人材調達難・人件費高騰が深刻化しました。

従来、一時的なコスト変動は生産効率化・設計合理化で吸収されてきましたが、足元で安全・環境規制に対する義務づけられた高度化アダプティブクルーズコントロール、レーンキープアシスト等の安全装備やハイブリッド（HEV）、電気自動車（BEV）等のシェア拡大による部品コスト上昇も同時進行するなかで、車両コストの上昇が余儀なくされました。

近年は供給不足で需給がタイトになったなか、自動車の値上げで利益確保はされてきました。ただし、足元から今後にかけて需給が緩むなかさらなる値上げが許容されるかは不鮮明です。このように、競争環境が厳しくなるなかで顧客の購買行動の変化次第では利益圧縮が起こる可能性があり、どう収益を稼ぐかが鍵となります。

質的変化：当面の現実解としてカーボンニュートラル化とデジタル化に収斂

2016年にメルセデス・ベンツがパリモーターショーで発表した中長期の経営ビジョン「CASE」（Connected, Autonomous, Shared & Services, Electric）は、業界の質的変化を表すキーワードとして近年大きく取沙汰されてきました。しかし提唱後8年が過ぎ、カーニーとしては当面カーボンニュートラル化（Electric）とデジタル化（Connected、＋ごく一部Autonomous）に収斂する現実解が示されたと考えています。

Electricは、速度・程度の議論こそあれパワートレインの電動化が進むのは各地域の政策もあって明らかです。またConnectedは、Teslaが2012年から通信による広範囲な遠隔での車載ソフトアップデート（OTA：Over The Air）機能を備えて以降、他OEMも追従を試み、2020年代後半にかけて多くのモデルに実装が進む見込みで、製造――販売――顧客の保有・乗

■ 図表 1-2　業界の質的変化に関する現実解への収斂

"**C**onnected" 😊	"**A**utonomous" ☹	"**S**hared & Services" ☹	"**E**lectric" 😊
- 既に多くの車両が何らかの通信機能を持つ - 車同士の通信は発展途上 - 今後の顧客体験への影響が高まると想定される	- 運転者不要の完全運転は引き続き実証段階 - 実装は当面運転手による監視ありの機能に留まる - 自動車販売への影響は当面軽微	- 大規模投資の多くが失敗 - 大都市での導入のみ（世界の車両の5%程度のみしかシェアされていない） - シェアリング企業の収益性は依然として厳しい	- BEV普及が政策主導で進められている - バッテリー価格の高さから今後の収益性にも影響する

2大潮流に収斂…

カーボンニュートラリティへの世界的な注力   デジタル化の不可逆的な進展

自動車業界は100年に1度の変革期を迎えている

車体験までの進化も続き、OEMの競争環境、収益確保上も影響は大きいと言えるでしょう。

一方、Autonomousは米中を中心として長年トライアルが実施されているものの、技術に加え法整備も必要なことから小規模にとどまります。また、Shared&Servicesは、先進国の需要密度の高い都市部で一部のサービスカーにおいてベンチャー企業/OEM以外の参入企業を含む実現・実用化の取組が進展するも、新興国を含む多くの地域や新車販売の大半を占めるマス価格帯車両においては、2030年以降も早晩の普及は想定されず、OEMビジネスへの影響は当面軽微と考えられます。

質的変化 カーボンニュートラル化

2015年パリ協定で登場して以降、カーボンニュートラル（以降CN）は世界に広がり、各国は対応を模索しています。特に世界のCO_2排出量のうち道路交通起因はトラックを含め2割弱のなかでも、日常生活につながり排出がイメージされやすく、政治的にも削減重要性が訴えられがちな側面を含め、自動車業界の排出量低減が注目されています。

CN は否定し難い潮流で、先進国を中心としてパワートレインの化石燃料の燃焼からのシフトは不可逆的ですが、実現手法は多岐に亘ります。特にバッテリーのみで走る BEV（Battery Electric Vehicle）に注目が集まっていますが、実際には BEV 以外も含む複数方式が地域毎に分かれて普及する＝マルチパスウェイが現実的とみられます。

というのも、BEV 技術は確立しつつあるものの、電力の電源構成が異なる各国各地において本当に BEV が等しく CN の解となるか、また BEV 普及に向けた様々な課題は様々な地域で解消されうるのか、という問いにはまだ答えが見つかっていないためです（資源・部品費起因の高価格（現在は補助金や、業界の利益放棄で価格抑制）、発電・電池製造・交換等を含めた Value Chain としての環境負荷、航続距離⇔充電時間のバランス、充電インフラ普及率・経済性・充電渋滞等）。

一方、従来の内燃機関エンジン（ICE: Internal Combustion Engine）も環境性能改善が続いており、（プラグイン）ハイブリッドの環境性能向上も著しく、ICE への水素燃料や e-fuel と呼ばれる再エネ由来の合成燃料活用、また電動パワートレーンにおいても水素燃料電池車（FCV）等、複数の可能性が模索されています。

実際、2023 年に中・欧・東南アジア等で BEV が急速に普及したものの、2024 年では前述の各種課題も改めて認識され、（プラグイン）ハイブリッドが評価を高め改めてシェアを伸ばしています。

また、弊社が実施した米国内の BEV 普及シミュレーションでも、地域毎の環境差（電源構成、運転距離、充電インフラ台数、所得水準、補助金等）により、カリフォルニア等継続した BEV 普及が予想される州に対し、普及が進みにくい州も複数想定されています。世界各国・各地域では、米国内以上に上記の環境差が存在することを踏まえれば、CN に向けた解決策は世界各地でさらに複雑となるでしょう。

では、なぜ近年の議論は、BEV に重きが置かれてきたのでしょうか。その背景には技術進歩やインフラ整備もあるものの、重要なのは各国の地

■ 図表1-3　各国における駆動方式別の新車販売構成の推移（％）

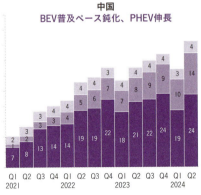

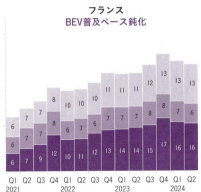

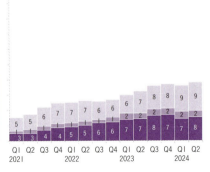

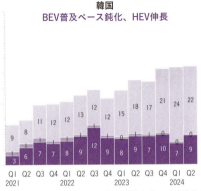

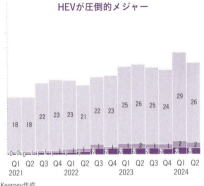

出所: Global Data "Global Hybrid and Electric Vehicle Forecast" を参考にKearney作成

政学的な思惑に基づく産業政策です。

　中国は過去、エンジン技術を外資合弁から学ぼうとしましたが、ノウハウ・車両競争力の獲得に苦戦し焦りを持ってきたと言われています。こうしたなか、発展途上のBEVに逆転の機会を見出し、電池企業育成、補助金投入、テスラ等の外資先行プレイヤーの誘致による国内サプライヤーの育成等を通じ、国主導でBEV強国化を図っています。

　また、欧州は、2015年のディーゼルゲート（独系OEMの大規模ディーゼル排気不正問題）でクリーンディーゼル技術による環境対応計画がとん挫し、ハイブリッドで先行する日本勢への遅れが決定的となりました。挽回に向け、政府・社会の要請下でBEV推進に舵を切り、ハイブリッド技術をBEV同等の補助金対象として認めないことで日本勢をけん制し欧州有利な環境を目指してきました。

　米国は、大型×長距離運転が多いため一般的にBEV普及が難しい地域が多く、民主党と共和党の政権交代で政策が左右されてきました。例えば、トランプ政権ではパリ協定軽視もありBEVシフトは様子見されてきましたが、バイデン政権が中・欧へのBEV出遅れを懸念して保護主義的な補助金を設定することでまき返しを図っています。

　こうして各国の地政学的思惑により各地市場環境が異なるなか、足元では欧米においても中国製の安価なBEVが中国国内市場縮小に合わせて大量輸出されることを警戒して関税障壁で市場防衛に動き、BEV推進一辺倒の政策からの転換を余儀なくされています。各国のCNは、どう自国産業有利に規制・補助を設定するかという産業政策と不可分であり、まだその手段は未確定な状況です。

質的変化　デジタル化

　CNと併せて、デジタル化も自動車業界の構造を幅広く変えようとしています。そのなかで、特に注目度が高い自動車の「モノづくり（含むサプラ

イチェーン）」、「流通（含むアフターサービス・関連サービス）」の視点で影響をみていこうと思います。

自動車のモノづくり（含むサプライチェーン）：自動車の機能向上はデジタル技術の活用に重心がシフト

近年、自動車の付加価値向上は、統合開発や素材・加工技術によるハード機能以上に、エレキも含むデジタル技術によるソフト機能の向上によって加速的に実現されるようになってきています。

デジタル化の対象も、過去からのブレーキ制御・カーナビ等の個別機能を超え、統合化を通じた自動運転機能や、より高度なHMI（Human Machine Interface）、さらにはOTAを代表としたコネクティッド化、と進化しており、自動車のデジタルデバイス化が進んでいます。顧客はスマホを通じてこうした機能向上に慣れ親しんでおり、デジタル技術が競争力に直結する時代が到来しつつあります。

ただし、自動運転の実用化には現実的な目が必要です。人間が運転から解放されるレベル4と呼ばれる完全自動運転は、技術だけでない事故時の責任問題といった法整備・社会受容性のハードル等もあり、乗用車における社会普及には10年以上の年月を要するのが現実的な見方でしょう。

このため、当面は一部特区でのレベル4実証を除き、高速道路等での運転手による監視が必要なレベル3の普及に留まるとみられます。

上述の車両の変化が一段と進む背景には、自動車の開発手法の変革があります。デジタルの付加価値拡大につれ、開発工数が増え、足元でプログラムコードは1億行超/台といわれ、PC用のOSを上回ると言われています。今後も機能拡張があるなか、開発効率化は重要課題です。

さらに、電子系の物理的搭載方法も変革が必要です。従来は1つ1つの機能毎に物理的に分散した電子制御ユニット＝ECU（Electric Control Unit）が配置されてきました。しかし、ECUが高級車で100個程度の多数搭載

となったいま、配線も含む重量・コストや開発効率、OTAへの対応（分散していると難しい）の観点から、新興プレイヤーが簡素化を進めています。

これらに対し、既存OEMはハードウェア開発を最適化するための組織分担があり、一定の機能をドメインで纏め、ECU数を減らす方向で合理化を進め線形に進化を遂げてきました。

一方、新興BEVメーカーTesla等は、IT出自の発想から、従来OEMにはない大胆な電子アーキテクチャの転換を伴う開発手法を取り始めています。結果ECUの配置も、車両を少数のゾーンに切り分けたうえで処理能力の高い半導体に多様な機能を集中処理させ、配線構造もシンプル化しています。

こうした電子アーキテクチャの転換は、単なる開発手法の変化と捉えるべきではなく、ハード中心の車両にソフトウェア・機能を載せるというステップから、車両が達成すべき機能・乗車体験から必要なソフトウェアを考え、ハードの要件を定めるという開発ステップへの、開発思想の転換を意味します。

ここが、従来OEMに捕らわれないTesla等IT出自のOEMが革命をもたらした点と言えます。

この開発思想の違いは、開発組織構造の違いにも表れます。Teslaでは従来OEMの機能別の開発体制ではなく、領域横断で集められた人材がリーンにプロジェクトチームを組成し、相互の領域で迅速・フラットな連携・議論を可能とし、各機能の"サイロ化"を防止したプロダクト開発が進められています。

一方、従来型OEM各社は、長年の開発手法の再定義に迫られ、組織変革を含め出遅れがちです。というのも、「ソフトウェア起点の車両開発手法を創る」、「開発後も不断の機能アップデートが可能な組織を持つ」、「ハイパワー半導体上に各機能を統合させる体制を築く」必要があるためです。

近年では、SDV＝Software Defined Vehicleという言葉が頻繁に使われています。SDVは、一義的には「ソフトウェアによって自動車の主要な機能や性能が定義される」、つまり「自動車を制御するソフトウェアのアップデート（更新）によって製造・販売されたあとも継続的に進化する自動車のこと」と定義されています。

しかし、SDVとは単なるソフトウェアと車両との関係性ではなく、コネクティッド機能やソフトウェアによってどの様な乗車・保有体験をもたらすか＝どの様な機能を持たせるか、そのために必要な電子アーキテクチャとは、そのためにハードに求められる要件とは、その開発思想・手法・組織体制とは、という広範な改革を伴う概念を示しています。

故に、既存OEMには、単純なソフトウェア開発機能の課題に留まらず、消費者体験〜開発思想〜開発組織までの抜本的な変革が求められているのが現状です。

流通（含むアフターサービス・関連サービス）：新車販売からアフターなどOEMによるバリューチェーン全体の付加価値の取り込み本格化

自動車のデジタル化は、車両開発・製造に留まらず、OEMと最終消費者との繋がり方を今後大きく変え、新車販売―整備・車検・中古等のアフタービジネスまで大きな変化をもたらす起点となります。

車両がコネクト化していく中で、従来OEMが直接把握・トレースして来ず、ディーラー側で一義的に補捉をしていた消費者情報、車両の利用情報等のデータを、OEMが初めて保有をし、その膨大なデータ活用の中で新たな消費者の購買/保有/乗車体験を生み出していくことが求められています。

従来OEMの新車販売モデルの中心となってきた、OEM―ディストリビューター（販売会社）―ディーラーという構造に、オンライン/モバイル

購入も可能としたTeslaの直営中心販売モデルが一石を投じました。これは単にまだ小規模のTeslaだから取り得る戦略と割り切るべきではなく、車両のコネクト化の中で初めて提供しうる新しい消費者購買体験であり、またそのシンプル・スマートな（繰り返しのディーラー訪問、短い営業マン同乗試乗、正解の分からない価格交渉など、煩わしさのない）購買体験を、直接の購入者でない消費者までがSNS等で認識をし始めています。

　しかしこの変化は、従来OEM・ディーラーにとって、オンラインの重要性が増し、リアルなディーラー店舗の重要性が失われていくことを意味するのか、というとそうではありません。丁寧な消費者説明や、今後車両のデジタル化によってより複雑性を増す故障修理・車検の受け皿、街の車のお医者さん・駆け込み寺としての意義を通じた、モビリティインフラとして非常に重要な位置付けは変わることはありません。

　最も重要なのは、"オンライン化"ではなく、オンライン/モバイルとリアル店舗を多様な希望を持つ消費者が柔軟に行き来し、購買・保有体験の価値を高めていくための"オムニチャネル化"となります。OEMが保有していくことになるコネクティッド経由の消費者・車両・利用のデータを如何に活用し、また従来の社内の生産データ等との連携も含め如何に消費者体験を高めていくか、ディーラーとしても従来の消費者満足を高める価値はそのままに、如何にOEM側のデータ・プラットフォーム上でその価値をより高めていくか、そのための新たな販売モデルの模索が、今後業界変革の鍵となってくるでしょう。

　例えば、一部OEMでは部品調達・生産ラインのデータと消費者データ、利用状況の車両データとを連携することで、リコール対象車両の絞り込み、対応スピードの迅速化を進めていますし、Teslaでは車両側の運転ログデータから消費者の運転性向をレーティングした上での消費者個別の自動車保険サービス（テレマティクス保険）の提供へとビジネス/消費者提供価値を拡大しています。

また、オンライン経由でのOEM直販モデルを、従来の店舗販売のディーラーモデル（ディーラーが一度OEMから車両を購入し、在庫リスクや多少の価格コントロール権を持って販売するモデル）と統合・併存させるオムニチャネル化の試みは、販売主体はOEMとなりつつ、販売・納車・アフター等のリアルオペレーションはディーラーがOEMのエージェントとしてフィーをもらい提供していく、"エージェンシーモデル"化の潮流を生んでいます。ドイツ系・日系を中心に、これまでも自国以外の個別地域でエージェンシーモデル化が進んできましたが、足元でメルセデスベンツが本国ドイツでのエージェンシーモデル導入を進めており、今後日本市場においてもOEM各社による検討がなされていくと見られます。

　こうした変化により、自動車OEMとしては、どこまでが自社付加価値で、どこが外部領域＝協調・共創領域か、それぞれの付加価値量は、という検討が一層重要となっていますし、ディーラーとしても、将来の消費者提供価値の在り方を改めて考えていくタイミングとなっています。

　車両のデジタル化を起点とした100年に一度の大変革期、は販売流通領域においても訪れているのです。

質的変化による業界構造の変化：CN・DXで他業界から分断されてきた自動車産業は業界融合へ

　最後に、質的な変化（CN・DX）を経た自動車のモノづくりの役割分担をみると、従来は交通当局が管理する道路上を走行するハードウェアが、OEM×部品サプライヤーによって異業種からは分断されて開発されてきました。

　しかし、近年自動車がエネルギー・通信で道路を超えた世界とつながるなか、ノウハウのある業界外のテック・エネルギーから取り込むべく、新規参入企業とともに開発を進める業界融合が進んでおり、従来の成功要件のルールが変化しています。

こうした避け難い量的・質的変化を受けた日系主要プレイヤーに求められる取組はどのようなものでしょうか。自動車産業のサプライチェーンを踏まえると、日本以外のグローバルビジネスの比重が高い同業界では、OEMとサプライヤー（特にTier1）の存在が特に大きい状況です。これらのプレイヤーは、前述の通り発展経緯も独自の背景を持つなか、グローバルにみても特徴ある日本勢固有の状況・課題を抱えています。以降では、両プレイヤーについての課題をこれまでのカーニーの支援事例も踏まえて概観します。

環境変化を踏まえた日系OEMへの示唆

では、はじめに日系OEMは何に取り組んでいくべきなのでしょうか。以下に4つの示唆を示します。

1. 量的な低成長時代のシェア確保に向けたモードチェンジ

まず、量的には、欧・米・中の主要な競合OEMが政策誘導含めてシェア獲得に有利な大きな自国マーケットを持ち、スケールを確保してコスト競争力を高めやすい一方で、相対的に日本勢は自国市場が小さく、元々スケールメリットを出しにくい環境にあります。

このなかでも、東南アジアや米国などを第二のホームマーケットとして育成してきましたが、経済が不安定化した中国のOEMが自国内ではなく海外に本格的に成長を求めはじめて大規模に投資も含めて進めており、実際にタイなどではシェアを一部失い始めています。

先述の通り市場規模がこれまでのようなペースで拡大しないとみられる環境においては、限られたパイをどう獲得するべきか、競争ステージが変化してきたと言え、改めて低成長な市場の中でのシェア拡大余地を見出し

たターゲットエリアの再配置や、アライアンスの積極活用によるシェア拡大が益々求められていきます。

2. CN対応の地域×時間軸でのリスクヘッジ

CNについては、1990年代のハイブリッド車、2010年前後の量産BEVの世界に先駆けた投入を日本勢が果たしてきました。しかしながら、足元での政策主導のBEV推進の流れには乗り切っておらず、CNについて「日本勢は出遅れている」という意見もあります。ただし、これは、一辺倒に急シフトする訳ではない未来が見えるなか、日本勢は「普及ペースの見方が現実的だった」とも言えるでしょう。

実際、この現実性は2024年に奏功し、緩慢なBEV普及で海外勢が車種投入や投資計画を大きく見直し混乱するなか、日系OEMはハイブリッド技術で追い風も受けています。

しかし、長期的にはCN化に向かって国・地域別に異なるペースで多様なパワートレイン構成に向かうなか、ハイブリッド技術だけで勝ちきれる保証はなく、各市場で出遅れないような車種投入と競合対策が必要です。

この点、実態として、日系OEM各社が複雑な未来像に対して自力で手当てをしきるのは難しいと考えられ、ブランドとの整合性を図りつつ、OEM同士のアライアンス等も活用したリスクヘッジが不可欠となってきます。

このなかではBEV化が進むのにつれたサプライチェーンの変化も踏まえる必要があります。ハイブリッドカーで日本が先行していた段階では、特にBEVのコスト・性能を左右する電池において日本が技術・コスト面でリードしていた一方、その後大規模な資本投資によって韓国・中国勢が急速に競争力を高めてきました。実際、中国BEV大手のBYDは、各国での補助金の恩恵はあるものの継続的に営業黒字を獲得できており、どのように競争力のあるサプライチェーンを築けるかも競争上重要になってきま

3. 新たな収益獲得方法の模索

　また、新車販売以外の新たな収益獲得も重要です。これまではOEMが数百億円のモデル開発費用やマス広告費用を負担し、販売はディーラーに任せるという分業体制を敷いてきたなかで、現時点でもなお製造への依存度が引き続き高い状況が持続しています。しかし、BEV等ではバッテリーを中心としたパワートレインの価格が圧倒的に高く、新車事業だけで持続的な利益を稼ぐのが難しくなっています。このため、自動車の保有期間を通じて収益化の網を張り、効率性の向上も含めて最大化する必要があります。

　この実現には、先述の通り、自動車販売にOEMが関与することによる販売プロセスの合理化が有効であり、地域毎のOEM/販売会社の関係にもよりますが、欧州等ではそうした売り方が実装され始めています。こうしたオムニチャネルを、既存の地域本社・販社との関係性のなかでどうグローバルに配置するかが、日系OEMに対しても問われています。

　また、ライフタイム全体で顧客とOEMがデジタルに繋がれる環境下、BEV電力の分散電源としての電力売買を媒介するサービスなども存在します。

　このほか、新車販売の成長が緩慢化するのに対し、車両高価格化を避けるため中古車が選ばれるとみられ、中古車事業もOEMにとって重要と考えられます。

　こうした中で、チャネルパートナーとしてディーラー網を引き続き活用するか、デジタルで顧客と繋がる中で新たなチャネル網を構築するかも問われています。日系OEMにとって8割が海外での販売となるなかでその複雑性（言語・文化・使用環境）も踏まえてマネージするのは容易ではなく難しい舵取りが求められています。

一方、販売会社側がこの流れで単純にビジネスを失うわけではなさそう
です。確かに、通常の新車購入では、OEM側の役割が増え販売会社のマ
ージンが減り、リソースを最適化する必要があります。

　ただし、BEVは専用設備での修理・交換対応が求められるため、地域
独立の整備工場でなく、販売会社への入庫が増える可能性があります。日
本では、元々地域独立の整備工場が高齢化も含めて事業継続が難しく、販
売会社や独立系整備ネットワークに機能集約する未来も想定されます。

4. デジタル化を踏まえたモノづくりの実現

　デジタル化に適した組織作りも必須です。先述の通り、不断のアップデ
ートが可能な開発組織に加えて、ハードの設計でもOTAを通した将来の
アップデートを受け入れられるレベルでのオーバースペックが必要です。

　特に、常に機能をアップデートし続けるといっても、自動車は人命に直
結するため単純な見切り発車は許されません。安全性に関わる機能と快適
性等の機能を分け、後者でややアジャイル的にリリースして機能向上を図
るなど、従来型の開発プロセスとの両立を実現する再定義が問われていま
す。

　また、自社の開発領域を再定義する必要もあります。Tesla等が内製化
率を高めて柔軟・迅速な開発体制を敷くなか、OEMとして、従来の関係
性通りサプライヤーにもソフト開発を大きく依存するかも判断が求められ
ます。

　さらに、内製・外部調達の範囲の再編には、外部調達するソフトの品質
/価値評価のノウハウを組織能力として構築することも重要となります。

　こうした変化のなか、故障しないハードウェアを作ることで価値を発揮
してきた日系OEM各社はどこまで新たな思想にアジャストすべきか・で
きるかという点が業界のカルチャーとして問われています。

　加えて、人材確保についても課題となっています。欧米勢や新興勢はテ

ックプレイヤーとの競争を伴いながらもグローバル全体でハイレベル人材獲得を強めています。対する日本勢は、言語の問題もあり日本の人材中心に検討してきた経緯があり、自動車への深い理解とソフトウェア開発知見の両方を持つ質の高い優良人材獲得の限界をどう超えていくかが課題となっています。

日系サプライヤーに対する示唆

今日の業界の大変革は、年間売上高1,000億円〜10兆円企業が100社近く存在する日本の自動車部品サプライヤーの事業環境にも大きな構造的変化を及ぼしています。

第一に顕著な点として、車両の質的変化であるCN・DXは、車両を構成する"部品間の付加価値"を変化させていきます。

まず、周知の通り、多くの内燃系部品はBEV車両では不要となります。

次に、SDV化で機能別（エンジン、ブレーキ等）に分散したECUが統合制御に向かうため、関連部品が不要となる可能性があります（個別ECU、配線・コネクタ等）。このなかで、半導体や電池等のCN・DXのコア部品において、標準化や大規模投資の遅れから主導プレイヤーが外資中心となっている点も指摘されます。

そして、技術変化後の車両においても依然必要な多くの従来部品の付加価値は、新たな部品技術にとられ相対的に低下し、取引利益が圧迫される見立てです（コモディティ化の進行）。

第二に、"日系"文脈に基づく点として、その成功要因だった垂直統合型のサプライチェーンが維持しきれなくなるという構造変化への対応の必要性が示唆されています。このなかには、通信等の技術の付加価値のシェアが高まってきている状況下で、日本のエレキ産業に対して独自の先行投資を進める欧米中のテックカンパニーに対する優位性がなくなってしまっ

ているという事情も含みます。

　この背景をみると、まず従来、日系サプライヤーは一つの系列OEMを中心に事業展開し、系列OEMに専用特化したモノヅクリ屋として効率的分業関係を築いてきました。

　そのなかで"独自の経営戦略"は系列OEMの戦略に包含される場合が多く相対的に劣後し、モノヅクリに特化して世界的な高品質を実現してきたのです（実際に筆者も、年商数千億円規模の世界展開する日系サプライヤーのCEOから"実態は練度の高い大きな町工場"という言葉を幾度となく聞いてきました）。

　このモデルは、OEMとサプライヤーが"一蓮托生的な関係"として系列単位で投資を循環させ、製品・要素技術・設備を研鑽して競争力を維持します。したがって、OEMが成長できなければ、投資循環が回らず、連なるサプライヤー群もたちまち機能不全に陥るリスクがあります。

（直近は多くの日系OEMがハイブリッド需要や円安で高利益を出していますが、一過性の可能性が高く）中長期的には、前述の通り、OEM各社はトップライン、ボトムラインの圧迫懸念を抱えており、垂直的関係の多くの日系サプライヤーはグローバルメガサプライヤーの視点に対しては狭い顧客基盤（顧客OEMポートフォリオが偏っている）でサブスケールに地域分散してしまっており、必要な収益や投資循環を享受できないリスクに晒されていると言わざるを得ません。

■経営の大論点＝モノヅクリ屋からプロフェッショナル経営へ

　この状況をより客観的に捉えるには、対比的なサプライチェーンの例として欧米の水平的な構造をみることが有益です。

　欧米サプライヤーは、特定OEMに依存せずリスク分散を図り、強みを持てる領域を見極めM&Aも活用して選択と集中を進めてきました。結果、特定領域の生産ノウハウ・経営管理で世界トップとしてOEMへの交渉力

を高め、OEMに標準品を認めさせて利益を稼いでおり、OEMと対等なプロフェッショナルとして成長しています。

その歴史を振り返ると、彼らもかつてOEMの部品部門として（モノヅクリの練度は別として）垂直統合型でしたが、1970-90年代の日系OEMの台頭や経済危機によってサプライヤーとして切り出し独立独歩を求めざるを得ませんでした。そこから資本システム（プロ経営者、株価KPI、金融レバレッジ）が機能し、現在に至ります。

つまり日系の垂直統合モデルに比べ、欧米サプライヤーはOEMと程よい距離を保ち独立した経営戦略を持つことで、取引先OEMの優勝劣敗の中で簡単には機能不全に陥らない構造を築けています。

したがって、日系サプライヤーは現在の不透明な状況を踏まえ、系列OEMの戦略中心の"モノヅクリ屋"に終始せず、成長・競争力維持の投資循環を自社で継続的に生み出すための"経営戦略（製品・顧客・地域）"と"経営管理"、つまりプロフェッショナル経営の舵取りが必要ではないでしょうか（これは必ずしも系列関係から脱却するという意味ではありません）。それこそが、ひいては日系自動車産業が質的な高度化を遂げて大変革期を乗り越えていくための礎になるものと考えます。

■プロフェッショナル経営としての3つの戦略論点／
　主な検討課題

以降、日系サプライヤーがプロフェッショナル経営を志向していく上で、多くの企業に共通するとみられる3つの戦略論点について触れていきます。各論点について、実際に取り組む企業も既に多くいる中で、筆者も目の当たりにしてきた、"言うは易し行うは難し"は常であり、日系サプライヤーの文脈に沿った実態と克服方向性について示唆したいと思います。

1. 製品戦略：車両の変化に伴う製品領域の方向性

　まず、今後の部品需要はCN/DXの流れに伴う変化が予想され、需要が増える部品（バッテリー等）や、エレキの領域を中心として、OEMが付加価値の内製化を進め、コモディティ化が進む部品（ハード関連等）等が想定されます。この動きを踏まえたうえで何を売るか、OEMとの間の線引きを含めて見極める必要があります。そのうえで、分散的ではなく、意図を持った集中投資で地位を築いていくことが重要です。加えて、コモディティ化する部品についても、他社の買収や製品の標準化等を通じて残存者として標準化で戦う余地を検討することが有効です。

2. 顧客戦略：顧客のポートフォリオ化／外販拡大による事業リスクの分散

　前述の欧米サプライヤーのように、顧客分散によるリスク低減を目的とした、複数OEMへの外販で売上構成の多角化を目指すことも重要です。ただし、利益を伴う拡販を実現するためには、自社を中心においた戦略を踏まえた競争戦略が必要です。具体的には、自社で必要な能力と現状の間のギャップを能動的に理解し、コア技術によっては異業種への進出も含めて優位性を発揮できる領域でM&Aも視野に入れて能力の強化を図るべきです。この際には、マネジメントがリードして中途半端な拡大と失敗に終わらないようにコントロールすることが求められます。

　また、戦略性を持つうえでは、特定OEMからの仕様要件に沿った製品開発の発想から、将来ニーズを見据えた先行開発によりOEMへ次世代技術提案を行っていく発想への転換が重要となってきます。

　加えて、戦略の具体化では、OEMからの要請起点を超えて自社目線での収益最大化をトップダウンで考え、営業・開発・生産機能の配置・運用方法を地域毎の人的・物的リソースの分布状況も踏まえて最適化する必要があります。

3. 組織能力：機能横断・経営管理

　また、OEMと仕入先の厳しい板挟みのなかで投資回収のサイクルも長い難易度の高い収益確保において、外部交渉・内部統制を高度に実現できる世界水準のサプライヤーを目指すうえでは、組織能力の向上余地がある企業も多いのが実態です。

　具体的には、自社の適正利益を守るための経営管理の能力や、サイロ化による部署最適を脱し、企業としての最適解を追求可能な機能横断性の向上が鍵となります。

　これらの能力を高めるためにも、複数のOEMとの"複合格闘技"を通じた視野・経験の幅を広げることが求められているのです。

執筆者

阿部 暢仁・マッスィミリアーノ (あべ のぶひと)：**全体監修**
A.T. カーニー MDI[1] プラクティス シニアパートナー
前職では、日系大手自動車メーカーにて、商品企画及びブランド戦略を担当。A.T. カーニーでは、新規を含む事業戦略、M&A 戦略、セールス＆マーケティング及びブランド戦略のテーマを中心に従事。次世代モビリティ等に関するテーマで、新聞・雑誌の取材や寄稿など、メディアを通じて英語と日本語で発信。APAC の自動車プラクティスリーダー。

芳川 天音 (よしかわ あまね)：**OEM パート監修・執筆**
A.T. カーニー MDI プラクティス シニアパートナー
東京大学院工学系修士卒。自動車、エネルギー業界を中心に、国会・官公庁への出向/協働も含め、12 年間のコンサルティング経験を持つ。長期戦略、シナリオプランニング、新規事業戦略、成長・M&A 戦略等のテーマに従事。特に、自動車業界の最新技術動向、ブランディング〜販売流通アフター領域に深い造形を持つ。

崎田 隆弘 (さきた たかひろ)：**サプライヤーパート監修・執筆**
A.T. カーニー MDI プラクティス パートナー
自動車、防衛、航空宇宙産業において"戦略的変革"を索引。約 20 年のキャリアにおいて、日米中の 3 か国で過ごし一貫してモノヅクリ産業を支援。世界×日本の『リアル』な視点を重視しつつ経営に求められる戦略や組織の変革を提言。言うは易し行うは難しをモットーにクライアントの実現と実行性にこだわり。

佐藤 真人 (さとう まさと)：**業界動向含む全体執筆**
A.T. カーニー MDI プラクティス シニアマネージャー
都市銀行を経て A.T. カーニーに入社。製造業を中心に事業戦略、アライアンス戦略、ガバナンス戦略、マーケティング戦略の立案や実行に従事。

参考文献

・S&P Global Mobility "World Parc"
・International Monetary Fund "World Economic Database"
・World Population Review "Numbers of households by country"
・Global Data "Global Hybrid and Electric Vehicle Forecast"

---

1 MDI は Mobility, Defense & Aerospace, advanced Industrials の略、カーニーの主要産業プラクティスの一つ。

産業

第2章

エネルギー

リスクマネジメント：
電力業界の新たな焦点

　かつて「日本の電力王」と言われた松永安左エ門は、「電力事業とはファイナンスである」と言ったそうですが、これを現代の電力の文脈に訳せば、「電力事業とはリスクマネジメントである」と言えるかもしれません。社会に生きる誰もが常に必要とし、完全に一定の品質を求められる特殊な財である電力は「究極のコモディティ」とも言われ、それゆえあらゆる側面において安定性・持続可能性が最重要となります。しかし、昨今の電力事業においては、リスクは多様化し、異なるリスク要素間のトレードオフも複雑化しています。

　本稿では、昨今の電力業界を取り巻くトピックを入り口として、リスクの構造変化とリスクマネジメント、という観点から電力業界の未来像の一端を考察したうえで、本章の後半では、リスクマネジメントの管理方法、及びその運用に向けた論点についても触れたいと思います。

二つの不確実性：①電力市場の不確実性、②燃料市場の不確実性

　昨今の電力業界は二つに大別される不確実性に晒されています。一つは電力市場の不確実性、もう一つは燃料市場の不確実性です。

　"電力市場の不確実性"は、昨今では脱炭素化の影響を大きく受けており、エネルギー業界にとって最大の関心事、または懸案事項です。近年では「おぼろげながら浮かんできた」2030年度に温室効果ガスを46％削減するNDCは業界関係者を困惑させました。しかしそれと前後して、世間の脱炭素化への関心は急激に高まり、いまや新たなフェーズに移行した感があります。弊社エネルギープラクティスへのご相談で、全く脱炭素化の文脈と関係ないものは稀になってきたと言ってもよいくらいで、大手電力会社、新電力、製造業、小売業などあらゆる方面からのご相談が増加しています。様々なポジションのプレイヤーが脱炭素化を新たな事業機会と捉え、一方でそのリスクへの対応方針に悩んでいます。

　次に、"燃料市場の不確実性"。燃料の資源価格は、一般的には世界的な燃料の需給バランスによって決まりますが、その要因として地政学リスクも内包しています。記憶に新しいところでは2022年のロシア・ウクライナ紛争があります。これを契機に資源価格は一時急騰し、足元は価格が落ち着いてきているものの、引き続き不確実性の高い状況が想定されます。このような状況の中、大手電力事業者／新電力事業者ともに、自分たちのアセットを活用しどのようなポジションを取っていくのか悩まれており、各事業者におけるリスクマネジメントの重要性が高まってきていることが分かります。

　それぞれのトピックが電力業界においてどのような意味を持つのかを理解するためには、各プレイヤーあるいは電力システム全体が抱えるリスクを構造的に理解する必要があります。それぞれのトピックについてそこで

産 業

問題となるリスクがどのようなものであり、それがどのようなイシューを生み、どのような構造変化をもたらしうるのか見ていきましょう。

　なお、本稿では紙幅の関係上、極めて話を単純化しています。さらに詳細な論点を理解したい読者におかれましては、章末尾の参考文献をご参照ください。

第2章 エネルギー

①電力市場の不確実性

　昨今の電力市場の不確実性を高めている要因の一つとして脱炭素化が挙げられます。脱炭素化の実現に向けては、再生可能エネルギー（再エネ）の拡大、原子力の再稼働と新設、石炭火力発電の撤退、そして水素やアンモニア火力の導入、CCS/CCU技術、エネルギー利用の効率化、DRの拡大など、数多くの候補となる手段が存在します。一方それぞれの手段を推し進めるうえではそれぞれにリスクが存在し、また互いに独立ではありません。

火力発電事業者の視点：脱炭素化に係るリスク

　脱炭素化の話題の中で、火力発電事業からの視点を最初に取り上げるのは意外に思われるかもしれません。しかし、現実の電力供給には、火力発電が果たす不可欠な役割があり、その役割をどうしていくのかが問題なのです。電力の特性上、変動する需要に対して常に一致する供給を同時に行う必要がありますが、太陽光発電や風力発電といった再エネは天候の影響を受けやすく、安定した供給が難しい。こうした中で、他の電源の供給を補完し、電力供給の安定性を保つ役割を果たすものが必要であり、この役割を担えるのは今のところ火力発電だけです。電力の脱炭素化が難しいのは、必然的に二酸化炭素を排出する火力発電がその実、電力システムの要だからです。勿論、揚水発電や蓄電池で代替することも理屈上は可能では

35

ありますが、経済性と必要土地面積の観点で劣後するため、全てを代替することは現時点では難しいと言わざるを得ません。

　今後、脱炭素化が進んでいくとすれば、その中で火力発電事業者が抱える大きなリスクは、以下の3つがあります。

①再エネの拡大によって供給量（売電量）を奪われていくという経済的なリスク
②必要な電源の容量を維持できなくなるリスク
③必要な燃料が調達できなくなるリスク

　1点目は、電源間の競争から発生する、ある種自然なリスクですが、2点目と3点目は微妙な問題をはらんでいます。

　2点目は典型的には、もはや化石燃料電源（石炭／LNG火力）の維持が割に合わない[1]、と事業者が判断するような場合に発生する、電力システムにおける電源容量の不足リスク（電力システム全体の目線）です。石炭価格の動向や社会的圧力の増加から、これは実際に起きつつあることです。これは、本来事業者が考えるべきリスクではないのですが、元来、（コストはさておき）安定供給には極めて強い責任感を持つ大手電力会社にとっては、考え方の難しいリスクになっていきます。

　3点目も構造は似ていますが、燃料調達サイドのリスクです。再エネが増加すると、全体としての火力発電に求められる供給量は低下する、つまり必要な燃料の量は減少します。一方で、再エネ出力が低下する時間においては、火力発電が電気を供給しなければなりません。つまり発電所の稼働率が落ちて、燃料需要のボラティリティが高まることになります。再エネの出力を見通すのは難しいため、燃料がいつ必要になるのかを見通すの

1　https://www.g7italy.it/wp-content/uploads/G7-Climate-Energy-Environment-Ministerial-Communique_Final.pdf

産 業

も今後徐々に難しくなっていきます。LNGの場合、調達には2カ月程度
は必要であるため、燃料運用が回らなくなっていく可能性があるのです。
中長期的な目線にはなりますが、原子力再稼働・新設・増設の見通し難さ
も燃料所要量見通しの難易度を高めている要因です。国としてもこれらの
要因から燃料不足になる可能性を危惧し、戦略的余剰LNG（SBL：Strategic
Buffer LNG）の仕組みを導入しました。

　安定供給のためのリスクヘッジコストを官が負担するという点で大きな
進歩ではありますが、現状は月1カーゴ（≒7万トン）とセーフティネット
としては心許ない水準となっています[2]。

　こうしたリスクについてどう対応していくのか、ということが火力発電
事業者の、あるいは電力システムの制度設計上の課題になっていきます。
リスク対応に係るコストは間接的に国民負担となっていくかもしれません
（一部はそうなっています）。しかしそれも難しく、結局火力発電事業者が負担
せざるを得ない安定供給上のリスクが残るのであれば、そのリスク削減の
ため火力発電事業者の燃料部門や発電部門は今後統合されていく可能性も
出てくるかもしれません。脱炭素時代に火力発電の担うリスクの負担を巡
って、今後こうした変化につながっていく可能性があります。

再エネ電源開発事業者の視点：方法論の多様化

　今後の日本の再エネ開発の主役は、太陽光発電と風力発電です。太陽
光・風力発電が拡大していくという基本的な方向性については、今日では
どのような立場からも異論のないところだと思いますが、一方で経済性、
あるいは外部不経済の大きさからその拡大速度には自ずと制約がありま
す。固定価格買取制度（FIT）[3]が始まった2012年から急激に拡大し続けて

2　https://www.jera.co.jp/news/information/20231129_1739
3　https://www.enecho.meti.go.jp/category/saving_and_new/saiene/kaitori/surcharge.html

いる太陽光・風力発電ですが、その成長率は近年やや鈍化しており、今後の成長軌道は必ずしも約束されたものではありません。[4] そんな中で、自前で再エネ電源を持とうと志向する事業者は、何らかの形で自社のアセットを活用したグリーン電源の開発を進めています。例えば、敷地内（あるいは近隣）に大きな電力需要地が存在する工場等の遊休地を活用した太陽光発電の敷設、あるいは遠隔地においても自己託送制度[5]を活用した再エネ自家発電源の開発、といったものです。ソニーが自社倉庫や牛舎の屋根を活用して始めたスキーム[6]が有名です。2023年末には、このような取り組みは自己託送の本来の趣旨にそぐわないとし、適用が厳格化されていますが[7]、製造業をはじめ、多くの事業者がこうした再エネ調達スキームへのチャレンジを実行、または計画しています。

この流れの中で、再エネ開発を志向する事業者が考慮すべきリスクもまた多様化してきています。再エネ電力から長期安定的な収益を確保するために、誰にどのようなスキームで売り、どのように自家消費すべきか、蓄電池は入れるべきか。こうしたことを検討するにあたって、電力価格の変動リスク、天候リスク、インバランス[8]リスク、様々な制度的リスク、資産の劣化リスクなどを考慮する必要があり、さらにその背景として資源価格・為替リスク、地政学的リスクまで勘案しなくてはなりません。こうした新たなリスク構造の発生に応じて、そのリスクの一部を切り出して引き受ける保険的機能を持ったビジネスや、既存の需給調整機能組織の分離・外販を目指す事業者が出てくるなど、リスクマネジメントに関する様々なスタイルが出てきています。

---

4 https://www.meti.go.jp/shingikai/santeii/pdf/079_01_00.pdf
5 https://www.enecho.meti.go.jp/category/electricity_and_gas/electric/summary/regulations/pdf/zikotakuso20240212r.pdf
6 https://xtech.nikkei.com/atcl/nxt/column/18/01670/00007/
7 https://www.meti.go.jp/shingikai/enecho/denryoku_gas/denryoku_gas/pdf/068_03_00.pdf
8 https://www.emsc.meti.go.jp/info/public/pdf/20220117001b.pdf

産 業

グリーン電力小売／需要家の視点：確保競争の進展

　再エネから発電された電力（グリーン電力）を求める需要者側からの確保競争も激しさを増しています。大企業はGHG基準での排出量の開示を求められるようになり[9]、またAppleをはじめとした海外企業からのGHG排出量削減圧力により、製造業をはじめとする大企業は、将来に向けたグリーン電源の確保に本気で取り組むようになってきました。経産省もGXリーグ[10]を発足し、産業界からのグリーン化に向けた動きを加速させようとしています。グリーン電力を確保しようとする事業者、あるいは小売電気事業者やアグリゲーターは、FIT制度からFIP制度への移行[11]、義務市場等の市場の仕組みの変化、新たなビジネススキームの拡大など様々な変化の中で、最適なソリューションを模索しています。FIP制度への移行は、小売電気事業者や大規模需要家にとってグリーン電力を直接的に、かつ長期的に調達する新たな手段となりますが、時間変動の激しい再エネ出力の調整をどのような形で管理していくのかが問題になります。

　このようにグリーン電力の買い手にとっても、リスク評価は難しくなっています。まず、グリーン電力を誰からどのようなスキームで買うべきか、どの程度の量をいつグリーン化していくべきか、といった経済的なリスクの評価として発電側と同様のリスク評価が必要になります。加えて、自社にとっての環境価値をどのように捉えるのか、あるいは環境対応を進めない場合の社会的リスクをどう捉えるのか、カーボンプライシング等の先見性が乏しい制度リスクをどう捉えるのかなど、難しい価値判断の議論にも発展します。

　グリーン電力の売り手も買い手も、様々な観点からリスクを勘案し、マネージする組織ケイパビリティはますます必要となり、またそのために、

9　https://www.pwc.com/jp/ja/knowledge/column/sustainability/tcfd-analysis05.html
10　https://www.meti.go.jp/policy/energy_environment/global_warming/GX-league/gx-league.html
11　https://www.enecho.meti.go.jp/category/saving_and_new/saiene/data/kaitori/2022_fit_fip_guidebook.pdf

アナリティクスの高度化、データマネジメントの高度化、DXの推進など、検討の基盤となる環境整備も各社しのぎを削って進めています。

②燃料市場の不確実性

上述してきた通り、エネルギーを取り巻く不確実性はますます高まってきており、電力の市場価格も予想できないものになっています。"火力発電事業者の視点"の中でも記述しましたが、電力の需給バランスを取る役割を担っているのが火力発電になる訳ですが、その燃料の資源価格が変動することで電力市場価格も変動することは当然のメカニズムです。そのため、燃料市場は電力市場の不確実性の要素の一つと捉えることもできますが、本節では燃料市場の不確実性がもたらすリスクとして考察したいと思

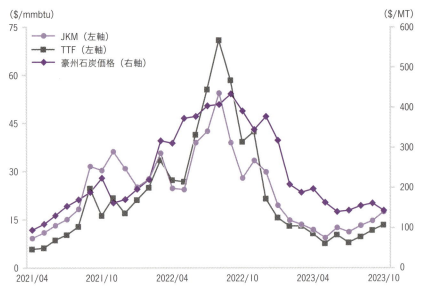

■ 図表 2-1　JKM・TTF と豪州石炭価格の推移

出所：JOGMEC, World Bank, CME Group「TTF Natural Gas Quotes」よりKEARNEY作成

図表 2-2　大手電力事業者の営業利益

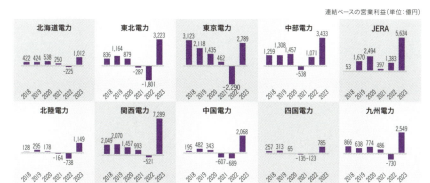

出所：各社の決算説明資料等からKEARNEY作成

図表 2-3　二つの不確実性がもたらすリスク・イシュー・構造変化

	トピック	リスク	イシュー	既に起こった／今後起こり得る構造変化
電力市場の不確実性	火力発電事業者の視点	脱炭素の拡大による -供給量を奪われていくという経済的なリスク -必要な電源の容量を維持できなくなるリスク -必要な燃料が調達できなくなるリスク	事業者として左記のリスクへの対応 電力システムの制度設計見直しの必要性	火力発電事業者の燃料部門や発電部門の統合の可能性
	再エネ電源開発事業者の視点	方法論の多様化による考慮すべきリスクの多様化 -電力価格の変動リスク、天候リスク、インバランスリスク、様々な制度的リスク、資産の劣化リスク、資源価格・為替リスク、地政学的リスク　等	販売スキームの検討（誰にどのような契約で販売するか） 蓄電池導入是非の検討	リスクマネジメントに関する様々なスタイルの発生 -リスクの一部を切り出して引き受ける保険的機能を持ったビジネスの発生 -既存の需給調整機能組織の分離・外販を目指す事業者の発生
	グリーン電力小売／需要家の視点	大手の取り組みや新たなビジネススキームの拡大に伴うリスク評価の難化 -（再エネ電源開発事業者と同様のリスク）	調達スキームの検討（誰からどのような契約で調達するか） 環境価値と社会的リスクのバランスの検討	検討の基盤となる環境の整備 -アナリティクスの高度化 -データマネジメントの高度化 -DXの推進等
燃料市場の不確実性		資源価格の不確実性上昇に伴う収支が不安定になるリスク	収支安定化に向けたリスクマネジメントの取り組み	燃調算定式の見直し

います。

　燃料の資源価格は一般的にはグローバルの需給バランスから決まることになりますが、そのバランスを左右する要因には地政学リスクがあり、ロシア・ウクライナ紛争は記憶に新しいかと思います。このときは供給側の不安定さの懸念が高まり、日本近海における主要なLNG価格指標であるJKMは過去最高価格を記録しました。これはあくまで一例ではありますが、資源価格を正確に予測することはまず不可能であり、元来電力事業者のリスクとして認識されていましたが、不確実性の上昇に伴いそのリスクも高まってきています。このリスクは電力事業者の不安定な収益状況の主な要因ともなっており、大手電力事業者10社を例に取ると2022年3月期では大部分が大きな損失となっていたのに対し、2023年3月期では大幅な益に転換するといった結果にもつながっています。このような背景から、2023年には大手電力7社が燃調の算定式を見直すといったリスクマネジメントにおける構造変化が起きました。

リスクマネジメントの管理方法：Indexationの管理

　ここまで電力市場／燃料市場の不確実性がもたらす様々なリスクについて述べてきましたが、ここでは各事業者がこうしたリスクに包括的に対応し、その創意工夫により巧拙に差が出るものとして昨今急速に関心を高めているIndexationの管理について深掘りをしていきたいと思います。ここで言うIndexationの管理とは、電力事業において電力販売・電力調達がそれぞれどの指標（Index）にどの程度連動していて、それをネットした場合にエンティティ全体でどのようなエクスポージャーになっているのかを把握していく、ということです。

　例えば、調達側は50％がJEPX、50％がLNG価格に連動し、販売側が20％JEPX、40％LNG、40％石炭に連動していたとすると、コスト側に

■ 図表 2-4　Indexation 管理

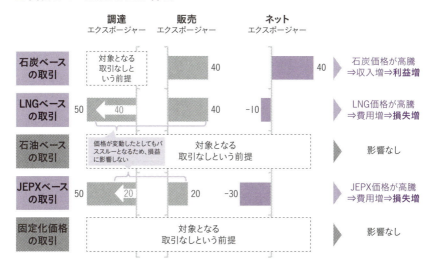

　30%分のJEPXと10%分のLNG、収益側に40%分の石炭のエクスポージャーが残ることとなります。このような場合にJEPXが高騰すると損失側に振れ、逆に下落すると利益が大きくなるということです。このポジションを相殺するようなヘッジ手段を考えていくのか、このポジションを利用して投機的に収益を狙いにいくのか、は各社のリスク／トレーディングポリシーに因るところですが、いずれにしてもこのポジションこそが電力事業のフィナンシャルなリスクそのものであり、一般的に損益の多寡を決める最大のドライバーとなります。

　その意味で電力事業とは多分に金融的なものです。Indexのボラティリティが高まる昨今の情勢の中で安定的な事業運営を目指すためには、金融的なセンスと手段を身につけることが必須になってきているのです。

　Indexationの管理は、概念としては上述のように極めてシンプルながら、実務的には相応に複雑でボリュームのある計数管理となります。上述では例として単に"LNG価格"と書きましたが、LNG価格はさらに石油価

格等のその他の資源価格に連動している側面を持ち、またそれぞれの指標がいつの価格に連動しているのかも考える必要があります。こうした整理を通じて初めて、足元～将来の資源価格や市場価格の変動が自社の収益にどのような影響をもたらすのかを解像度高く見通せるようになります。

運用に向けた論点：あるべきデータ管理手法とは

　上述したようなIndexationの管理をするとなると、目指したい管理方法次第にはなりますが、管理すべきデータは膨大となり、それに伴う分析業務も複雑化していくことになります。そのためリスクマネジメントの高度化に向けた検討は、単なる方法論の検討やツールの導入に留まらず、データ管理手法の検討・実装、及びそれらを活用した大規模な業務変革まで発展する話となります。本稿ではその中でデータ管理手法の検討について、その難しさや主要な論点について説明します。

データの管理粒度・範囲の視点

　"燃料市場の不確実性"の中でも簡単に述べましたが、Indexation管理においては、粒度・範囲の面でいくつかの選択肢があります（図2-5）。それぞれの選択肢で勿論メリット／デメリットがありますが、今回はその中でも参照時期について考察できればと思います。参照時期とは特定の指標（JKM、JEPX等）について、いつの時点の価格かを規定するものになります。例えば2024年4月のJKM価格、2024年4月のJEPX価格のように規定します。では、目指すべき参照時期の管理粒度はどのように検討すれば良いでしょうか？

　結論から申しますと、管理したいリスクによって変わることになります。まず、考えられる選択肢としては、粒度の粗い方から、年単位、月単位、日単位があり、最も細かい粒度としては電力のコマ単位が挙げられま

44

す。次に管理したいリスクの例をいくつか考えてみましょう。例えば、短期的な電力市場におけるリスク管理をしたい場合（新電力をイメージ）、コマ別で管理することが望ましいです。ご存じの通り電力の市場価格は、時期にもよりますが朝・夕の需要が高まるタイミングでは上昇し、太陽光の発電量が増加する日中は下がりやすい傾向があります。もし電力市場価格を月単位や日単位で管理する場合、これらの価格の違いを一緒くたで管理するということになり、管理したいリスクを正しく評価できません。他方で、常に最小粒度で管理すれば良いかというと、そうとも言えません。例えば、中長期的な燃料市場と電力市場の両面のリスク管理をしたい場合（大手電力事業者をイメージ）において、コマ別でデータ管理をしようとすると、膨大なデータを管理・集計・処理・分析する必要が生じ、運用面での難しさが出てきます。加えて、中長期的な視点での燃料・電力市場価格の

■ 図表 2-5　データの管理粒度・範囲のオプション

■ **図表 2-6　コマ別システムプライスの傾向**

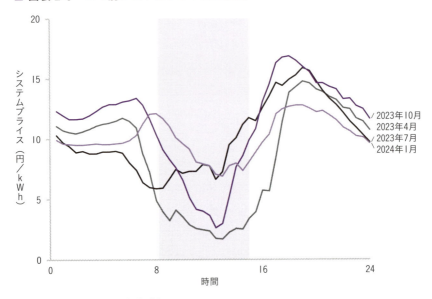

出所: JEPX取引市場データ。月毎の単純平均で算出

想定は極めて困難な訳ですが、このような確度が低いデータについては粗い粒度で管理した方が却って精度が高まる側面もあります。

　このように管理したいリスクによって、あるべき管理粒度は異なります。リスクマネジメントに向けてはツールの導入などが考えやすい打ち手ではありますが、何を管理したいのかを常に意識することが肝要です。

データの管理方法の視点

　Indexationを管理しようとすると、調達・販売契約情報、特にどの契約がどの指標（JKM、JEPX等）に紐づいているのかといった価格情報を定義する必要があるのですが、この管理方法の定義には難しさがあります。再エネで発電された電力を固定価格で取引するようなシンプルな契約であれば問題にはならないのですが、中には相当に複雑な契約も存在し、それを

産　業

■ 図表 2-7　データの管理手法の違い

フォーミュラとして 管理する方法		ツリー構造として 管理する方法			
項目名	項目名	項目名	項1	演算子	項2
契約A	ax+by+c	契約A	A	+	B
契約B	dx+e	A	a	*	x
契約C	fz+g	B	C	+	c
契約D	fx	C	b	*	y
契約E	i	契約B	C	+	E
・・・	・・・	・・・	・・・	・・・	・・・

Indexation管理できるような構造的なデータに落とし込むこと自体に技術的な難しさが存在します。

　選択肢としては、ax+by+cのようにフォーミュラとして入力可能とする自由度の高い設計から、フォーミュラをツリーのように複層構造で管理する方法も考えられます。それぞれ分析のしやすさや管理工数といった側面でメリット／デメリットを評価することもできますが、現在保有している契約に左右される部分も大きいため、それに適した管理方法の選択が望ましいです。

データの管理主体の視点

　最後にデータの管理主体、その中でも特に契約情報の入力主体についてです。上述したように調達・販売契約関係の入力は難しさがある一方で、リスク管理では非常に重要なデータであり、この入力が正しくない／最新でないと、間違った前提でリスク分析・アクション検討をすることになります。そのため、誰が責任を持って最新かつ正しいデータを管理するのかが論点となりますが、基本的にはフロント側で管理するべき内容と考えています。

　ツール・システムの管理部門がフロントからデータを受領し入力すると

いう方法も考えられますが、その場合、効率化されない業務（メール等でのデータ連携）の残存や、情報連携の即時性の観点でも懸念が生じます。そのため、契約締結直後にフロント側が責任を持ってデータ入力するような業務変革を推進することが良いと考えますが、この辺りの検討が本節の冒頭にリスクマネジメントはデータ管理・業務変革に発展する話題と述べた背景となります。

　一方で、フロントに対しては現在の業務からの作業純増でしかないため、取り組み背景の丁寧な説明や人員面でのサポートは必要です。

まとめ

　昨今の電力業界を取り巻くトピックを入り口として、リスクの構造変化とリスクマネジメント、本章の後半ではリスクマネジメントの管理方法の例としてIndexation管理、及びその運用に向けた論点について考察してきましたが、繰り返しになりますが自分たちの目指す姿・ケイパビリティにあった管理体系を検討・構築することが肝要です。管理ツールの導入もアプローチの一つになり得ますが、データの整備、運用に求められるスキルや工数を鑑みると機能過剰になることも考えられますので、自分たちに適した方法を選択していただきたいです。

　また、このような取り組みは、データ管理の検討・構築、そしてそれに基づく業務変革までに至りますので、一歩ずつ着実に進めていくことが大事です。

　最後になりますが、リスクマネジメントは、昨今の状況を考えると避けては通れない課題です。加えて、一社単独で実現できる範囲も限られています。各社のリスクをヘッジしたい／投機的に収益を狙いにいきたいというニーズをうまく交換することで、各々の狙いが実現されることになります。選択肢を広げるためにも、日本全体でのリスクマネジメントの高度化が必要なのです。日本の各企業がその重要性に向き合い、本気で変革を実

産 業

行し、個社の最適化が日本全体での最適化に繋がっていくことを期待しております。

第2章 エネルギー

執筆者

筒井 慎介（つつい しんすけ）
A.T.カーニー エネルギープラクティス シニアパートナー
東京大学工学部卒。決済企業においてICカード事業の立ち上げ、人事制度改定を担当後、A.T.カーニーに入社。2013～2014年経済産業省資源エネルギー庁出向。環境省某委員会委員。電力会社や都市ガス会社等のエネルギー企業を中心に成長戦略、シナリオプランニング、リスクマネジメント、新規事業戦略等を支援。近年は、エネルギー企業に加え幅広い業界の企業に対し脱炭素を契機としたアセット管理、次世代燃料への移行、炭素除去への取り組みをサポート。

大島 翼（おおしま つばさ）
A.T.カーニー エネルギープラクティス シニアパートナー
東京大学農学部卒業後、A.T.カーニー入社。2014～2015年資源エネルギー庁出向。電気事業法第二弾改正の詳細設計等に関わる。
注力分野は小売から燃料調達まで電力・ガス事業に係るバリューチェーンマネジメント全般、特に近年ではエネルギートレーディング、発電事業のリスクマネジメントを中心として数多くのプロジェクトに携わる。

沼田 諒平（ぬまた りょうへい）
A.T.カーニー エネルギープラクティス マネージャー
筑波大学大学院数理物質科学研究科を修了後、千代田化工建設を経てA.T.カーニーに入社。エネルギー・電力領域を中心としたコンサルティング経験、近年はエネルギートレーディング、発電事業のリスクマネジメント関係のプロジェクトに携わる。

参考文献

・資源エネルギー庁「今後の火力政策について」2023年1月25日
　https://www.meti.go.jp/shingikai/enecho/denryoku_gas/denryoku_gas/pdf/058_05_03.pdf
・井熊均・木通秀樹『岐路にある再生可能エネルギー』、エネルギーフォーラム 2023年3月
・資源エネルギー庁「世界的なエネルギー価格の高騰とロシアのウクライナ侵略」2022年
　https://www.enecho.meti.go.jp/about/whitepaper/2022/html/1-3-2.html

第 3 章

防衛

鍵を握る防衛産業：
自国防衛のための海外戦略

世界と日本の防衛産業を取り巻く環境変化、西側諸国及び日本の安全保障環境の緊張化

冷戦後、世界は再び極限の緊張へ：揺らぐ秩序と拡大する脅威

　防衛産業は国が唯一の顧客であり、国の施策や、国を取り巻く安全保障環境に大きく影響を受ける特殊な産業です。そこで、まずは我が国が置かれている国際的な情勢から俯瞰してみることにしましょう。

　冷戦終結から30年以上が経過した現在、世界は再び冷戦時代に匹敵する、あるいはそれを超えるほどの緊張状態に直面しています。ロシアのウクライナ侵攻は、ヨーロッパに戦後最大の地政学的危機をもたらし、これにより冷戦後の秩序が根本から揺さぶられています。ロシアは核兵器の使用を示唆するなど、西側諸国に対する脅威を増大させており、冷戦時代の東西対立を彷彿とさせます。

　加えて、中国の急速な軍事拡張が、アジア太平洋地域全体に新たな不安

産 業

定要素をもたらしています。特に南シナ海や台湾海峡での軍事的行動は、地域の安全保障に深刻な影響を及ぼしており、米中関係の火種となっています。

また、サイバー攻撃やハイブリッド戦争といった新たな脅威も増加しており、世界中で緊張が高まっています。これらの要素が重なり、世界は冷戦後最も高い緊張状態に突入しており、各国はこれに対処するための防衛体制を強化する必要に迫られています。

西側諸国の防衛連携と防衛費増額：新たな脅威への対応と歴史的転換

現在の厳しい安全保障環境に応じて、世界各国は防衛体制の強化と防衛費の大幅な増額を進めています。特にNATO加盟国は、ロシアによるウクライナ侵攻を受けて、急速に防衛費を増額させ、集団防衛体制の強化を図っています。

ドイツは、戦後の平和主義と歴史的な背景から、軍事力の行使に対して慎重な姿勢を取っていましたが、防衛費の大幅な引き上げを決定しました。特に1000億ユーロの特別防衛基金を設立し、この資金を軍の装備やインフラの近代化に充てることで、ドイツがヨーロッパの安全保障において中心的な役割を果たすことを目指しています。アジア太平洋地域でも防衛体制の強化が急務です。オーストラリアは、AUKUS（オーストラリア、英国、米国の安全保障協定）を通じて、核動力潜水艦の導入を進め、中国の影響力に対抗する体制を整えています。アメリカは、依然として世界最大の防衛費を誇り、グローバルな軍事プレゼンスを維持しています。バイデン政権は防衛費の増額を継続し、新たな戦略兵器やサイバー防衛能力の強化を図っています。これにより、アメリカは同盟国との防衛協力を強化し、中国やロシアに対する抑止力を維持しています。

各国の防衛費増額は、単なる"軍拡競争"ではなく、実際の脅威に対応

するための連携強化と防衛体制の現代化を目的としています。国際社会は今後も、複雑化する脅威に対応するため、防衛体制の連携を強化し、防衛費の増額を続けることが見込まれます。

地域安定の要として：日本の防衛強化と国際安全保障への貢献

このような国際的な緊張の中で、日本は地理的な位置と経済的な影響力から、極めて重要な役割を担うことが求められています。

日本は、中国、北朝鮮、ロシアという主要な軍事大国に囲まれた東アジアに位置しており、その安全保障環境は非常に厳しいものとなっています。中国の海洋進出や北朝鮮の核・ミサイル開発、ロシアの極東地域での軍事活動は、日本にとって直接的な脅威であり、自国の防衛力を強化する必要性がこれまで以上に高まっています。

日本は防衛費を大幅に増額し、地域の安定に貢献する姿勢を明確に示しています。2023年度の防衛予算は約6.8兆円に達し、政府は今後数年間でさらに防衛費を増加させる計画です。これは、NATO加盟国が掲げるGDP比2％に近づけるためのものであり、日本が国際社会の一員として、地域の安定に貢献する意志を示すものです。日本はこの厳しい安全保障環境において、自国の防衛力を強化するとともに、アジア太平洋地域全体の平和と安定を支える重要な存在として、その責任を果たすために積極的に行動しています。

西側諸国の装備品開発と防衛産業の潮流

これまで：欧米の一部国家が装備品開発を牽引

歴史的に、アメリカと特定の欧州国家（特にイギリス、フランス、ドイツなど）が装備品の開発先進国として、先端技術を駆使した開発能力と性能で他国に対しても強い影響力を持ち、西側諸国の国際的な安全保障や軍事力のバ

産 業

■ 図表 3-1　防衛関係費増額の推移

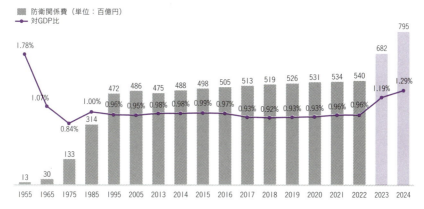

出所：防衛省「令和6年版　日本の防衛　防衛白書」を参考にKEARNEY作成

第 3 章　防衛

ランスに大きな影響を与えてきました。

　アメリカは、冷戦時代からの軍事技術のリーダーシップを持ち、世界最大の防衛予算を誇る国です。例えば、アメリカのロッキード・マーチンやボーイングといったプライムメーカーは、F-22ラプターやF-35ライトニングIIなど、最先端の戦闘機を開発してきました。

　欧州でも、イギリスのBAEシステムズ、フランスのダッソー・アビエーション、ドイツのラインメタル、欧州列国の企業連合Airbusなどをプライムメーカーとして、これらの国々はそれぞれの技術基盤を持って様々な国際的評価の高い装備品を開発して軍事技術の革新を牽引してきました。

現代装備品の開発コスト・リスクの高まり

　現代の軍事装備品は、技術の進化に伴い、その複雑性が著しく増しています。最近の装備品は、ステルス技術や電子戦システム、ネットワーク中心戦（ネットワーク・セントリック・ウォー）などの高度な機能を備えており、戦闘機やミサイル防衛システム、通信機器などは、多くの先進技術部品と

統合システムから成り立っています。

　このような装備品は、高度な戦術運用を可能にする一方で、精密なセンサー技術、データ融合、リアルタイム情報処理が求められるため、開発と維持に専門的な知識と高額な投資が必要です。その結果、コストは大幅に増加しています。例えば、1976年に運用開始されたF-15戦闘機の開発費は約1.3兆円ですが、2016年に運用開始されたF-35ステルス戦闘機の開発費は約6.1兆円を超え、運用維持コストも非常に高額です。

　このようなコスト増加は、財政的な影響を大きくし、防衛予算の効率的な配分や長期的な予算計画の重要性を高めています。

　さらに、長期間の開発スケジュールや予算超過のリスクも存在し、開発の遅延や性能問題が生じる可能性が高くなり、全体的なプロジェクトリスクが増大しています。

防衛産業の潮流　その1：自国産業の育成・維持

　現在、多くの国々が自国の防衛産業の育成に力を入れています。これまで先端装備品の開発を牽引してこなかった国々も、自国の発展状況や地政学的リスクを踏まえて、自国防衛の強化を目指すようになっています。例えば、50年前は輸入中心だったスペイン、韓国、トルコといった国も、今は装備品の輸出国になるまでに育ってきています。

　もちろん、これまで防衛装備の開発を先導してきた国々、イギリス、フランス、ドイツ、イタリアなども、自国産業の維持に取り組んでいます。アメリカとの連携に依存せず、自国の防衛産業を強化しようとする背景には、様々な理由があります。

　自国が脅威に晒される中で、防衛装備の「装備品改修の自由（Freedom of modification）」と「作戦行動の自由（Freedom of action）」は極めて重要です。「装備品改修の自由」は、軍事技術の進化に迅速に対応するために不可欠です。戦争中に軍事技術が最も進歩し、新技術の導入が戦局に大きな影響

を与えることが歴史的に証明されています。

例えば、F-35戦闘機を米国から購入した場合、ハードウェアやソフトウェアへのアクセスが制限され、改修時にはすべてのソフトウェアをロッキード・マーチンに引き渡さなければなりません。これにより、有事の際に迅速な技術対応が困難になる可能性があります。

「作戦行動の自由」も重要です。国産化により装備品や補給品の供給を自国でコントロールすることで、作戦の柔軟性と自由が保たれます。例え

■ 図表 3-2　防衛関連装備品輸出国 TOP20 の比較（過去 30 年）

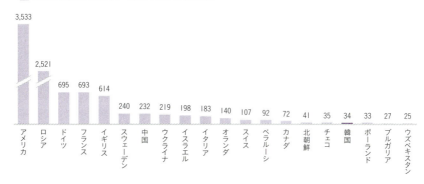

輸出規模（1999-2003年）（単位：千万SIPRI TIVs（※））

アメリカ	ロシア	ドイツ	フランス	イギリス	スウェーデン	中国	ウクライナ	イスラエル	イタリア	オランダ	スイス	ベラルーシ	カナダ	北朝鮮	チェコ	韓国	ポーランド	ブルガリア	ウズベキスタン
3,533	2,521	695	693	614	240	232	219	198	183	140	107	92	72	41	35	34	33	27	25

輸出規模（2019-2023年）（単位：千万SIPRI TIVs（※））

アメリカ	フランス	ロシア	中国	ドイツ	イタリア	イギリス	スペイン	イスラエル	韓国	トルコ	オランダ	スウェーデン	ポーランド	カナダ	オーストラリア	スイス	ウクライナ	ノルウェー	UAE
5,839	1,528	1,476	812	778	601	514	382	343	279	217	170	119	93	91	85	77	55	51	41

※ 国家間の軍事資源の移転規模を長期的かつ一貫性をもって比較するため、移転された兵器の生産価格に基づいてストックホルム国際平和研究所が定めた指標
（Stockholm International Peace Research Institute（SIPRI）Trend-Indicator Values（TIVs））
出所：Stockholm International Peace Research Institute（SIPRI）Arms Transfers Databaseを参考にKEARNEY作成

ば、イラク戦争では、IED（即席爆弾）による脅威が増大し、英国が米国からのMRAP装甲車の供給を要望しましたが、供給遅延が発生しました。

　この遅延により、英国は不十分な装甲で作戦を行わざるを得なくなりました。米国にはDPAS（国防優先配分システム）と呼ばれる制度があり、自国の装備品や補給品の供給が優先されるため、同盟国であっても装備品の遅延や不足のリスクがあります。したがって、自国での生産能力を高めることが、作戦行動の自由を維持するために重要であるといえます。なお、これを可能にし続けるためには経済的に産業基盤を維持する必要があります。

　国家防衛の装備品生産能力を維持するには、開発人材や製造基盤を常に維持し、"ビジネス"で投資を循環させる必要があります。必ずしも一国の装備品需要のみでそれらを維持し続けられるとも限らず他国への装備品の輸出を拡大することも併せて視野に入れることが重要であるといえます。

防衛産業の国際潮流　その2：装備品開発の国際協力

　前述の装備品開発のコスト・リスクの著しい高まりから、単独での開発が難しくなり、国際間での協力が不可欠となっています。

　共同開発にはコスト・リスク分散の観点に加え、各国で研究された最先端の技術を結集できること、装備品運用の一体化によるパートナー国間の戦略的な関係性強化を図れること、といった意義もあります。

　さらには当該国の産業育成に資する意義も忘れてはなりません。Eurofighterはイギリス、ドイツ、イタリア、スペインの4か国により戦闘機を共同開発するプロジェクトでした。スペインの航空産業は当時必ずしも技術力が高かったわけではありませんが、本プログラムに参画することを通じて、産業育成を果たしてきました。当時は育成される側であったスペインも、今では一大輸出国にまで成長してきています。

産業

実質的には米国主導のプログラムであるF-35の開発においても、共同開発という形態をとっています。これは参加国からのコスト分担の意義もありますが、それ以上に、複数国での相互運用を想定する中で、各国との戦略的パートナーシップを強化するため、という意義も大きかったように見えます。F-35ではALISやODINと呼ばれるシステムにより全運用国の機体の状況が管理され、部品の相互融通（スペアプーリングと呼ばれています）なども行っています。コンセプトとしては大変面白いものですが、必ずしも稼働率向上にはつながっていないとの指摘もあります。

このように、国際協力下での共同開発や運用はコスト面や能力面のメリットにつながります。さらに、共通の装備品を複数国で運用することはパートナー国間の相互運用性や関係性強化にもダイレクトに繋がるのです。

日本の防衛産業の国際化への期待の高まり

我が国の防衛産業は歴史的な特殊性からこうした国際的潮流からは孤立した存在でした。その歴史的な背景をここでは振り返りたいとおもいます。我が国の防衛産業は、戦後、他国に大きく後塵を拝したところからスタートしました。日本の防衛産業は戦後すぐにGHQによって解体され、防衛産業の中心とも言える航空機産業は7年間、研究も製作も禁止されました。その結果、多くのエンジニアは職を失い、鉄道産業や自動車産業に流れていき、また、不幸にもジェットエンジンへの移行期と重なったこともあり、日本の防衛産業は他国に大きな差をつけられていました。

その後、1950-53年の朝鮮戦争特需を皮切りに、自衛隊の歴史と共に再び歩み始めましたが、平坦な道のりではありませんでした。経済成長と経済発展に注力し防衛力は米国に依存するという当時の政府方針により、武器の国産開発は当初抑制されてきました。そのため、日本の防衛産業にとって世界トップレベルの防衛装備品の開発能力の獲得は悲願であり、この

第3章

防衛

ころから目標として意識してきたのです。

　その後、1976年に武器輸出三原則が制定されました。これは装備品の輸出を大きく制限するものでしたが、防衛産業としては新たなチャンスの到来でした。輸出を制限すると同時に、防衛力は極力国産装備品を用いて整備するという方針が示されたのです。これを契機に、1980年代には練習機、護衛艦、戦車、飛昇体等といった国産防衛装備品の多くの新規開発が進みました。同様に、海外装備品を導入する際も極力ライセンス国産という方針が示されペトリオットシステム、F-15、UH-60等のライセンス国産の導入が進みました。

　ライセンス国産では開発フェーズに携わることはできませんでしたが、製造や日本へのローカライズ改修を通して、システム化された近代式の巨大防衛装備品の知見を得ることができました。そして1990年代以降は、ついに米国との共同開発を実施できるレベルまで防衛産業の技術力は到達しました。1990年代にはロッキード・マーチン社と三菱重工でF-2戦闘機共同開発を実施しました。F-2はF-16をベースに開発した戦闘機ではありますが、機体構造材料を炭素繊維複合材料にするなど、優れた機体は米国をも驚かせるものとなりました。2000-2010年代にはレイセオン社と三菱重工でのSM-3 Block IIAの共同開発を実施しました。ノーズコーン、第2、第3段ロケットモータ、操舵翼など多くの構成品を三菱重工が開発すると共に米国運用弾についても日本製の構成品が使われています。

　2014年には防衛装備移転三原則が制定され、これまでも例外的に積み重ねてきた防衛装備品の海外移転が類型化され、装備品の部品からレーダーシステムまで海外移転の経験値を積み重ねてきました。2022年に閣議決定された安保3文書「国家安全保障戦略」、「国家防衛戦略」、「防衛力整備計画」を踏まえ、2023年6月には防衛生産基盤強化法が制定され、わが国の防衛力そのものである防衛生産・技術基盤を強化するため、装備移転のための取り組みを促進することも定められました。さらに、2023年12

産業

■ 図表 3-3　日本の防衛装備品開発・生産の概観

1940'	1950'	1960'	1970'	1980'	1990'	2000'	2010'	2020'
45 終戦	50～53 朝鮮戦争　54 自衛隊創設	60 日米安保条約改定　冷戦 67 武器輸出三原則		89 冷戦終結	90～91 湾岸戦争　ペルシャ湾への掃海艇派遣	01 米国同時多発テロ　03 イラク戦争　07 防衛省へ昇格	11 東日本大震災　13 国家安全保障戦略策定　14 防衛装備移転三原則　15 平和安全法制制定	22 国家安保戦略改定（防衛費増額）　22 ウクライナ侵攻

米国装備の供与　／　防衛装備品の国産化

- NIKE Jミサイル ラ国
- F-86F戦闘機 ラ国
- ASM-1ミサイル
- T-2練習機
- F-15J戦闘機 ラ国
- パトリオットシステム ラ国
- AAM-5ミサイル
- 12SSMミサイル
- ASM-3ミサイル

防衛装備品の国際共同開発（他国主導）

- F-2戦闘機
- SM-3ミサイル

海外移転と国際共同開発（我が国主導）

- PAC2ミサイル部品(米)
- 警戒管制レーダ(比)
- (GCAP)

出所: 防衛省「令和6年版　日本の防衛　防衛白書」を参考にKEARNEY作成

月には防衛装備移転三原則の運用指針が改定され、海外移転可能な防衛装備品のスコープが広がりました。

　移転を前提とせず、日本国政府だけが顧客という環境で、市場原理が働きづらい特殊性に長年晒されてきた我が国の防衛産業ですが、このように国際的な市場を見据えて動ける状況に変化しつつあります。

日本の防衛産業としての経営の大論点＝本気の海外市場の開拓

　多くの防衛関連企業にとって、防衛事業の経営上の重要性は必ずしも高くありませんでした。防衛省の調査では、会社売上に占める防衛関連売上の比率は平均で4％程度と低く[1]、日本航空宇宙工業会加盟企業によれば

第3章　防衛

59

実質的な利益率も2~3%程度と指摘されています[2]。

　それでも防衛関連企業各社が防衛事業を続けてきた理由は、各企業の矜持に他なりません。防衛産業はこうした意味でも我々の平和と安全を守ってきた防衛力そのものと言えます。

　一方で、昨今の防衛費増額を受け、こうした状況も変化しています。2024年3月期の業績見通しでは、三菱重工、川崎重工、IHIの大手重工3社の防衛を含む事業セグメントの売上は、3社合計で前年比約42%増の2兆700億円となる見込みです。また、利益率についても企業の評価に応じて5~10%、それに加え長期契約に伴う利率（厳密には利益ではなく将来のコスト上昇リスクに対する手当で、コスト変動調整率と呼ばれます）が1~5%付加される制度改正が令和5年度から施行されるなど、利益構造の改善を目指した制度的手当もなされています。

　たしかに、従来は防衛省・自衛隊との"お付き合い"の延長で、ビジネスを継続してきた側面もあるでしょう。そして、防衛費が増大する中、開発・生産規模の拡大に精一杯な状況にあることも想像に難くありません。しかし、売上が好調な今こそ、防衛産業自らが、非連続的な成長を描き、産業の未来を切り開く千載一遇のチャンスです。

　さらには、足元の整備計画が想定するような予算規模が、中長期に続くとは限りません。実際、IHIの井手博社長は、中長期の防衛事業の見通しについて「不透明要因が多過ぎる。これからの進捗次第だが、保守的にみている。」と発言しています。

　機会を逃さないために、そしてリスクに備えるためにも、防衛産業は今

1　令和4年版防衛白書｜1 わが国の防衛産業基盤の現状 https://www.mod.go.jp/j/publication/wp/wp2022/html/n440401000.html#:~:text=%E3%82%8F%E3%81%8C%E5%9B%BD%E3%81%AB%E3%81%8A%E3%81%84%E3%81%A6%E3%81%AF%E3%80%81%E3%81%9D%E3%81%AE%E5%A4%9A%E3%81%8F%E3%81%A8%E3%81%AF%E3%81%AA%E3%81%A3%E3%81%A6%E3%81%84%E3%81%AA%E3%81%84%E3%80%82

2　防衛装備庁装備政策課「防衛生産・技術基盤の維持・強化について」https://www.mod.go.jp/atla/hourei/hourei_dpb/08_seisaku_iji_kyoka.pdf

産業

こそ、新たなチャレンジに取り組む必要があります。その新たなチャレンジこそ、"本気の海外市場の開拓"に他なりません。

取り組み上の主な課題

それでは、日本の防衛産業が本気で国際市場に進出するための課題は一体なんでしょうか。構造的課題は幅広いですが、ここでは3つの重要な課題を取りあげます。

1. 防衛省向け装備品開発時に輸出を見据えた仕様設計

1つ目は防衛省向けの装備品開発時に、輸出を見据え、国際的なマーケットでは標準的になっているプロセス・仕様で開発することです。

意外と思われるかもしれませんが、我が国の装備品は、そのまま海外マーケットに受け入れられるものばかりではありません。各国、運用環境が異なりますから、求める仕様も異なります。よって、要求する仕様を満たしていないことも問題になりえますが、これは最大の課題ではありません。全ての要求に対応した仕様は作れませんし、これは輸出国、万国共通の課題に他なりません。単に、仕様が近しい国に売ればいいだけのことです。

ここで申し上げたい最大の問題とは、我が国の装備品開発が、国際的なスタンダードに沿ったプロセスで開発を行えていないことです。例えば、耐空性と呼ばれる飛行機の安全性証明が有名な例です。民間航空機では当たり前に要求される耐空証明ですが、自衛隊機では必ずしも民間と同等のやり方では行っておらず、C-2輸送機やUS-2救難機の輸出に際しても課題になると指摘されています[3]。

第3章

防衛

---

3 https://toyokeizai.net/articles/-/56949

61

わざわざ開発時に対応しなくとも、輸出をしたいタイミングで改修すればいいと思われるかもしれません。しかし、耐空証明は、後から対応しようとすると、1から開発しなおすのと同程度のコストがかかってしまうのです。よって、実質的に、開発当初から対応しなければ意味がありません。

　欧州や米国の装備品メーカーは、飛行機における耐空性はもちろん、国際的に標準的に求められる多数の規制・基準に対応してきています。我が国においても、同様に、当初からこうした規制・基準を意識した開発を行うことが必要なのです。

　これには産業側の努力だけでなく、防衛省側の協力も不可欠です。防衛生産基盤強化法により、装備移転円滑化措置が規定され、移転目的で装備品の仕様及び性能を調整する際に必要な費用について助成金の交付を受けることができるようになりました。これは、主に開発後のアイテムを想定した制度であり、前述のような開発段階における国際要求への対応についても、制度的手当が求められます。

　耐空性やその他の国際的な要求は単に移転に資するだけでなく、装備品そのものの安全性、信頼性、環境影響の低減といった我が国に対するメリットも享受できるものです。

　こうしたメリットや意義も含め、防衛産業としても、防衛省側に対し、積極的にアピールし、提案を行っていくことが求められます。

2. 国際共同開発やライセンス生産を通して得た諸外国からの信頼や技術力の活用

　2つ目の課題は、産業にとって有意義な規模の移転の実現に向けた、現実的なロードマップがないことです。現在、政府は主に東南アジア諸国に対する装備品移転や、部品単位での移転を目指した政策を主軸に据えているようにみえます。一方で、こうしたビジネスは防衛産業の中心にある大

手重工企業にとっては必ずしも魅力的な規模のビジネスではありません。

部品や中古品の移転など限られた実績しかないとはいっても、ストックホルム国際平和研究所の貿易統計からみた2019年-2023年のAPAC諸国における我が国輸出実績は8位です。これは中国、韓国はもちろん、オーストラリア、インド、シンガポール、パキスタン、ニュージーランドにも劣る数字です。

魅力的な規模のビジネスとして成長させるためには、最終的にはマーケットとして大きいNATOやAUKUS加盟国などへの移転を目指していく必要があります。しかし、いま政府の描いている現実的な移転目標と、防衛産業にとって意味のある移転目標の間にギャップがあるために、防衛産業も十分に本気になりきれていないのではないでしょうか。

そこで、NATOやAUKUS加盟国に対する移転を実現するための、現実的なステップとして、「ライセンス生産品の輸出・現地生産化」と「国際共同開発の拡大」を提案したいと思います。

現在、ウクライナ危機により米国のサプライチェーン強化の必要性がうたわれるなかで、我が国の生産基盤に対する期待値が高まっています。実際、パトリオット・ミサイルについては、政府が保有する在庫を米国に移転することが決まっています。

この延長線上で、我が国が保有するライセンス国産品の米国への輸出をより加速させ、さらには、米国に生産拠点を設置してはどうでしょうか。

現地に本格的な拠点を持つことで、米国の防衛当局や防衛企業とのコネクションが拡大するとともに、国内製造拠点のみでは得られない知見を得ることができます。

足場を設けるという意味では、もう一歩進み、現地企業を買収することも考えられます。韓国のハンファグループも、ノルウェー資本のAker社から、米国のフィリー（Philly）造船所を1億ドルで買収しています。これは、ハンファが米国防衛産業に進出するための足掛かりであるとされてい

■ **図表 3-4　アジア諸国の防衛関連装備品輸出規模の比較（2019～2023年）**

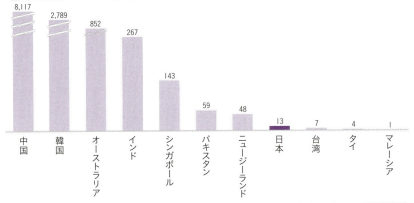

※ 国家間の軍事資源の移転規模を長期的かつ一貫性をもって比較するため、移転された兵器の生産価格に基づいてストックホルム国際平和研究所が定めた指標
（Stockholm International Peace Research Institute（SIPRI）Trend-Indicator Values（TIVs））
出所: Stockholm International Peace Research Institute（SIPRI）Arms Transfers Databaseを参考にKEARNEY作成

ます。

　最後に、国際共同開発の推進は言うまでもありません。日英伊の参画するGCAPプログラムでは、将来的な第三国への移転を見据えています。我が国の政府・防衛産業単体ともに移転のノウハウが不足していますが、英国、伊国ともに欧州、中東、南米各国への移転実績が豊富にあります。こうした本格的な国際共同開発を通じて、国際マーケットに通じるモノづくり、そして営業ノウハウを学ぶことは大変有意義なはずです。

　短期的には日本の防衛産業が単体でビジネスを行った方が収益は大きいかもしれませんが、損して得取れの精神で、企業主導により、国際共同開発案件を開拓し、そして政府に提案していくことが求められます。

3. 防衛省に頼らない、自社投資によるアクション

　最後は、防衛省からのトップダウンの意思決定や予算に頼らない経営モデルへの変革です。これには自社投資による防衛装備品の研究開発や、営

業開拓が含まれます。

　日本の防衛産業は、研究試作や開発試作含め防衛省予算で実施するのが通例であるため、自社投資という発想がなかなか生まれない土壌にあります。また、投資費用の回収も事業の性質上かなり長期的なものになってしまうため、他の事業と比較しても社内合意含めハードルが高いでしょう。

　一方で、海外では産業が自主的に投資を行い、輸出によってそれを回収するという構造があります。また、裏返せば、自主的な投資を行うことで輸出を実現しているとも言えるのです。例えば、BAEシステムズ、ロールスロイス、MBDA UKなどによって構成されるTeam Tempestは8億ポンド以上を産業の自主財源によりTempestプログラムに投資しており、これは将来の海外移転などにより回収することができると各社が見込んでいるが故だと考えられます。

　こうした好循環が生まれているのは欧米諸国だけではありません。例えば、お隣の韓国では、数多くの輸出を成功させています。例えば、韓国のハンファディフェンスはオーストラリアへのAS21歩兵戦闘車（通称レッドバック）の輸出契約を獲得しています。ハンファディフェンスは従前から防衛産業展示会などに積極的に参加し、海外向けのコンセプト案を発表してきました。これらは必ずしも韓国政府との契約に基づいたものではなく、ハンファディフェンス社が独自に検討・提案しているものも含まれます。さらに、このコンセプト案にはドイツなどの海外メーカーと連携して構想しているものもあります。

　韓国、トルコなどの新興国の防衛産業はこうした主体的努力も相まって現在の地位を獲得しており、我が国の防衛産業も、これに負けないような努力が必要です。

防衛産業の経営層へのメッセージ

　冒頭で述べた通り、防衛産業にはビジネスを超えた意義があります。新たなマーケットを目指し、防衛省依存から脱却することが経営の論点ですが、これは防衛予算が縮小した場合でも、日本国内の防衛産業、特にシステムインテグレーターとしての技術を維持するための国家レベルでのリスクマネジメントでもあります。

　日本の防衛産業各社が何もアクションをしていないかのように記載されることがありますが、実際にはさまざまな取り組みが行われています。2014年には三菱重工がPAC2部品の輸出で新たな道を切り開き、ついには三菱電機が完成品のレーダーをフィリピンに輸出しました。また、三菱電機はオーストラリア国防省と共同開発事業契約を直接締結しており、三菱重工が開発主体に選定されたGCAPにおいても将来の輸出事業への成長が期待されています。

　こうした取り組みを通じて、次世代にバトンをつなぐことも重要です。世界最速といわれるSR-71を開発したことで有名なロッキード・マーチンのスカンクワークスも、少数精鋭が集まり、既存の枠組みにとらわれない思考を行ったからこそ、イノベーティブなプロダクトを作れたといいます。従来の延長線ではない、誰もトライしたことがない課題だからこそ、少数精鋭の若い世代に任せることで、彼らが夢を持ち、新しいチャレンジができる機会になるのではないでしょうか。

　防衛予算の増加により、多くの新規プロジェクトが同時並行で進行しています。中期的な成長が確実な今だからこそ、長期的な視点に立ち、次の一手を打っていきませんか。

産業

| 執筆者 |

阿部 暢仁（あべ のぶひと）

A.T. カーニー MDI[4] プラクティス シニアパートナー

前職では、日系大手自動車メーカーにて商品企画及びブランド戦略を担当。

A.T. カーニーでは、新規を含む事業戦略、M&A戦略、セールス＆マーケティング及びブランド戦略のテーマを中心に従事。

次世代モビリティ等に関するテーマで、新聞・雑誌の取材や寄稿など、メディアを通じて英語と日本語で発信。APACの自動車領域のリーダー。

防衛・航空宇宙についても、"モノヅクリ"産業における世界のエクセレンス・日本の文脈を踏まえた視点から将来戦略の検討を支援。

崎田 隆弘（さきた たかひろ）

A.T. カーニー MDIプラクティス パートナー

防衛・航空宇宙、自動車、産業において数々の"変革"を牽引。

人生・キャリアを通じて日米中の3か国で過ごしながらモノヅクリ産業に携わり世界×日本の『リアル』な視点を重視することで、いま経営に求められる戦略や組織の変革を提言。

言うは易し行う難しをモットーとし、クライアントの実現と実行性に注力した検討にこだわる。

大久保 宅郎（おおくぼ たくろう）

A.T. カーニー MDIプラクティス マネージャー

防衛政策局や防衛装備庁での勤務を経て、官と産業の関係に課題意識を持ち、橋渡し役となるべく A.T. カーニーに参画。

現在は国際共同開発案件を中心に、官民双方に対して0から1を生み出す挑戦を支援。戦略に留まらず、制度作りや実交渉まで地に足のついた支援が得意。

渡邉 章（わたなべ あきら）

前職では、日系大手重工メーカーにて航空宇宙関連防衛装備品の設計開発を担当。

要求定義から、設計、試作、試験、分析、評価、プロジェクトマネジメントに至る幅広いエンジニアとしての経験・知見と、コンサルタントの問題解決能力を融合させた視点から、日本のモノづくりの変革と創造を支援。

川上 政晃（かわかみ まさあき）

前職では陸上自衛隊にて、戦車部隊の運用から陸上幕僚監部での防衛行政に至る幅広い防衛領域の業務を経験。A.T. カーニーでは、防衛省・自衛隊の部隊運用、人材確保、組織改編、装備品開発など、陸上自衛隊勤務で直面した防衛上の課題認識に基づき、海外展開戦略、国際・国内開発等、防衛領域を中心としたコンサルティングに従事。

4　MDIとは Mobility, Defence and Infrastructure の略、カーニー内での主要産業プラクティスの一つ

船舶

脱炭素化に向けたマリンビジネスの革新

カーボンニュートラルを巡る海事業界の環境変化

　世界の海を行き交う船舶は、グローバル経済に欠かせない存在です。しかし、すべての運行は環境汚染を引き起こします。世界の海事産業は毎年10億トン以上の温室効果ガス（GHG）を排出しており、世界的な課題となっています。

　カーボンニュートラルの実現に向かって、「海事業界の国連」と呼ばれる国際海事機関（IMO）は2023年7月に世界中の海運産業による温室効果ガス排出量を2050年頃までに「実質ゼロ」にするという目標を掲げ、2018年に掲げた「半減」の目標から大幅に引き上げました。

　上記目標設定に加え、IMOは、船舶のエネルギー効率を向上させるための基準を策定しています。その一環として、2023年から新たなエネルギー効率指標（EEXI）と炭素強度指標（CII）を導入し、既存船の環境性能

の向上を後押ししています（図表4-1）。

　また、脱炭素化の先進地域として知られるEUは「欧州グリーンディール」に基づき、2050年までにGHGを実質ゼロにすることを目指しています。海運業界は2024年にEU排出量取引制度（ETS）を導入することにより、船舶は排出したCO_2に対して排出枠を購入する必要があり、排出削減を促進しました。特に北欧諸国は割高のCO_2税率の推進により、電動船やハイブリッド船の導入を支援しています（図表4-2）。

　さらに、世界最大の船舶建造国たる中国は、習近平政権主導の「双炭目標」に沿って、2030年までにカーボンピークを、2060年までにカーボンニュートラルを実現することを目指しています。その一環として、2020年に全ての沿岸地域にエミッションコントロールエリア（ECA）を設置し、

■ 図表 4-1　IMO における環境規制一覧

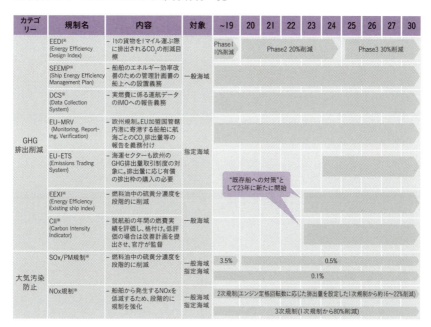

※MARPOL条約附属書Ⅵに基づく。　　出所：日本郵船HP、日本船主協会HP

■ 図表4-2　国別CO_2税率

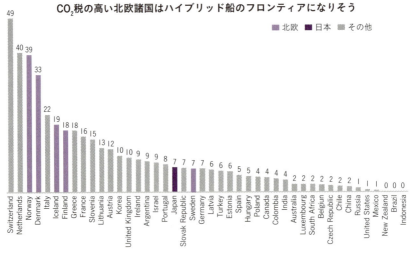

出所: OECD "Taxing Energy Use 2019"

2021年に全ての港湾で停泊中の船舶がエンジンを停止し、岸壁電力を使用することを義務付けました。

　日本の海事業界では、政府のグリーン成長戦略に基づき、2050年までにカーボンニュートラルを達成し、2030年までに、2013年比でGHG排出を40%削減することを目標としています。その実現に向かって、総額2兆円のグリーンイノベーション基金の一部は、次世代船舶の開発に充てられています。既に350億円の支援金が水素船とアンモニア船の開発に活用されています。

　また、海運大手各社は、前述の規制・政策の変化を踏まえ、IMO目標を上回る「2050年ネットゼロ」を掲げるところが多く、LNG燃料船の導入拡大やゼロエミ船実用化への投資拡大を公表しています（図表4-3）。

　造船・舶用機器メーカーは、規制当局、荷主、海運大手の要請に迫られて、脱炭素の動きを早めています。これまでディーゼルエンジン等の内燃機関を中心に技術・事業ポートフォリオを築いてきましたが、脱炭素の変

産業

■ 図表 4-3　脱炭素化に向けた海運大手各社の目標

□ ：IMO目標と同等のGHG削減目標
■ ：IMO目標を上回るGHG削減目標

	2024	2025	2026	2027	～2030	～2035	～2040	～2045	～2050
Maersk	2027年までに、メタノール船24隻追加				コンテナ輸送量の25%をグリーン燃料で輸送		ネットゼロ		
CMA-CGM	2028年までに、デュアルフューエル船（メタンまたはメタノール）119隻所有				- 30%（08年比）		- 80%（08年比）		ネットゼロ
Hapag-Lloyd	2025年までに、LNG船を9隻追加で運用開始				- 60%（08年比）			ネットゼロ	
Wallenius Wilhelmsen	風力船について造船所と交渉開始	2028年までに、メタノール・アンモニア両用船12隻追加			- 40%（22年比）		ネットゼロ		
日本郵船	2030年までに、LNG30隻、LPG8隻、メタノール3隻、アンモニア3隻所有				- 45%（21年比）	- 60%（21年比）	- 70%（21年比）		ネットゼロ
商船三井	2030年までに、LNG/メタノール90隻所有				- 23%（19年比）	ゼロエミ船130隻所有			ネットゼロ
川崎汽船	2030年までに、LNG/LPG船45隻投入				- 50%（08年比）ゼロエミ船20隻投入	ゼロエミ船130隻投入			ネットゼロ ゼロエミ船200~250隻投入

出所：SMBC「海運業界 ～脱炭素化に伴う環境変化と戦略の方向性」、国土交通省「国際海運「2050年頃までにGHG排出ゼロ」目標に合意～国際海事機関 第80回海洋環境保護委員会(7/3～7/7)の開催結果～」、各社リリース・公開記事を基にKEARNEYが作成

第4章

船舶

曲点を捕捉して、新たなテクノロジーとビジネスの形成に取り組んでいます。

1.「船舶×ＧＨＧ削減」の分野で注目すべきトレンド

　船舶のＧＨＧは、駆動源たる内燃機関が化石燃料を燃やすことによって生成した排ガスであり、削減の方向性は3つ、①ＧＨＧの発生量が少ない燃料に変える「燃料転換」、②駆動源の内燃機関をゼロエミの電動機に変える「電動化」、③船舶の運転効率化による「省エネ」です。本章では、

それぞれの注目すべきトレンドを紹介します。

1-1. 内燃機関こそゼロエミッションの鍵!? 新燃料の本命は？

現代の船は、レシプロエンジンという内燃機関を駆動源として使っています。主流の燃料たるディーゼルは、燃焼によってCO_2、NOx、PM等の大気汚染物質が排出されます。

ゼロエミッションと言えば、EVのような電動船を想起しやすいですが、長距離航行の世界には適しません。40万トンのバルク船を例とすると、一日100トン以上のディーゼルを消費するため、一度に約3000トンを充填して20～30日の連続運行をするのが一般的です。仮に電池駆動にすると、数万トンの電池が搭載され、貨物用の空間が激減し、船舶の商用価値が大幅に低下してしまいます。従って、内燃機関でのゼロエミの実現は、脱炭素の鍵と言っても過言ではありません。

ディーゼルの代替燃料として、LNG、メタノール、アンモニア、水素が注目されています。ゼロエミの意味では、CO_2削減率100%のアンモニアと水素は本命というべきです。特に、肥料としても使われるアンモニアは、既に成熟したサプライチェーンを持っているため、最も有望と思われます。

一方で、海運大手の導入実績を見ると、LNGとメタノールが主流であり、アンモニアと水素は僅少です。その理由は、技術課題と燃料供給インフラの不備です（図表4-4）。

今後の燃料転換は、一極集中ではなく、長期にわたって多燃料の共存が見込まれます。海運や船主は、運行ルートにおける燃料インフラの整備状況、新燃料対応船の技術成熟度、コストを総合勘案して、その都度燃料の種類を判断することになります。造船・エンジンメーカーに求められるのは、特定の新燃料の船舶・エンジンの製造販売よりも、船主・オペレーター向けの燃料転換に関するカウンセリング力でしょう。

産 業

■ 図表 4-4　海運大手各社の新燃料船発注状況

：20隻以上の発注

海運大手	新燃料の発注状況			
	LNG／LPG	メタノール	アンモニア	水素
Maersk	N/A	24隻	N/A	N/A
CMA CGM	10隻	24隻	N/A	N/A
Wallenius Wilhelmsen	N/A	12隻（メタノール・アンモニア両用）		N/A
MSC	12隻（LNG・メタノール両用）、10隻（LNG・メタノール・アンモニア兼用）			2隻
Hapag Lloyd	42隻	N/A	N/A	N/A
日本郵船	39隻	6隻	2隻	N/A
商船三井	38隻（LNG・メタノール計）		N/A	N/A
川崎汽船	14隻	N/A	N/A	N/A

出所: SMBC「海運業界 〜脱炭素化に伴う環境変化と戦略の方向性」、Clarksons「Shipping Intelligence Network」、各社リリース・公開記事を基に
KEARNEYが作成

1-2. エンジンのない電動船は夢ではない？　遠海こそ電化の新戦場?!

　前述の通り、外航船は電池技術の制約でEV化に向いていません。一方、内航船は、陸上給電、エンジン運転プロファイル、エネルギー回収等の要件で電動化との親和性が高いです。

　では、エンジンを使わない電池駆動の船（EV船）は本当にくるのでしょうか？　フェリー領域では、図表4-5に示すように、北欧をはじめとして6カ所の港湾でEV船が既に運行しています。直近の例として、2024年2月に、ノルウェーのオペレーターFjord1が、4隻のEVフェリーをオーダーしました。同様に、タグボートの世界では、中国の連雲港、USのサンディエゴ、ニュージーランドのオークランド等の港湾で10隻以上のEVタグが運行しています（図表4-5）。

　ただし、フェリーもタグボートも、グローバルの年間新造量は100隻以

第4章

船舶

73

■ 図表 4-5　電動フェリーの稼働実績

船名	稼働開始時	フェリーオペレーター	船籍	最大出力(MW)
Ampere	2015	Norled	Norway	1.8
Aurora,Tycho Brahe	2018	ForSea	Sweden/ Denmark	3.0
Ellen	2019	ÆrøKommune	Denmark	1.8
Maid of the Mist Electric Ferries	2020	Maid of the Mist Corporation	USA	2.0
Düsternbrook	2021	Schlepp-und Fährgesellschaft Kiel mbH	Germany	1.0
Candela P-12	2023	Candela	Sweden	NA
Buquebus Electric Ferry	2025	Buquebus	Uruguay	3.0
Fjord1 Autonomous Ferries	2026	Fjord1	Norway	NA

出所: 各社リリース・公開記事を基にKEARNEYが作成

上なので、EV船の浸透率は非常に低いです。普及の課題はコストです。自動車と同様に、電動化によって内燃機関・変速機を省ける一方、電池の初期コストが高く、かつ、電池の劣化による交換コストがかかります。結局、電動化による追加投資をいつ回収できるかが最大の論点です。

　電動船の売り込みには、図表4-6のようにライフタイムの収支を踏まえた投資回収のシミュレーション結果をもって、船主・オペレーターを説得することが必須です。内航船の場合、運行7〜10年目で中古市場に売却されるのが一般的ですので、5年以下の投資回収が望ましいです。電動化を狙う造船・舶用機器メーカーは、地域毎の炭素税、補助金、人件費、燃料費、船主・オペレーターのエコ意識等の因子を踏まえて、ターゲット市場・顧客を選定すべきでしょう（図表4-6）。

　内航船は電動化の激戦区ですが、遠海も電化の新戦場として注目されています。特筆すべきトレンドは軸発電の台頭です。軸発電は、プロペラを回転させる軸を利用して発電するシステムです。これまでは、操船等の舶

産 業

■ 図表 4-6　船種別電動化の投資回収期間

$$\text{投資回収期間} = \frac{\text{電動化によるCAPEX}（\text{電池＋電気設備＋発電機＋}\cdots）}{\text{電動化による年間OPEX削減額}（\text{燃料＋エンジンの維持費＋炭素税＋}\cdots）}$$

船種	投資回収期間	参考事例
タグ	～4年	Fossのレトロフィット案件Carolyn Dorothy
浚渫船	1～3年	Wartsilaの試算
オフショア支援船	～5年	Wartsilaのレトロフィット案件Viking Lady
フェリー	～4年	Corvusのレトロフィット案件MF Finnøy

出所: 各種公開記事を基にKEARNEYが整理

用機器に必要な電力を発するエンジンは補機を用いてきましたが、その代わりに、軸発電システムは主機の余剰動力を利用して発電することで、補機を動かすための燃料消費、排ガスを削減できる点で評価され、補機の代替技術として導入が進んでいます。

　図表4-7で示すように、軸発電による補機の代替は、モータ・ジェネレータ／ドライブのメーカーにとっての新規事業の機会ですが、補機メーカーにとっての脅威です。他方、冗長性を重視し、軸発電を導入しても補機を維持する、「純増」の考え方を持つ船主・造船所も存在します。代替の度合いは、地域・船主・造船所によって変わります。機会ロス回避・クロスセルの観点では、両方のポートフォリオを持つのが一策でしょう（図表4-7）。

第4章

船舶

75

■ 図表 4-7　軸発電と補機の需要。市場規模予測

1. 純増：補機の出力需要に影響しない軸発電機　2.補機置換：補機の出力需要減少を引き起こす軸発電機
3. 軸発電機市場規模の計算：出力値×出力単位当たりの価格（Wartsila社軸発電機価格参考：1,300USD/KW）
出所：Clarksons「新造船舶数」、台当たり補機出力（MW）、Wartsila、WE Tech有識者のインタビューを基にKEARNEYが推計

1-3. 省エネの肝はAI・IoT？　自動運転は船にも来る！

　前述の「燃料転換」と「電動化」は、エネルギー源の転換によるGHG削減の仕組みです。一方で、エネルギー消費量そのものの削減も大きな事業機会を秘めています。燃料費は海運コストの50％以上を占める最大の費目であり、省エネは海運業における恒常のテーマです。近年のAI・IoT技術の普及によって、省エネの技術は進化してきました。

　AI・IoTを用いた省エネアプリケーションの代表例は航路最適化です。遠海の場合、河床のような制約がなく、最短ルートで航行できると思いが

ちですが、風速、風向、波高、気温、海流、悪天候、魚群に影響されるため、ルートはその都度判断する必要があります。出航前の経路計画に加え、航行中のナビゲーション、前述の影響要素に基づく航路の修正が求められます。これまで、このような判断は、キャプテンに大きく依存してきましたが、AIの普及によって自動化が可能となります。

　StormGeo社は航路最適化の先行者です。同社の出自は気象情報ベンダーですが、脱炭素とAIの商機を察知し、2017年に機械学習を用いた航路最適化のソリューションを開発し始め、2019年に「s-Planner」をローンチし、気象データに加え、エンジンの出力、回転速度、温度、圧力、船体の位置、速度等のデータを統合処理し、リアルタイムの航路最適化を実現することで、年間7万回以上の航行を支援し、600万トンのCO_2削減に寄与しました。今後、航路最適化のメリットの顕在化に伴って、新規参入のプレイヤーは益々増えるでしょう。

「楽な道を選ぶ」航路最適化に加え、「楽な方法で走る」自律船技術も省エネに貢献しています。自律船は、人件費削減・先進安全のイメージが強いですが、実は人的無駄をなくすことでGHG削減に繋がります。典型例は、Kongsberg社の自律船ソリューションAutocrossingです。2016年にノルウェーのフェリー会社Fjord1が同社ソリューションを導入し、船員の介入なしに操船の一貫性が保たれ、人間特有の加減速がなくなり、15 – 20％の省エネを実現し、年間数千トンのCO_2削減を遂げました。

　このような自律船ソリューションは、高度なセンシング、リアルタイムデータ解析に加え、システムインテグレーションの力が必要であり、伝統的な造船・舶用機器メーカーには能力の補完が要るでしょう。

2. 脱炭素の機運に乗じて事業転換する企業

　これまでは、「船舶×GHG削減」に係る技術トレンド・先行事例を紹介

しましたが、脱炭素の機運を捉えて躍進したリーディングプレイヤーはどのような企業でしょうか？　本節では、脱炭素の勝ち組とその成功要因を紹介します。

2-1. 電動化のテクノロジーイノベーションによる新規事業を創出

　前述の通り、内航船も外航船も電動化による技術的変化が起きています。この変化を事業に転換することに成功したのはABBです。

　ABBは、1988年に設立されたスイス・スウェーデンの多国籍企業です。電力と産業自動化を専門とし、パワーグリッド、エネルギー、ロボティクス、船舶、鉄道、鉱山など、幅広い分野で事業を展開する、売上320億

■ 図表4-8　ABBが電動船で手掛ける範囲

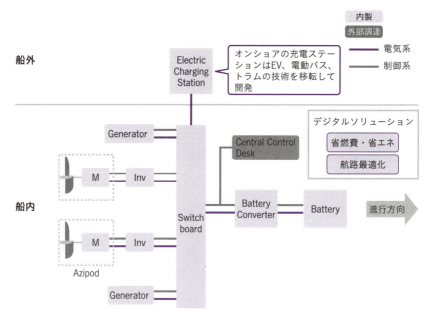

船舶領域で必要とされる電動パワートレインのトルクパターン、出力制御に関するドメインナレッジに加え、動力系や電気系のコンポーネントを梃子に電動船の航行のエネルギー最適化を目指す

出所: ABB, エキスパートインタビュー

USドルの巨大企業です。船舶の領域では、電化の進展に伴いAzipodを起点に、船舶配電・充電インフラシステム、短距離航行の省エネ航海や自動航行まで、船舶の電化・自動化のエコシステムを形成しています（図表4-8）。

　Azipodとは、ABBが1990年に開発した世界初の船舶用の電動推進システムです。従来の推進システムとは異なり、Azipodはプロペラと電動モーターが一体化したポッドユニットを船体外部に取り付け、360度回転が可能であることが特徴です。これにより、推進効率が向上し、船舶の操縦性も大幅に改善されました。2023年に累積導入隻数は400を超え、トップシェアを維持しています。

　しかし、ABBはAzipodの先行者利益に満足していません。ハードウェアのコモディティ化に備え、動力系や電気系のコンポーネントを梃子に電動船の航行のエネルギー最適化を目指すシステムインテグレータ（SI）のポジションを築きました。SIの提供価値は、ハードウェア、ソフトウェア、インターフェース、カスタマイズ、トラブルシューティングを含むワンストップ対応による開発・上市の加速です。また、システムは単品と比べてコスト構造が複雑であり、技術難易度も高いため、価格交渉によるマージンアップはしやすいでしょう。

　一方で、コンポーネントメーカーからSIへの転身は簡単ではありません。ABBが目指すエネルギーマネジメントシステムには、デジタル、電池、充電等のミッシングピースがありました。全て一から開発するよりも、提携・買収による能力の補完が早道です。例えば、2012年に蘭Amarconを買収し、船舶のモーション監視や、エネルギー消費量を最適化するソフトウェアを獲得し、2018年に加Ballard社と仏HDF社と船舶用燃料電池の共同開発・製造について提携し、2022年に上市を遂げ、さらに2023年にChargepoint Technologyを買収し、充電インフラの技術を獲得しました。

ABBの成功要因をまとめると、①時代を駆けるAzipodのテクノロジーイノベーション力、②船舶電動化のニーズを見極めたSIへの転身の経営判断力、及び③果敢な提携・買収による能力補完の加速でしょう。

2-2. 内燃機関メーカーからエネルギーソリューションベンダーへの躍進

前述のように、内燃機関の燃料転換は脱炭素の鍵です。その実践に成功した代表例はWartsilaです。同社は、1834年に創立されたフィンランドを本拠地とする老舗企業であり、主に海事およびエネルギー市場向けにエンジン、エネルギーソリューションを提供しています。2023年度には約54億ユーロの売上を達成し、うち船舶エンジン事業は約20億ユーロを貢献し、特に中速エンジンでは世界4割超のシェアを保有するトッププレイヤーです。

しかし、エンジンのトッププレイヤーこそ、燃料転換の帰趨が気になるでしょう。これまで培ったディーゼルのノウハウが通用しなくなったり、新規参入のプレイヤーにシェアを奪われたりする蓋然性が高いため、Wartsilaの対策は「全方位のエネルギーソリューション」です。

図表4-9に示すように、Wartsilaは前述のLNG、メタノール、アンモニア、水素に加え、バイオメタン、合成メタン、FAME／HVO（バイオディーゼル）のエンジンも保有しています。エンジン以外も、ハイブリッド、省エネプロペラを内製しており、さらに燃料電池、空気潤滑、純電動船の提携・評価を進めています。ここまで幅広く取り組んでいるプレイヤーはWartsilaしかいないので、脱炭素に不安を持つ船主・造船所の問い合わせが殺到するでしょう（図表4-9）。

Wartsilaの「全方位戦略」は燃料の種類に留まらず、エネルギーの供給、貯蔵、輸送を含むサプライチェーン全般のソリューションを提供できます。LNGを例とすると、WartsilaはLNG対応のエンジンに加え、船舶

■ 図表4-9　Wartsilaの脱炭素技術ポートフォリオ

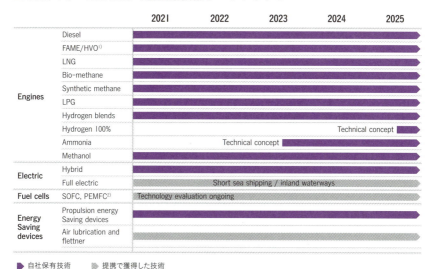

1) FAME, HVO: biodiesel　2) SOFC: solid oxide fuel cell, PEMFC: proton exchange membrane fuel cell
出所: Wartsila IR資料

上の貯蔵タンク、気化装置、供給ライン、制御システムを提供しています。更に船舶だけでなく港湾インフラの整備を手掛けています。陸上のLNG貯蔵施設や供給インフラ、特にLNGバンカリング（燃料補給）システムの設計と建設に注力し、LNGを使用する船舶が迅速かつ安全に燃料を補給できる環境が整えられています。このようなサプライチェーン全方位の布石は、メタノール、アンモニア、水素にも展開されるでしょう。

また、Wartsilaが目指すエネルギーソリューションには、エネマネは不可欠です。エンジン出自のWartsilaは、電気・ソフトウエアのノウハウが足りないため、M&Aにより獲得しました。図表4-10の通り、2015年に船舶の電化・自動化に注力する独L3 MSIを買収し、2017年にBEMSソフトウェアを提供する米Greensmithを買収し、さらに2018年操船システムサプライヤーの英Transasを買収することにより、エネマネのミッシングピースを揃えました（図表4-10）。

■ 図表4-10　製品／ソリューションスタックとプレイヤーマップ

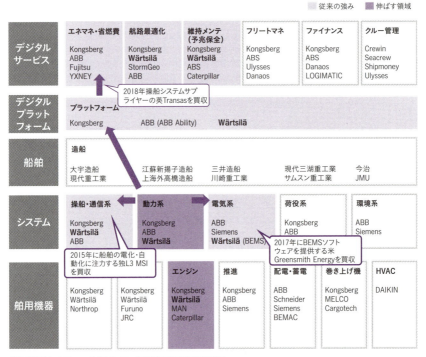

出所：有識者インタビュー、各社リリース・公開記事を基にKEARNEYが作成

　Wartsilaの成功要因を要約すると、①燃料転換の全方位展開に資する先行投資、②エネルギーサプライチェーンへの布石の先見性、③M&Aによるエネマネソリューションの獲得の3点です。

2-3. デジタル技術を梃にSaaS型へのマネタイズモデル転換

　重厚長大の船舶業界では、デジタルやSaaSの出番は少ないですが、前述の通り、AI・IoTを梃に差別化を図る企業は存在します。代表例のKongsbergを紹介します。同社は、1814年に設立され、ノルウェーのコングスベルグに本拠を置く多国籍企業で、2023年の売上は約26億USDで、

主に防衛、海事、デジタル技術の分野でサービスを提供しています。

　海事部門は、操船、通信、ナビゲーション、推進システムまで幅広いポートフォリオを持っていますが、コアの強みは船の"頭脳"たる操船・通信系の技術です。特にオイル・ガス業界のオフショア支援船に使われるダイナミックポジショニング（DP）システム世界最大のインストール数を保有し、9千隻以上の導入実績があります。

　しかし、化石燃料から脱却するグローバル潮流のもと、オイル・ガスの採掘需要が低迷し、DPシステムを要するオフショア支援船のニーズの低下が見込まれます。また、洋上風力発電等の成長分野にオフショア支援船が必要ですが、オイル・ガスの減衰分を賄うほどのボリュームがありません。こういったDPシステムの市場鈍化を察したKongsbergは、大胆な事業革新に取り組んできました。

　一つ目の取り組みは、DPベンダーから自律船システムインテグレーションへのオファリングの拡張です。自律船は高度なセンシング・制御技術を要し、Kongsbergの強みを生かせる一方、操船・通信系以外の機能との密接なインテグレーションが必要で、自力での開発はハードルが高いものでした。

　そこで、Kongsbergは、2019年にロールスロイスの商船事業を6.5億USDで買収し、操船系・通信系に加え、推進系（スラスター、舵等）、電気系（分電、蓄電等）、荷役系（クレーン、揚錨機等）の技術・製品を入手し、各系統間の接続・整合の能力を飛躍的に向上し、自律船システムをワンストップで提供するポジションを確立しました（図表4-11）。

　二つ目の取り組みは、デジタルエコシステムの構築とSaaS収益の創出です。前述のエネルギーマネジメントや航路最適化の中核となるデジタル技術は、伝統的な造船・舶用機器メーカーでは持っていませんでした。このギャップに商機を感じたKongsbergは、デジタルプラットフォームの船舶版「Kognifai」を創出しました。

■ 図表4-11　Kongsbergの技術力カバレッジと取得パターン

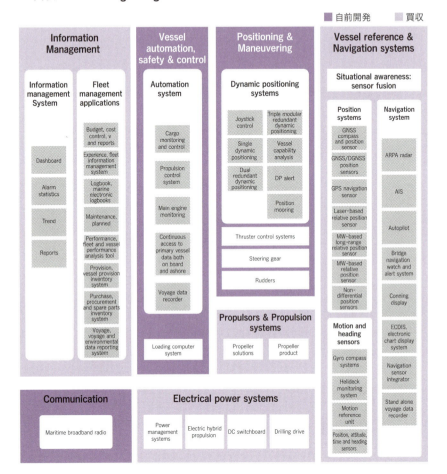

　仕組みとして、Kongsbergの操船・通信系システムの数千個のI/Oポイントからデータを吸い上げ、データの構造化とデジタルツインのモデルを構築します。サードパーティーのデベロッパーは、かかるデータとモデルをベースに、予兆保全や船隊管理の付加価値アプリを開発します。ユーザーの船主・オペレーターが、Kognifaiのマーケットプレイスにてかかるアプリを購入し、その収入がプラットフォーマーのKongsbergとサードパー

ティーのデベロッパーに分配されます。

　Kognifaiを媒介に、ユーザー、デベロッパー、プラットフォーマーのwin-win-winのエコシステムが構築されました。また、アップル社のアップストアのように、課金はサブスクの形を推奨することで、初期コストの低減と安定的なSaaS収益の確保を狙っています。

　こういったデジタルプラットフォームの構築には、大量の情報系人材の獲得と開発プロセス・組織の改革が必要です。また、デベロッパーの誘致とユーザーの船主・オペレーターの集客にもコストとリードタイムがかかりますので、長期間赤字の覚悟が必要です。Kongsberg Digitalは2016年に発足してから、港湾オペレーションのデジタル化のNorSea社、船隊パフォーマンス可視化のCOACH Solutions社等を買収し、投資を惜しまない姿勢を示してきました。

　その結果、2023年にKongsberg Digitalの事業売上は13億NOK（約1.2億USD）、受注残高は20億NOK（約1.9億USD）に達し、2024年下半期にEBITDAの黒字転換が見込まれています。8年間の赤字に耐え、ついに船

■ 図表4-12　先進プレイヤーの取り組みからの学び

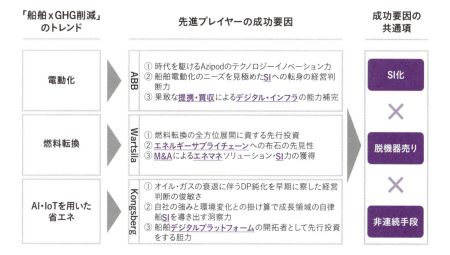

舶版デジタルプラットフォーマーの先行者利益を収穫する時期を迎えるで
しょう。

　Kongsbergの成功要因をまとめると、①オイル・ガスの衰退に伴うDP
システム成長鈍化を早期に察した経営判断の俊敏さ、②自社の強みと脱炭
素の環境変化との掛け合わせで次の成長領域たる自律船SIを導き出す洞
察力、③船舶デジタルプラットフォームの開拓者として先行投資をする胆
力ではないでしょうか。

　これまで紹介したABB、Wartsila、Kongsbergの取り組み及び成功要因
を総じて見ると、SI化、脱機器売り、及び非連続手段は共通項であり、
次の節では日本の船舶業界への示唆をご紹介します（図表4-12）。

3．日本の造船・舶用機器メーカーにとっての経営アジェンダ

　日本の船舶産業は、明治維新以降の発展期を経て、20世紀後半には世
界の造船業をリードするまでに成長しました。しかし、2000年代以降、
韓国や中国といった新興造船国が台頭し、低コストの労働力と政府の強力
な支援を背景に、急速に造船能力を拡大し、日本は世界市場でのシェアを
大幅に失いました（図表4-13）。

　現状、日本の造船・舶用機器メーカーは、図表4-14のように、コスト
競争力、燃料転換・電動化の出遅れなど、様々な課題に直面しています。
前述の先進プレイヤーの成功要因を踏まえ、これらの課題解決には、下記
3つのテーマを検討すべきです（図表4-14）。

---

①垂直統合から脱却し、グローバルで戦えるSIポジションの確立

②売り切りからリカーリングビジネスへの進化

③小粒な舶用機器メーカーの再編による規模の経済の実現

産業

■ 図表4-13　世界における船舶建造量と国別シェア

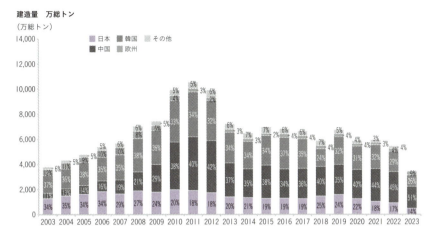

出所: IHS Markit

■ 図表4-14　日本の造船・舶用機器メーカーにとっての経営アジェンダ

先進プレイヤーの共通項を勘案した検討テーマ

日本船舶業界の課題		SI化 ❶垂直統合から脱却し、グローバルで戦えるSIの確立	脱機器売り ❷売り切りからリカーリングビジネスへの進化	非連続手段 ❸小粒メーカーの再編による規模の経済の実現
造船	ⓐ 人件費・調達費等のコスト競争力は中韓勢に劣る	労働集約の建造と知識集約の燃料転換・電動化の開発を分離し、前者はLCCに完全移転又は撤退	船機器売りが赤字でもSaaS等のリカーリングで黒字化できる筋肉質に	統合によるオーバーヘッドの希釈化、調達コストの削減
造船	ⓑ 主力のバルク船等は低付加価値の船種で燃料転換・電動化に出遅れ	船種によらず燃料転換・電動化の開発に専念し、高付加価値のLNGC等への外販が可能	燃料サプライチェーン、充電インフラ等の周辺ホワイトスペースを探索	再編を契機に船種のポートフォリオを見直し、新技術のコスト許容度の高い船種にリソースを集中
舶用機器	ⓒ 中韓勢の技術キャッチアップによって値引き合戦に陥る	システムレイヤーでコスト構造のブラックボックス化・マージン向上を実現	舶用機器のインストールベースを持つ日系は、中韓勢を先んじてSaaSの収益源を創出	重複開発・重複投資の回避により技術先進性を維持する
舶用機器	ⓓ 非純正スペアパーツの浸透による利益率の低下	システム包括的なサービス契約で顧客離反を防ぐ	予兆保全等のSaaSで純正品の利用を促進	規模の経済で純正品のコスト競争力を向上
共通	ⓔ サブスケールでR&Dの投資余力は限られる	システム化で点在の部品の開発資源を一定程度選択・集中に	SaaS収益源の創出による新たな原資の獲得	重複開発・重複投資の回避によるR&Dの加速

3-1. 垂直統合から脱却し、グローバルで戦えるSIポジションの確立

　日本の造船メーカーは、全体設計から詳細設計、調達、建造まで垂直統合の事業形態を持っています。燃料転換、電動化、自律船にシフトする際には、付加価値がSIに集中し、従来の船舶全体設計・建造の機能と異なる提供価値・組織機能が求められます。

　現状、SI機能は各造船所が内包していますが、重複開発・重複投資が起きているため、グローバル競争力に欠けています。また、知識集約のSI機能と労働集約のハル建造が同じエンティティで運営されているため、前者の成長が後者の衰退に引きずられて、完全分離しないと成長が図れません。前述の欧州系プレイヤーのように、特定領域のSI機能を集約し、グローバルの造船・船主に横断的に提供するような、事業構造転換が必要でしょう。

　かかる転換は、造船メーカーのシステム設計・調達機能のカーブアウトで実現できます。トヨタから分離したデンソーのように、ノルウェーの造船メーカーHavyardは、脱炭素R&DとSI機能を担う部署を新会社HAVとNESにスピンオフすることで、技術開発の加速と外販の拡大に成功しました。また、前述のABBやWartsilaのように、舶用機器メーカーが隣接分野のプレイヤーの吸収合併でSIポジションを構築するのも一策でしょう。

3-2. 売り切りからリカーリングビジネスへの進化

　機器売りの場合、中韓勢との値引き合戦に耐えられない日本メーカーは、技術・スペックの優位性とアフターサービスの周到さで、プレミアム価格を正当化する戦い方を取っています。変化の少ない、かつ顧客stickinessの高い海事業界では、パイプラインとEBITDAは比較的安定です。しかし、中韓の技術力のキャッチアップと、非純正サービス・スペア

産業

パーツの浸透により、この戦い方の持続性は疑われます。

　そこで、前述のKognifaiのようリカーリングの収益源を創出することも視野に入れるべきです。こういったリカーリング事業の成功には、ターゲット顧客と提供価値の明確化に加え、顧客ロックインの仕掛け、課金体系の設計、デベロッパーの誘致、リスク管理等のエコシステムのノウハウが必要です。機器売りに専念していた日系メーカーにとって、これらの成功要件を全て自力で作ることは容易ではありません。海運物流、傭船、DX、IPPなどリカーリングの業態に長ける総合商社、IT等の異業種のノウハウ、人材、資本を活用することで、リカーリングビジネスの形成を加速させるべきでしょう。

3-3. 小粒な造船・舶用機器メーカーの再編による規模の経済の実現

　日本の造船メーカーは200社以上、舶用機器メーカーは数千社もあり、中韓と比べてフラグメントです。中国の国営系のCSSC、CSICや、韓国の財閥主導の現代、サムスンなど、巨大海事クラスターに匹敵するには、業界の再編は必須です。

　造船のレイヤーでは、JMUと今治造船の合弁会社たる日本シップヤードや、常石造船による三井E&S造船の買収など、統合は進んでおり、川重と中国COSCOの合弁DACKSや、三井E&Sと揚子江船業との合弁造船所など、低賃金地域への展開も遂げました。しかし、日本側のオーバーヘッドが中韓勢を下回ることはなく、日系が得意なバルク船は、中韓勢が主導しているLNGキャリアや大型コンテナ船と比べて低付加価値となります。よって、単なる吸収合併では、根本的な問題を解決できません。事業ポートフォリオの見直しとサプライチェーンの再設計が今後の着眼点です。

　造船サプライチェーンの重役たる舶用機器のレイヤーでは図表4-15の

第4章
船舶

89

ように小粒のメーカーは各技術ドメインに散在し、燃料転換や自律船など、大規模R&D投資が必要な分野に対し、各社独自での取り組みでは非効率となります。また、調達・製造コストの削減にも規模の限界があります。こういった課題の解決には再編が必要です。船舶業界の成長領域と日本メーカーのアセットとの掛け算で勝機を見極めて、再編のロードマップを描くのが最優先の検討テーマでしょう（図表4-15）。

■ 図表4-15　日本主要船舶用機械メーカー全体像

出所：有識者インタビュー

産 業

執筆者

竹村 文伯（たけむら ふみのり）
A.T.カーニー CMTプラクティス シニアパートナー
ノースウェスタン大学ケロッグ経営大学院修了（MBA）。松下電器産業、米系コンサルティング会社シリコンバレーオフィスを経て現職。日本、及び、北米でICT・エレクトロニクス、重電・産業機械業界を中心に20年のコンサルティング経験をもつ。経営戦略、事業戦略、Go-To-Market、海外事業投資、新規事業、M&A等の支援に従事。

西川 覚也（にしかわ かくや）
A.T.カーニー CMTプラクティス シニアパートナー
東京大学工学部（産業機械工学）卒。国内大手特許事務所を経て現職。電機、半導体、重工機械、素材、商社、PEを中心に15年のコンサルティング経験をもつ。事業戦略、R&D戦略、海外展開戦略、戦略提携・M&A、ターンアラウンド等の支援に従事。

張 子健（Zhang, Zijian）
A.T.カーニー CMTプラクティス マネージャー
早稲田大学大学院情報生産システム研究科を修了（工学修士）、本田技研を経て現職。重工業・エレクトロニクスをはじめとするハイテク領域を中心に、新規事業立案、新規市場・販路開拓、サプライチェーン改革、M&A戦略立案やビジネスDD等の支援に従事。

参考文献

・「South Korea and China Battle for Hapag-Lloyd's $5.4 Billion Container Ship Contract」【Business Korea】2024年8月8日
・「Norway Orders World's First Battery-Power Autonomous Ferries」【The Maritime Executive】2024年2月28日
・「VESSEL REVIEW | eWolf – First US-built all-electric tug joins Crowley's ship assist fleet」【Baird Maritime】2024年2月15日
・「欧州における舶用代替燃料の普及に向けた支援策」【日本海事センター】2024年2月
・「MSC Cruises Confirms Two More Cruise Ship Orders」【Cruise Industry News】2023年11月13日
・「MSC firms order for two hydrogen-powered Explora Journeys ships」【Seatrade Cruise News】2023年9月21日
・「Hapag-Lloyd CEO: Industry must work together to create a level-playing field」【Offshore Energy】2023年9月21日
・「MSC orders ten LNG-powered containerships in China」【LNG Prime】2023年8月9日
・「Slower ships and new fuels could be part of the answer」【MIT Technology Review】2023年7月11日
・「国際海運「2050年頃までにGHG排出ゼロ」目標に合意〜国際海事機関 第80回海洋環境保護委員会（7/3〜7/7）の開催結果〜」【国土交通省】2023年7月11日

第4章 船舶

- 「MSC order of ten dual-fuel newbuilds confirmed」【Southern Africa's Freight News】2023年2月17日
- 「対中韓、環境船で巻き返し　今治造船はアンモニア燃料船　CO2排出ゼロに　ルールづくりでも先手　商船三井は導入前倒しへ」【日本経済新聞】2021年9月20日
- 「海運業界 〜脱炭素化に伴う環境変化と戦略の方向性」【SMBC】2021年12月
- 「Maid of the Mist Electric Ferries」【Ship Technology】2020年10月23日
- 「Taxing Energy Use 2019」【OECD】2019年10月15日
- 「MF Ampere The world's first all-electric car ferry」【Corvus Energy】2019年5月15日
- 「Tanker Update 2018」【DNV GL】2018年6月
- 「Bulk Carrier Update 2017」【DNV GL】2017年5月
- 「Potential Benefits of Hybrid Powertrain Systems for Various Ship Types」【RHEVE】2011年12月

産業

第 **5** 章

通 信

通信業界におけるトレンドの影響と
事業者に求められる対応

第5章 通信

本章の位置づけ

　規制・テクノロジーが複雑に絡み合う通信業界においては毎年大きな変化が起きます。2024年（8月執筆時点）において、直近1年間を振り返ってみても、通信業界における変化の大きさを象徴する出来事が起きています。規制観点では、防衛財源の捻出を起点にNTT法の廃止/見直しに関わる議論が勃発しました。ユニバーサルサービスや事業者間の公正競争の確保など固定・モバイル横断で、国内の市場・競争環境の行く末を決めうる重要な議論が足元で行われています。テクノロジー観点では、AIと通信の融合に関わる取り組みが日進月歩で進んでいます。24年2月に開催されたMWC[1]では、ソフトバンクやNVIDIA等の事業者が参画するAIを活用

1　MWC（Mobile World Congress）：世界最大級の移動体通信業界の展示会

93

した通信ネットワークの構築を目的とする「AI-RAN-Alliance」の設立が発表されました。また、スマートフォンに生成AI用のチップを組み込んだ次世代のスマートフォンのモックも話題となりました。その他国内モバイル市場では、2023年に資金繰りによる危機を迎えていた楽天モバイルの業績が改善傾向にあります。2024年8月7日時点では、法人事業の強化などにより、契約数が770万件に到達し、驚くべき純増ペースを維持しています。

このように話題に事欠かない通信業界ですが、本章では3つのトレンドに焦点を当てたいと思います。1つ目は、生成AIの普及を背景に盛り上がりつつあるGPUサーバーのクラウド提供サービス（以下GPUクラウドサービス）についてです。GPUクラウドサービスが盛り上がりつつある背景にある市場環境、各社の取り組み状況に触れ、過去のクラウドサービスとの対比から国内事業者の生き残り方を考察します。

2つ目は、KADOKAWAへの攻撃でも話題に上がっているサイバーセキュリティについてです。AIやIoTといったテクノロジーが事業者に対してもたらしうる恩恵は大きい一方で、サイバーセキュリティへの対応が企業の持続性において重要なアジェンダになりつつあります。サイバーセキュリティの中でも業界横断で重要なリスクになりつつあるランサムウェア攻撃に焦点を当て、その概要や特徴、そして通信事業者が担うべき役割について解説します。

3つ目は、KDDIによるローソンへの約5,000億円でのTOB（株式公開買付け）に関連するモバイルキャリアによる経済圏競争についてです。キャリア間の新たな競争軸となりつつある経済圏について、経済圏の概要、経済圏構築の要諦、経済圏競争における今後の取り組みの方向性について考察したいと思います。

産業

GPUクラウドサービス

　今、国内におけるデータセンター投資が加速しています。2024年1月に、AWSが2027年までに約2.3兆円の国内データセンター関連の投資を行うことを発表しました。その後、Oracleが今後10年間で約1.2兆円、Microsoftが今後2年間で4,400億円など、外資系のクラウド事業者が国内へのデータセンター投資を相次いで発表しています。また、国内の事業者も補助金等を活用しながらデータセンター投資を発表するなど、数兆円単

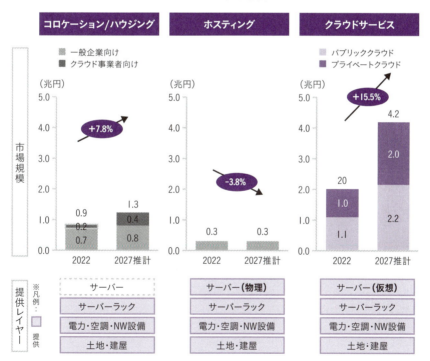

■ 図表 5-1　国内データセンター関連の市場規模

出所：富士キメラ総研「データセンタービジネス市場調査総覧」、IDC Japan「国内プライベートクラウド市場予測」、MM総研「国内クラウドサービス需要動向調査」

位の投資が行われています。

　国内のデータセンター市場の規模を眺めてみると、堅調に成長していくと見立てられており、とりわけクラウドの成長率が高いです。この市場成長の要因は、OTT[2]等の普及を背景とするコンシューマートラフィックの増大や、企業によるクラウド化の推進やDXに関わるIT投資の拡大など複合的です。その一要素として、生成AIの普及を背景としたGPUクラウドサービスのニーズが高まっていることが挙げられます。GPUクラウドサービスとは、GPUの計算リソースをインターネットを通じて提供するサービスです。以降は、このGPUクラウドサービスに焦点を当てていきたいと思います。

GPUクラウドサービスがなぜ伸びているのか

　GPUクラウドサービスの主な用途は、大規模演算処理が必要な生成AIのLLM[3]、先進運転支援システム（ADAS）、創薬シミュレーション等に活

■ 図表 5-2　GPUクラウドサービスの主な用途

用途分類	生成AIの登場による新たな用途		従来のHPC※で処理されてきた用途		
	学習	推論	ADAS	MI（マテリアルズ・インフォマティクス）	学術研究、等
用途例	－ 画像・動画・文章等の生成AIモデルの学習/再学習(自前モデル、オープンモデルベース) － 上記の中でパブリックLLMを活用しないもの(≒機微情報の取扱や安定稼働が求められるもの)	－ 生成AIモデルの実行(文脈に合わせた言語応答、画像生成、等) － 上記の中でパブリックLLMを活用しないもの(≒機微情報の取扱や安定稼働が求められるもの)	－ 先進運転支援システム(ADAS)における物体・画像認識、動作テスト/シミュレーション	－ 製造業や製薬企業の中央研究所における化学物質解析、創薬応用シミュレーション	－ 学術研究:深層学習、ロボット工学 － 製造:PI(デジタルツイン)、半導体工場等の導線監視 － 医療:医用画像診断、手技支援 － 気象:気候変動分析、天気予測　等

※ HPC（High Performance Computing）：複雑な計算やデータ処理を高速で行うことが可能な機能や技術

2　OTT（Over The Top）：インターネット回線を通じてコンテンツを配信するサービスの総称
3　LLM（Large language Models）：大量のテキストデータを使ってトレーニングされた自然言語処理のモデル

■ 図表 5-3　GPUサーバーの市場推計（購入台数ベース）

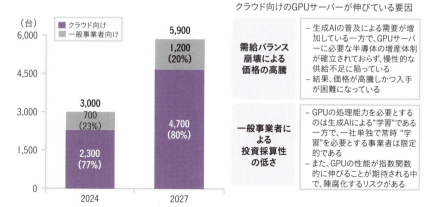

※クラウド向けは、データセンター事業者がクラウドやホスティングへの活用を目的に購入したGPUサーバーを指す

用されるマテリアルズ・インフォマティクス（MI）になります。特に、生成AI用途では、非常に大きな処理負荷がかかることからGPUクラウドサービスのメインユースケースとなると考えられています。

また、オンプレミスではなくGPUクラウドが伸びている理由は2つあります。まず1つ目は、GPUの需給バランス崩壊による価格高騰です。生成AIブームに伴い需要が高まっている一方で、NVIDIAによる供給が圧倒的に不足しています。供給不足の原因は、NVIDIAのGPUに用いられる半導体不足です。NVIDIA向けの半導体はTSMCが製造していますが、パッケージングプロセスのキャパシティーとパッケージングプロセスで使用されるHBM（High Bandwidth Memory）の供給がボトルネックになっていると言われています。供給不足の解消に向けた見通しは立っていません。2つ目は、単独で投資採算性を成立させられる企業が一部に限られる点です。前述のとおりGPUの価格が高騰している一方で、GPUの処理能力を使い切れる事業者は稀であるということです。生成AIに代表されるLLMの「学習」「推論」には膨大な計算リソースが必要となる一方で、LLMを

自ら構築しない事業者にとっては膨大な計算処理を行わずGPUが宝の持ち腐れになってしまうのです。また、GPUの性能は今後も指数関数的に伸びる可能性がある中で、陳腐化によるリスクも投資を踏みとどまらせる原因になります。以上の構造的な要因から、今後もGPUクラウドサービスの市場は伸びていくことが期待されます。

各社の取り組み状況は

　GPUクラウドサービス市場の立ち上がりに対して、国内外のプレイヤーが既に市場参入しており、競争環境は混戦模様となりつつあります。主な参入プレイヤーは、AWS、Azure、GCP、Oracleに代表される外資系のクラウド事業者と国内系の事業者に大別されます。

　外資系のクラウド事業者では、AWS、Azure、GCP、OracleがNVIDIAのH100を採用したGPUクラウドサービスの提供を行っています。例えば、Open AIのLLMであるGPT 4もAzureが提供するGPUクラウドサービスを活用しています。外資系クラウド事業者は、大規模な資金力を背景に、最新のGPUを活用したクラウドサービスの提供や高い可用性を強みにサービス提供を行っていくことが想定されます。

　国内系の事業者は、補助金を活用しながら比較的小さな規模で安価な価格設定でのポジショニングを取っています。今現在、GPUクラウドサービスの提供を行っている国内事業者の代表格は、GMOインターネットとさくらインターネットです。いずれも、経済産業省の助成金「特定重要物資クラウドプログラムの供給確保計画（以降 当助成金）」を活用しながら、NVIDIA H100を採用したGPUクラウドサービスを提供しています。投資規模は約100億円で少額ですが、外資系事業者と比較して低い価格設定を行っています。また、KDDIとソフトバンクも当助成金の認定を受け、今後数年間で約1,000~1,500億円のGPU関連の投資を行うことを発表しています。自社で開発するLLM用途が主ではありますが、GPUクラウドサー

産　業

ビスの外販も予定されています。

国内事業者のGPUクラウドサービスの勝ち筋

　GPUクラウドサービスにおける勝ち組はまだ決まっていません。類似したサービスであるクラウドサービスとの差分から、GPUクラウドサービスに関わる国内事業者の今後の生き残り方に関し、考察したいと思います。

　クラウドサービスは、AWS、Azure、GCPが圧倒的な市場シェアを持つサービスになります。2023年第4四半期時点のグローバルの市場シェアは、AWSが31%、Azureが24%、GCPが11%で、3社の合計は66%になります。3社がクラウドサービス市場での支配力を高めた要因は、2つあると考えられます。1点目は、大量のサーバー投資が必要なインフラビジネスにおいて、自社内の大量のトラフィック量を起点に大規模な先行投資を行ったこと。2点目は、クラウド上における種々の開発環境を整備することにより新たなトラフィックを生むエコシステムを構築してきたことです。これら2つが噛み合うことで、規模の経済が効き、サーバーコストの低下につながると同時に、最新のサーバーを提供できる新陳代謝を回すことに成功したのです。GPUクラウドサービスに関しても、従来のクラウドサービス同様、規模の経済が効くビジネスであることから、成り行きベースではAWS、Azure、GCPが優位であることは自明です。

　しかしながら、GPUクラウドサービスと従来のクラウドサービスには、2点差分があると考えられます。1点目は、ユースケースの差分です。従来のクラウドサービスは、汎用的なサービスや開発環境を提供することで利用が進んでいます。他方、GPUクラウドサービスはLLM向けの学習・推論が主な利用用途になりますが、後述のとおり業界や用途に応じて使い分けられるプライベートLLMが普及するポテンシャルがあります。2点目は、政策面での後押しです。日本政府は、生成AIを始めとするAI産業

における日本の国際プレゼンス向上や経済安全保障の観点で、積極的な政策を展開しています。特に、生成AIに関連するGPU関連の補助金を中長期で支出していく方針です。以上の差分に焦点を置くと、国内事業者にとっての2つの勝ち筋が示唆されます。

1つ目は、"プライベートLLMとGPUクラウドサービスの抱き合わせニーズを創出"することです。プライベートLLMというのは、GPT-4、Geminiのようなグローバル事業者が提供するパブリック（汎用型）LLMに対して、企業独自の環境やデータを活用したカスタマイズが可能なLLMです。プライベートLLMを活用することで、例えば金融業界や特定の用途に特化したユースケース開発が可能となることから、今現在国内の大手通信事業者やSIerがサービス提供を開始しています。現状は、生成AIにおいてはパブリックLLMが一人勝ちしている状況です。今後、プライベートLLMのニーズが立ち上がることで、国内系事業者がプライベートLLMの構築に必要な"学習"や"推論"用途でのGPUクラウドサービスをセットで提供する需要を創出できる可能性があります。

2つ目は、"ルールメーキングによる需要の創出"で、補助金の活用や新たなルール整備の働きかけを指します。具体的には、短期視点では補助金

■ 図表 5-4　プライベート LLM・パブリック LLM の定義

	プライベートLLM	パブリックLLM
特徴	業種・用途特化で構築でき、カスタマイズ性も高い	性能は高い一方で、汎用用途でカスタマイズ性も低い
提供形態	オンプレミス プライベートクラウド パブリッククラウド	パブリッククラウド

産　業

を活用することで規模の小さなGPUクラウドサービス事業者が、価格で差別化を図る戦略をとる方向性が考えられます。実際、GPUクラウドサービスの需要家にも、「安く」「小さく」利用したい顧客層（例.研究機関、クリエイターなど）が一定規模存在することから、受け皿になりえます。また中長期的には、経済安全保障の観点で、例えば重要インフラ関連の国産GPUクラウドサービスの利用を促進するルール整備を働きかけることで、補助金に頼らない事業構造を作っていくことで活路を見出せるのではないでしょうか。

トレンド②：サイバーセキュリティ

サイバーセキュリティ脅威のさらなる高まり

近年、サイバーセキュリティの脅威はさらに高まっています。トレンドマイクロの調査によると、過去3年間でサイバー攻撃の被害を経験した企業は50％を超えており、もはや攻撃を受けることは避けられない状況になってきております。特に、昨今のサイバー攻撃と聞いて真っ先に思い浮かべるのは、KADOKAWAへの攻撃でしょう。2024年6月に攻撃を受けたKADOKAWAは、子会社のドワンゴが運営するニコニコ動画等のサービスが停止し、復旧まで約2ヶ月の期間を要しました。身代金として約4.7億円を要求されたという一部報道や約25万件の個人情報の漏洩という事実も、サイバー攻撃の恐ろしさを物語っています。以降では、特にどのようなセキュリティ脅威が存在するのかとともに、通信事業者が担うべき役割を説明します。

注目すべきサイバーセキュリティ脅威：ランサムウェア攻撃

企業が最も注目すべきサイバーセキュリティ脅威は、ランサムウェア攻撃と考えます。ランサムウェア攻撃の目的は、"身代金"の要求です。主

■ 図表 5-5　情報セキュリティ10大脅威の順位推移

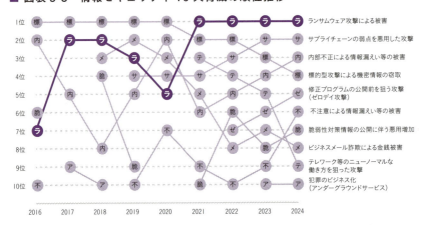

※記載は、2024年の10大脅威における順位推移であり、順位上の空白は2024年の10大脅威に選出されていないセキュリティ脅威
出所: IPA「情報セキュリティ10大脅威 2016-2024」

な手段としては、企業の端末やサーバーを凍結（データを暗号化）し、その解除であったり、また重要情報を窃取し、窃取した情報の公開停止を条件に金銭を要求することです。ランサムウェア攻撃は、これまでも存在して

■ 図表 5-6　ランサムウェア攻撃の種別・差異

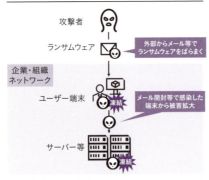

出所: IPA「情報セキュリティ10大脅威 2024」

産業

いましたが、近年は再度注目を集めています。IPAが発表する情報セキュリティ10大脅威において、2021年から4年間連続で首位となっています。

ランサムウェア攻撃は、大きく2種類に大別されます。1つ目は、"ばらまき型"と呼ばれる従来から存在するものです。不特定多数にフィッシングメール等をばらまき、感染した人から金銭を要求します。2つ目は、"侵入型"と呼ばれるもので、特定の企業・組織に標的を定め、ネットワーク内に侵入して攻撃するものです。昨今、数を増やしているのは"侵入型"であり、VPN[4]機器等のネットワーク内の脆弱性を狙って侵入するため、対応が難しく大きな脅威となっています。

ランサムウェア攻撃の目的が"身代金"と考えると、支払い能力が高い大企業が主な攻撃対象と思われがちです。しかし、近年では中小企業が狙われることも増えてきています。理由の1つとしては、成功率の高さが挙げられます。大企業は堅牢なセキュリティ対策を講じているとともに、コ

■ 図表 5-7　ランサムウェア攻撃の被害報告状況（2023）

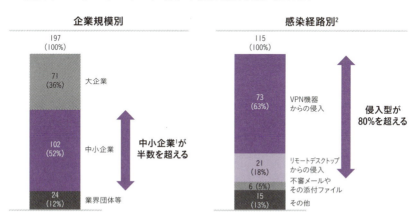

※1: 中小企業基本法（昭和38年法律第154号）第2条第1項に基づき分類、2: 感染経路が把握できた報告の総数となるため、企業別被害報告の総数とは異なる
出所：警察庁「令和5年におけるサイバー空間をめぐる脅威の情勢等について」

4　VPN（Virtual Private Network）：インターネット上に仮想の専用回線を設ける接続方式

■ 図表5-8　OTを有する企業における主なインシデント（2023）

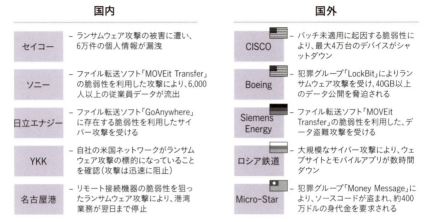

出所：TXOne Networks「IT/OTの統合化がもたらす危機：OT/ICSサイバーセキュリティレポート2023」

ンプライアンスの観点から被害時においても、安易に身代金を支払いません。そのため、セキュリティ対策まで手が回りにくく、業務継続を優先し身代金を払う可能性の高い、中小企業が狙われ始めています。加えて、サプライチェーンの弱点として、中小企業が狙われているという側面もあります。前述した通り、大企業に直接侵入することは容易ではないため、相対的にセキュリティレベルの低い中小企業や大企業の子会社が踏み台にされるのです。

　どの企業もランサムウェア攻撃の被害に遭う可能性がありますが、特に近年注意する必要があるのは、OT[5]と呼ばれる、工場やビル等の制御機器を扱う業界・領域です。具体的には、製造業、電気・ガス等の社会インフラ、病院・医療現場、等が対象となります。OT領域は、これまで閉塞的な環境でした。しかし、IoTを代表とするようなITシステムやネットワークが外界とOT領域を接続するようになりました。そのため、これまで存

5　OT（Operational Technology）：工場やビル等の機器/設備を制御や運用するシステムや技術

産業

在しなかった外界からの脅威についても対策が必要になってきています。既に脅威は顕在化しており、2023年においてもOTを有する企業で重大なセキュリティインシデントが発生しています。

通信事業者が担うべき役割

サイバー攻撃の脅威は、今後も増加・複雑化することが想定されます。通信事業者は、このような状況に各企業が対応できるように支援していく必要があるのではないでしょうか。従来のセキュリティ機器の提供に加え、3つの支援があると考えます。

1つ目は、セキュリティアセスメントの実施支援です。サイバーセキュリティの重要性は誰もが理解していますが、"どこから手を付ければ良いか分からない"や"売上向上が優先となり後回しになる"、ということが起こりがちです。そのため、セキュリティに関する現状を可視化することで、改善点が何かを明確化するとともに、対策実施に向けたモーメンタムを作り出すことができると考えます。また、ネットワークやシステム上の脆弱性だけでなく、ガバナンス体制や運用状況も含めて、診断することが大切になってきます。

2つ目は、政府が推進するサイバーセキュリティ規制・ガイドラインへの準拠支援です。例えば、経済産業省は、"IoT製品に対するセキュリティ適合性評価制度"を24年度中から開始することを予定しています。IoTと聞くと、通信機器のみの対応と思いがちですが、対象は監視カメラや産業用ロボット等、多岐にわたっており、適合性評価を受けていない機器での業務運用ができなくなる可能性があります。このような政府対応に向けたコンサルティングやソリューション提供による支援も重要であると考えます。

3つ目は、未曾有の脅威への対応支援です。サイバー攻撃は常に高度化しており、従来のパターンマッチングでは検知・防御が困難になってきて

います。特に、国家の機密情報の窃取を主な目的としたATP攻撃では、ランサムウェアのような"身代金"が目的ではなく、密かに"窃取"することが目的であるため、サイバー攻撃があったことさえも気づかない状況に陥ることもあります。このような脅威への対策となり得るのが、XDR（Extended Detection and Response）です。XDRは、1つのセキュリティポイントだけでなく、ネットワーク機器やサーバー、メール等、様々な領域のログデータを横断的に収集・分析します。これにより、リアルタイムに不審行動を検知することができます。このような未曾有の脅威の検知・防御を実現するソリューションの導入を進めていくことも通信事業者としては重要と考えます。

トレンド③：キャリア×経済圏

2024年3月にKDDIがローソンに対して、約5000億円でTOB（株式公開買い付け）を行い、ローソンの親会社である三菱商事と共同経営するという衝撃的なニュースが報道されました。このほかにも、ドコモが2023年にインテージ株をTOBで51％取得、マネックス証券を子会社化、ソフトバンクとZホールディングスが2022年10月にPayPayを連結子会社化するなど、モバイル各社による非通信関連の提携や買収に関する報道が後を絶ちません。これらの報道に共通するキーワードとなるのが、"経済圏"です。実は、ドコモ・KDDI・ソフトバンク・楽天のモバイルキャリア4社間の競争軸は、数年以上前から"通信サービスの提供"から"経済圏"に変わりつつあるのです。

経済圏とキャリア各社の取り組み

経済圏は、平たく言うと、特定の系列のサービス間で共通して利用できる顧客IDや、共通で貯められるポイント等を利用できる仕組みのことで

す。これによって、ユーザー目線では複数のサービスを利用する際の手間の解消や、ポイントを活用することで効率的にサービス利用ができます。また、経済圏を運営する主体にとっても、経済圏を通じて幅広いサービスを提供することで顧客を増やし、囲い込むことで自社のサービスを使ってもらう機会を増やすことができます。

国内のモバイルユーザー数の継続的な増加が見込めない中、起点となる事業や強みとなるサービスは異なるものの、モバイル大手4社（ドコモ、KDDI、ソフトバンク、楽天）は、数千万人に及ぶ顧客基盤を活用した経済圏構築を行っています。

ドコモは、モバイルのシェア1位である顧客基盤を活かして、2015年からdポイントを中心とした経済圏を構築してきました。2018年にはPayPayに先行してd払いを開始しました。足元では、2023年にマネックス証券、2024年にオリックス・クレジットの子会社化をするなど金融領域におけるサービスを拡大しています。また2024年4月には、Amazonとのポイント連携を発表し、EC領域の強化も図っています。

KDDIは、2008年からauじぶん銀行サービスを提供するなど、モバイルユーザーの顧客基盤を活用した金融サービスに強みを持った経済圏拡大を行ってきました。また、2019年末にPontaを運営するロイヤリティマーケティングとの資本提携を行いau WALLETポイントをPontaポイントへ統合することで、決済機能の強化や顧客基盤の拡充を図ってきました。足元では、ローソンへのTOBによりキャリアとして唯一小売チェーンを傘下に置くことになり、リアル接点の強化も行っています。

ソフトバンクは、PayPayのスーパーアプリ化による、経済圏構築を進めています。2018年にPayPayのサービスをローンチして以降、100億円キャンペーンなどの大規模マーケティング施策や加盟店開拓により、QR決済No.1の座を確立してきました。また、2019年からPayPayのスーパーアプリ構想を掲げ、グループ内の金融サービスのPayPayへの統合や、

■ 図表 5-9　各キャリア経済圏の概要

	NTTドコモ	KDDI	ソフトバンク	楽天
ポイント プログラム	dポイント	Pontaポイント	PayPayポイント	楽天ポイント
会員数	1億以上	1.1億以上	6,500万以上	1億以上
年間ポイント 利用／発行数	3,400億円 （2022年度利用）	2,000億円規模 （2020年度発行）	6,000億円 （2022年度発行）	6,500億円 （2023年度発行）

■ 図表 5-10　各キャリア経済圏で提供されている主なサービス

※凡例：　　　　自社　　　┌┄┄┐他社連携

		NTTドコモ	KDDI	ソフトバンク	楽天
通信	モバイル	ドコモ （9,000万契約）	au, UQ Mobile, povo （6,800万契約）	SoftBank, Y!mobile, LINEMO（5,200万契約）	楽天モバイル （770万契約）
金融	決済	d払い （6,000万会員）	auPAY （3,500万会員）	PayPay （6,500万会員）	楽天ペイ （会員数非公開）
	クレジット カード	dカード （1,800万会員）	auPAYカード （900万会員）	PayPayカード （1,200万会員）	楽天カード （3,000万枚発行）
	証券	マネックス証券 （260万口座）	auカブコム証券 （170万口座）	PayPay証券 （100万口座※1年で倍増）	楽天証券 （1,100万口座）
	銀行	三菱UFJ銀行と連携 （銀行参入の検討を表明）	auじぶん銀行 （年間住宅ローン融資1兆円超）	PayPay銀行	楽天銀行
その他生活	EC/小売	dショッピング Amazonとポイント連携	auPAYマーケット ローソン	Yahoo!ショッピング・ZOZO- TOWN等（GMV1兆7,000億円）	楽天市場 （GMV6兆円）
	トラベル	じゃらんnetと連携	Reluxを買収	Yahoo!トラベル	楽天トラベル
	電気・ガス	ドコモでんき	auでんき	おうちでんき	楽天でんき・楽天ガス

Line・ヤフーとのサービス統合、ID連携を進めています。

　楽天はモバイル3社と比較して、起点となる事業は異なるものの、経済圏においては先行している事業者です。1997年の楽天市場のサービス提供開始後、度重なるM&Aとブランドの統一化を通じて、カード、証券、金融（銀行・保険）、トラベル、楽天ペイなどの事業を展開してきました。2017年度末決算時点で、約9,500万のID数と約7割のクロスユース率を達成していました。2018年以降は自ら通信インフラを整備するMNO事業に参入し、モバイルと楽天経済圏のサービスのクロスセルを行っており、業

界内においても圧倒的に高いクロスユース率を実現しています。

経済圏における要諦

　経済圏を構築するうえで、重要になるのが経済圏全体における流通取引金額を表すGMV（Gross Merchandise Volume）を最大化することです。GMVを最大化するための指標は大きく、客数を増やすための指標である「新規獲得顧客数」と「既存顧客の継続率」、客単価を上げるための指標である「客当たりの利用頻度」、「クロスユース率」が挙げられます。これらの指標を改善するサービスが経済圏内に組み込まれるべきサービスの要件となります。

　従って、これまでの経済圏においては、大きく2つの特徴をもったサービスが展開されてきました。1つ目は、"トランザクション量の大きなサービス"です。新規ユーザーを獲得するという観点では、間口の広いサービスを提供することが求められることに加え、いずれの経済圏においても決済や他サービスへの送客が主な収益源となることから、利用頻度の高いサービスを具備する点でも重要になります。2点目は、"生活者データを蓄積できるサービス"です。クロスユース率や継続率を高めるうえで、顧客理解を通じた他商材の提案やロイヤリティプログラムの提供が必要になるためです。

今後の方向性

　今現在のキャリア各社の経済圏を見ると幅広なサービスが既に提供されつつあり、一見完成形に近づきつつあるように見えます。しかしながら、上述の"トランザクション量の大きい""生活者データを蓄積できる"という目線で見ると、まだまだサービスとしての拡大余地があると考えられます。3つの方向性についてご紹介します。

"使う/貯めるから稼ぐ"

　1点目は、ユーザーがポイントを"使う""貯める"が中心だった経済圏に、"稼ぐ"という切り口が重要になると考えます。なぜなら、"稼ぐ"に関わる領域は、月次での給与払いが行われトランザクション量が多く、"採用"や"スキル"など幅広なサービス提供に繋がるためです。また、若年層を中心にTimeeなどのスキマバイト利用が増えている中で、デジタル給与払いの制度が解禁され、今後、雇用時の手続きの簡略化が進み、スキマバイト系のサービスが拡大するなど需要の拡大も期待されます。

"リアル接点の拡大"

　2点目は、生活者のデータ蓄積を行う観点で、リアル接点を拡大することが考えられます。今現在は、各社が経済圏のシェアオブウォレットを高めるために、デジタルを中心としたサービスを提供しています。一方で、無視できないのがリアル接点で、実際、消費全体におけるリアル接点の比

■ 図表5-11　リアル接点の例

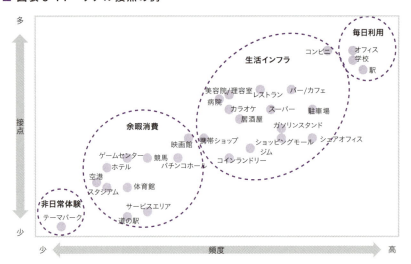

率は過半数を占めているのが現状です。

　従って、ユーザーのニーズをよりデータドリブンで把握しようとするのであればリアル接点を押さえることは不可欠になります。経済圏にとって特に相性が良いのは、トランザクション量が多い、即ち数が多く利用頻度の高い接点になります。条件に合う接点としては、コンビニ・スーパーに代表される小売以外にも、例えばRIZAPグループが提供している"choco ZAP"のような健康・美容・娯楽等に関わる複合的なサービスとの提携も機会があると考えられます。

"脱コモディティ化"

　3点目は、コンテンツに強みを持ったサービスの提供を通じた差別化です。そもそも経済圏も抽象化すると、"場"や"インフラ"を通じて種々のサービスを提供するプラットフォーム型のビジネスであると捉えることができます。コンシューマー向けのプラットフォーム型ビジネスとして、わかりやすい例としては、動画配信・ゲームが挙げられます。いずれも、ハードウェア等のプラットフォームを基盤にコンテンツによる差別化を行うサービスです。他方、現状の経済圏の主軸となるサービスは、トランザクションの多い決済・金融・通信などコモディティ性の高いサービスが太宗を占めています。従って、現状の経済圏におけるサービスラインナップが一巡すると、販促費による消耗戦になる可能性があります。このような状況を脱する打ち手として、IP・スポーツ等のコンテンツの活用が切り口として考えられます。参考となる先行サービスも登場しています。

　IP活用の例として、MUFGがリリースした&BANKと呼ばれるサービスがあります。若年層の銀行離れが進む中で、推し活・ファン活といった若年層の新たな消費/体験に目をつけ、アイドルマスター等の特定ファン向けにBaaSを提供することを予定しています。また、一時NFTバブルが発生したスポーツ領域でも、グローバルでは数百万人のユーザー獲得に成

功したソラーレのようなファンコミュニティを運営するプレイヤーが登場するなどポテンシャルを秘めています。さらに、国内でも規制議論がなされているスポーツベッティングが追い風になる可能性も考えられるのではないでしょうか。

執筆者

針ヶ谷 武文（はりがや たけふみ）
A.T. カーニー 通信プラクティス シニアパートナー
東京大学教養学部卒。大手通信会社を経て、A.T. カーニーに参画。通信・メディア領域を中心に、成長戦略、M&A 戦略、海外戦略、営業改革、全社トランスフォーメーションを手がける。

滝 健太郎（たき けんたろう）
A.T. カーニー 通信プラクティス シニアパートナー
東京大学経済学部卒。通信・メディア領域を中心に、成長戦略、M&A 戦略、デジタル戦略、R&D 戦略、全社トランスフォーメーションを手がける。

田添　雄介（たぞえ ゆうすけ）
A.T. カーニー 通信プラクティス マネージャー
早稲田大学国際教養学部卒。大手清涼飲料メーカーを経て、A.T. カーニーに参画。情報・通信領域を中心に、グリーントランスフォーメーション、新規事業、オペレーション戦略策定などのコンサルティングを手がける。

入江　隆太（いりえ りゅうた）
A.T. カーニー 通信プラクティス マネージャー
INSEAD（欧州経営大学院）修了（MBA）。大手通信会社を経て、A.T. カーニーに参画。通信・デジタル領域を中心に、経営戦略、営業戦略、海外戦略、シナリオプランニングなどのコンサルティングを手がける。

参考文献

・総務省「情報通信審議会　電気通信事業政策部会　通信政策特別委員会（第14回）配布資料・議事概要」2024年7月30日
・AI-RAN ALLIANCE「Industry Leaders in AI and Wireless Form AI-RAN Alliance」2024年2月26日
・楽天モバイル　決算説明会プレゼンテーション資料（2024年度第2四半期）2024年8月9日
・日本経済新聞　「KDDI、28日からローソンにTOB 5000億円投じ非公開化」2024年3月27日
・AWS「日本への2兆2,600億円の投資計画を発表2027年までに国内クラウドインフラに継

続投資」 2024年1月19日
- Oracle「日本のクラウド・コンピューティングとAIに80億ドル超を投資へ」2024年4月18日
- Microsoft「国内のAI及びクラウド基盤増強に4,400億円を投資リスキリング、研究拠点の新設、サイバーセキュリティ連携で日本経済に貢献」2024年4月10日
- 富士キメラ総研「データセンタービジネス市場調査総覧2024年版 市場編」
- IDC Japan「国内プライベートクラウド市場予測」
- MM総研「国内クラウドサービス需要動向調査」
- EE Times Japan「NVIDIAのGPU不足は今後も続く ボトルネックはHBMとTSMCの中工程か」2024年5月7日
- 日経クロステック「GMOが最新GPU「NVIDIA H100」をクラウドで提供、生成AI開発向けに国内初」2023年11月15日
- GMOインターネットグループ「NVIDIA H200 Tensorコア GPUを採用した生成AI向けのGPUクラウドサービスを国内最速提供へ〜経済産業省による「クラウドプログラム」の供給確保計画の認定〜」2024年4月19日
- さくらインターネット「NVIDIA H100 GPUを搭載した生成AI向けクラウドサービス「高火力」の第一弾を2024年1月31日より提供開始」2024年1月24日
- SoftBank「経済産業省による「クラウドプログラム」の供給確保計画の認定について」2024年5月10日
- KDDI「生成AI開発を支える大規模計算基盤の整備に1,000億円投資」2024年4月19日
- Synergy Research Group「Cloud Market Gets its Mojo Back; AI Helps Push Q4 Increase in Cloud Spending to New Highs」2024年2月1日
- 経済産業省「クラウドプログラム」https://www.meti.go.jp/policy/economy/economic_security/cloud/index.html 2024年8月14日参照
- 経済産業省「IoT製品に対するセキュリティ適合性評価制度構築に向けた検討会 最終とりまとめ」2024年3月15日
- IPA情報処理推進機構「サプライチェーン強化に向けたセキュリティ対策評価制度の構築について」2024年7月12日
- IPA情報処理推進機構「情報セキュリティ10大脅威」(2016年分-2024年分)
- 警察庁「令和5年におけるサイバー空間をめぐる脅威の情勢等について」2024年3月14日
- TXOne Networks「IT/OTの統合化がもたらす危機：OT/ICSサイバーセキュリティレポート2023」2024年5月19日
- トレンドマイクロ「サイバー攻撃による法人組織の被害状況調査」2023年11月1日
- KADOKAWA「ランサムウェア攻撃による情報漏洩に関するお知らせ」2024年8月5日
- 日経クロステック「変わるランサムウェア攻撃の手口 VPN装置経由の侵入や「2重脅迫」が当たり前に」2023年10月4日
- 産経新聞「炎上する 顧客や株主守れ KADOKAWA被害の身代金要求ウイルス、支払い是非は」2024年7月8日
- NTTドコモ「マネックスグループ・マネックス証券との資本業務提携契約を締結」2023年10月4日

第5章

通信

- ソフトバンク「当社子会社の株式交付による PayPay 株式会社の連結子会社化に関するお知らせ」2022 年 7 月 27 日
- NTT ドコモ、アマゾンジャパン「ドコモと Amazon が d ポイントおよび Amazon プライムに関する協業を開始」2024 年 4 月 10 日
- 三菱 UFJ 銀行「＆ BANK」の展開開始について」2024 年 7 月 5 日
- sorare HP「press」https://sorare.com/press 2024 年 8 月 14 日参照
- NTT ドコモ「2023 年度決算及び 2024 年度業績予想について」2024 年 5 月 10 日
- Loyalty Marketing HP「事業内容」https://www.loyalty.co.jp/business　2024 年 8 月 14 日参照
- PayPay「「PayPay」の登録ユーザー数が 6,500 万を突破！」2024 年 8 月 13 日
- 楽天 HP「企業情報」https://corp.rakuten.co.jp/about/　2024 年 8 月 14 日参照
- 楽天「統合報告書 2023」
- PayPay「PayPay が実施した主な取り組みと、それに伴う主要指標の推移について（2023 年度上期）」2023 年 10 月 25 日
- ITmedia「互いの弱点を解消する au WALLET ポイントと Ponta の統合　"キャリアのポイント競争"が変わる」2019 年 12 月 21 日
- 電気通信事業者協会「事業者別契約数」https://www.tca.or.jp/database/index.html　2024 年 8 月 14 日参照
- ケータイ Watch「「d ポイントクラブ」10 月改定へ、ドコモのキーパーソンが語ったコンセプトは」2024 年 5 月 15 日
- au PAY magazine「au PAY、2024 年 7 月の新規加盟店について」2024 年 8 月 1 日
- 楽天「楽天カード、カード発行枚数が 3,000 万枚を突破」2023 年 12 月 18 日
- PayPay「PayPay カードが複数枚発行可能に」2014 年 8 月 7 日
- KDDI「「au PAY カード」の会員数が 900 万人を突破」2023 年 10 月 16 日
- マネックス証券 HP「口座数等（月次）」https://mst.monex.co.jp/mst/servlet/ITS/ucu/CompanyDisclosureMsGST　2024 年 8 月 14 日参照
- au カブコム証券 HP「口座数・約定情報等の推移」https://kabu.com/company/monthly_disclosure/order/default.html　2024 年 8 月 14 日参照
- PayPay「はじめての資産運用は PayPay 証券で。100 万口座突破までの道のりとこれから」2024 年 6 月 10 日
- 楽天証券 HP「トップページ」https://www.rakuten-sec.co.jp/　2024 年 8 月 14 日参照
- au じぶん銀行「住宅ローン融資実行額が累計 4.5 兆円を突破！」2024 年 6 月 28 日
- LINE ヤフー「2023 年度通期及び第 4 四半期決済説明会」2024 年 5 月 8 日

産業

第 **6** 章

生成AI

ビジネスインパクトのある生成AIの活用

　2022年末のChatGPTのリリース直後、生成AIは何でも答えてくれる魔法であるかのような期待値が高まりました。個人ユーザーから拡がりましたが、ビジネスの現場においても2024年は全産業の至る所で、有効な使い方を模索する動きがありました。試行錯誤の結果、既に顕著なビジネスインパクトを創出したものから、過度な期待を膨らませて失敗に至るものまで、大きく明暗が分かれてきています。

　こうした実態もふまえて、本章では、業界を問わず生成AIのビジネスにおける活用を企図している方を想定し、1）まず前提として生成AIの事業者やサービスの発展をおさえたうえで、2）ビジネスシーンにおける生成AI活用の成否を分けるポイントと創出するインパクトを見ていきます。最後に、3）ポテンシャルを最大化するための実行上のポイントをカバーします。

生成AIの事業者やサービスの発展

① 生成AIの事業者の発展

　生成AIに絡む事業者の急速な発展をバリューチェーンの上流から順に概観します。この産業の発展を語るうえで最も象徴的な出来事が2024年6月に発生しました。AIのバリューチェーンの上流に位置し、世界中で生まれる需要の刈り取りに成功したNVIDIAが、時価総額でAlphabet、Amazon、Apple、Microsoft等を一瞬で抜き去り世界1位を記録したことです。急すぎた株価上昇の後に調整局面を迎えたとは言え、2022年時点でこれ程までの事態を予測した人は少数派でした。同社をはじめとする超大規模な高速演算を可能にするGPU半導体とサーバーが世界中のAI産業の発展を加速させました。

　Alphabet、Amazon、Apple、Microsoft等のビッグテックにおいても、生成AI関連サービス自体が全社に占める売上高の割合は現時点では限定的であるにもかかわらず、会社の将来性を大きく左右し得ることから、将来の成長戦略をどれだけ魅力的に投資家に説明できるかで、資本市場における評価が大きく動いているようにも見えます。

　生成AIのスタートアップ投資もグローバルで拡大しました（図表6-1）。Microsoftは2019年からOpenAIに投資しており、2023年には100億ドルとも噂される金額の追加投資で話題を呼びました。同社のデータセンターの計算資源を大規模に利用することで生成AIモデルを開発し、個人ユーザーへの月額アカウント代とアプリ開発者からの収益を拡げてきました。2022年末のChatGPTリリース時には極めて小さな規模でしかなかった企業が、2024年6月時点の報道[1]によれば、同社の年換算売上高は34億ドル

1　OpenAI社は非上場で業績非公表。「The Information」による報道。直近の1カ月の売上高に12を乗じたもの。

産業

■ 図表 6-1　生成 AI の資金調達額の推移

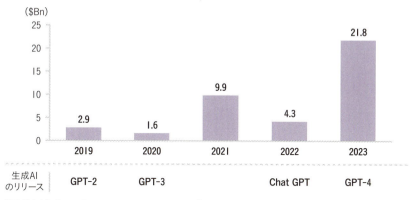

出所: CB Insights「Investor Interest in generative AI soared in 2022」「Investor interest in generative AI soars in 2023」を基にKEARNEY作成

にまで急成長を遂げました。その他、2023年に、Anthropic（米）は18億ドル、Inflection AI（米）は13億ドル、Databricks（米）と Aleph Alpha（独）は5億ドルの投資を集めました。

スタートアップへの投資は、これら生成AIのモデル開発事業者だけで

■ 図表 6-2　AI テクノロジースタックマップ

モニタリング 可観測性	可観測性 OCONUS　OBSERVE Lightrun　Cribl　Cribl　Kibana	モデル検証/モニタリング Fiddler　Arize AI　Credo AI　Aporia Robust Intelligence　WhyLabs	AI/MLのセキュリティ・コンプライアンス診断 CalypsoAI　TrojAI　ANTIMATTER　WITNESS AI Lakera　skyflow　Guardrails AI　Robust Intelligence
モデル開発/ トレーニング	学習技術 LAMINI Arcee AI Snorkel Deci AI　Predibase	エクスペリメント トラッキング neptune.ai Comet MLflow	オーケストレーション Relevance AI DUST Orkes re:tune　cognasis	プロンプトマネジメント PromptBase PromptHero PromptsRoyale Whatchful	AI診断/評価 Patronus AI Humanloop Gentrace HoneyHive Giskard
	AI/MLOpsプラットフォーム Qwak　Weights & Biases　Dataiku　DOMINO　DataRobot　Databricks　Vellum　Braintrust　Clarifai　Lightning　Outerbounds　TurbineOne				
	ローコード/ノーコードAI/ML Obviously.ai　　Continual　　Ikigai Labs				
データ ストレージ	データベース/ストレージ VAST WEKA MinIO Dremio zilliz Scylla DataStacx Convex xata	クエリ/加工 DataDistillr Presto Dremio StreamNative	データ変換/ キュレーション dbt Cube Superlinked	検索 VOXEL51 COACTIVE Contextual AI	データ増強 TECTON FEAST HOPSWORKS
	データ取込み/同期 Airbyte Hightouch mParticle Segment	Starburst Redpanda Rocket Imply Star tree	Whatchful Snorkel Scale Superb AI Heartex	Twelve Labs Objective, inc MEUM VOYAGE AI	Gretel Synthesis AI Cognata Tonic.ai MOSTLY AI Hazy REDNRED.AI
	ワークフロー管理 Airflow　MAGE　METAFLOW　PERFECT　Workflow manager　Flyte　Dagster				
	データクオリティ/モニタリング Sifflet　　Bigeye　　Lightup　　MONTE CARLO　　Great Expectations　　Anomalo　　Acceldata　　Ataccama				
	データ管理/ガバナンス Virtru　MMUTA　Atlan　Select Star　Collibra　BigID　manta　OKERA　Metaphor　Acryl Data　Alation　Zoomin				
基盤モデル	Anthropic　Cohere　Dolly　Liquid　Cartesia/ai　Luma AI　Ideogram　Suno　Pika　Runaway　Hiper　Phind　CHAI　SKILD AI　Hugging Face				
計算資源	AMD　Google　Amazon　NVIDIA　Paperspace　FluidStack　SwarmOne　Gensyn　Runpodl　PoplarML　Modal　Fireworks.ai　OctoML　DynamoFL				

出所: Bessemer Venture Partners: The new Data + AI Infrastructure market mapをもとにKEARNEY作成。複数のカテゴリーで事業展開している事業者は複数のカテゴリーに記載している

なく、特に米国において、イネーブラー技術として裏で支える生成AIの
モデル開発環境を提供する企業、学習用のデータ基盤を提供する企業な
ど、多数のスタートアップが生まれ、広大なエコシステムを形成していま
す（図表6-2）。日本国内においても時間差でスタートアップが生まれたり、
大企業におけるサービス拡充が進んだりして、エコシステムが広がってい
く余地は大きいように見えています。

②生成AIのサービスの発展

　続いて、ユーザーとして最も活用機会の多いOpenAI社を例に、サービ
スの発展を概観します。生成AIは、学習データ、パラメーター数が、増
えるほど性能が高まる、と言われており（ただし、常にあてはまる訳ではない点
に注意）、指数関数的にモデルサイズが巨大化してきました。最新版のGPT
はグローバルの応答精度でトップランクに位置し、可能な限りどんな場面
でもどんな言語でも高い精度で応答する汎用性の高さが際立っています。
こうした性質を持つ汎用モデルは、一般ユーザーを念頭にした利用シーン
には適しています。

　生成AIは、よりビジネスにおける活用が拡がる余地が多くありますが、
汎用モデルはそのままではビジネスのニーズに合わない場合もあります。
例えば、モデルサイズの大きさ故、大量の計算資源を必要とするために値
段が高い、回答に要する時間が長く即答して欲しいシーンには使い辛い、
といったことです。また、学習しているデータの汎用性の高さ故、逆に、
業界特有の専門用語や規制、日本国内のビジネス慣習など、特殊領域の応
答能力は低い傾向にあります。

　こうした弱点を克服する狙いもあり、生成AIモデルは、超大規模な汎
用モデルがより大規模化する動きとは異なる動きも出てきています。つま
り、「日本語特化」や「日本語×業界特化」のように利用領域を定めるこ
とにより、モデルサイズを小さくし、定めた領域の範囲においては、高い

■ 図表6-3　自然言語のモデルサイズの推移（パラメーター数）

出所: 各社公開情報を基にKEARNEY作成

応答精度と応答速度を担保し、価格も抑えた「特化型モデル」が出てきています（図表6-3）。「日本語特化」モデルは、日系の事業者のリリースが先行しましたが、汎用モデルを提供してきたOpenAIも日本語特化版GPT-4や、軽量化して応答速度向上や低価格化したGPT-4o mini等リリースが進みました。日本語が得意、軽量化されている、ということ自体、当初は特徴的な要素でありましたが、OpenAIのような海外企業のモデルも、日系企業のモデルも、モデル単体だけに着目すれば線引きは曖昧になってきています。

ビジネスシーンにおける生成AIのインパクト

　ここからは、急速に進化を遂げる生成AIを活用して、どういう場面であればインパクトがあるのかを見ていきます。
　ビジネスで活用する場合には、特段のカスタマイズを要するものと要さないもので状況が異なります。特段のカスタマイズを要しないものは、例えば、議事録作成、長文の要約、メールの文案生成、等が該当します。こ

れらは、導入コストが安いのに対して、一人一人の業務の一部を少しずつ効率化するものが一般的です。

自社や業界固有のデータに基づく回答ができるようにカスタマイズを施すものでは、導入コストを要する分、ROIが成立するだけの顕著な効果があるもののみが残ります。AIモデル事業者、SIer、AIソリューション事業者等、主要な関係者の方々と情報交換をしているところから来る体感値として、生成AIは使いこなせると顕著なビジネスインパクトが創出される一方で、多くのトライアルはPoCまでで頓挫しています。そこで、避けるべき頓挫パターンのうち、代表的なものを以下に2つ挙げます。

一つ目の頓挫パターンは、生成AIに完璧を求めるような過度な期待値に基づくものです。例えば、契約手続きの照会など、提供する情報に正確性が求められる場面でお客様に直接生成AIが応答することで省人化を目指すケースです。生成AIは元来、もっともらしいウソをついたり、的確な答えを出せなかったりすることもありますので、生成AIが誤った契約手続き案内をした後に苦情や悪評を流布されることが想定されます。追加で留意すべきは、ヒトとAIが同じ確率で同じ間違いをするとしても、お客様がAIに対してより悪い心象を抱くことがあることです。現実世界では、ヒトが間違えれば後になって必死で謝る、懐に飛び込んで愛嬌で許してもらう、といったリカバリーが利く一方、AIの間違いに対して、お客様によっては、AIに漫然と対応をさせる企業の姿勢に対する不快感を示される方もいます。こうしたハードルにひっかかることがないか、構想する段階でチェックをすると失敗を避けることに繋がります。なお、お客様にとって回答に「正解」が存在しない場合、例えば、おススメ商品の提案、聞いてもらえること自体に意味がある悩み相談、等では、上記のようなリスクが低いことから、生成AIの活用が進んでいるケースもあります。

もう一つの失敗パターンは、元来経済性が成立しにくいものです。例えば、低賃金の方の業務効率化を目的とするものでは、ユーザー企業側もわ

ざわざ導入コストを先行負担するほどまでに気運が高まらず構想段階で企画倒れになるケースが多くあります。

多くの失敗の中でも、ビジネスを大きく変えるポテンシャルを秘めるユースケースも出てきています。共通しやすいのは、その会社にとっての主要業務やサービスに適用されていること、業務に投下されている時間が長いこと、賃金水準が高いこと、等から導入コストの回収がされ易い点です。以下に、代表的なユースケースを例示します。

①ソフトウェアの開発と運用

要件定義、設計、製造、試験、運用全ての工程で適用の余地があります。中でも、製造工程において、コード生成で最も目に見えやすい成果が確認されています。特に、自社のソースコードの情報も一緒に生成AIに与えることで、効果が高まることが調査から明らかになっています。国内で最も目立つ動きは、COBOLのように古い言語で書かれたシステムをJava等の新しい言語に刷新する工程の多くをAIで実現することです。こ

■ 図表6-4 ソフトウェア開発・運用における生成AIのユースケース例

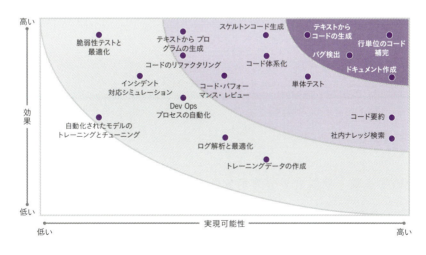

のような言語翻訳に近いケースでは比較的効果が出やすく、全く新しいソフトウェアをゼロから創造するようなケースでは思った通りの出力が得られないこともある等、使える場面には幅があります（図表6-4）。

②コンタクトセンター：オペレーターの応答支援

　コンタクトセンターのオペレーターは、サービスや製品の不具合の問い合わせ、修理依頼、サービス内容の照会や別サービスへの変更、割引キャンペーンの適用条件の説明、等多岐にわたるトピックを扱っています。オペレーターが、膨大なサービス紹介資料や応答マニュアルを覚えたり、即座に適切な情報を探し出したりできるようになるには習熟を要します。生成AIを活用すれば、問い合わせや応答内容の要約案を自動生成することができます。より本質的には、蓄積した応答データを分析することで、不具合の要因を最短ルートで特定できる質問を生成する、膨大な社内データの中から該当箇所を参照しながら回答案をオペレーターに提示する、といったことでセンターの生産性や顧客満足度を向上させることが期待されます。

③銀行：融資稟議書のドラフト作成

　取引先に融資を実行する際に、行内では融資稟議書が作成されています。どのような業種、業況にある会社で、どのような使途のために融資するか、等状況に応じて、どのような返済根拠であれば説得力があるかが変わってきます。一定の経験を要する業務ですが、生成AIが過去の大量の稟議書をもとに一定の品質のドラフトを作れるようになってきています。

④損害保険：補償金額の算定支援

　自動車などの事故発生時に、契約者の本人確認、契約している保険の種類、大量に存在するマニュアルや契約約款等を照会しながら、1つ1つの

産 業

事故の状況にあてはめて補償金額を算定しています。ヒトであれば1案件あたり30分程度を要するようです。過去の事故の状況、補償金額のデータ、マニュアル、約款などのデータをもとにAIを活用することで、類似する案件や契約している保険の約款の該当箇所等、手早く情報が整理でき、算定スピードが目に見えて向上する好例が出てきています。

⑤マーケティング・広告

　SNSへの投稿、営業メール、広告、ウェブサイトのコピーライティング、その他顧客向けのコンテンツなど、人間が行うクリエイティブな作業の一部を代替するユースケースが想定されます。例えば、サイバーエージェントは、独自に開発したAIを活用して、画像・単語などを組み合わせて大量の広告パターンを自動生成し、広告効果の高いものを早期に見つけ出そうとしています。従来ヒトであれば、パターンを作るだけ追加の人件費がボトルネックでできなかったことですが、生成AIがパターンの大量生成コストを限りなくゼロ化したことにより、これまでにはできなかった新たな価値が創出されています。

ポテンシャルを最大化するための実行上のポイント

　これまで大きなビジネスインパクトを創出し得る領域についてカバーしてきました。実際にこれらをビジネスシーンに実装するうえで突き当たる難所にはパターンが存在します。ここからは、こうした代表的な難所と対応のポイントを、①AI活用の推進体制や企画、②AIの実装、に分けてカバーしていきます。

①推進体制や企画段階の難所と対応

　顕著な成果を出した企業とそうでない企業の間に存在する典型的な体制

面の違いは、トップを巻き込んだ推進体制の強さにあるように見えます。ボトムアップで現場が発案し進めていく自律的な組織があれば理想ですが、特に大企業においては、現場任せでは中々大胆な施策は進まないことの方が一般的です。躓くポイントは、業務とAIの両方に精通している方が各部門に存在しない、該当部門の検討が進められる際に定常業務に加えて一時的に検討負荷が増えるために十分な検討リソースを各部門が用意できず活動が後回しになる、既存システムの仕様やポリシー変更など部門間の利害調整の段になって頓挫する、などです。

　こうした難所を突破する対応として、CXOレイヤーで、時として外部も含めた検討リソースの拡充、部門間の利害調整への積極的な介入等、本社中枢に強い牽引機能を持たせ、計画に遅れがあれば障壁をトップダウンで取り除いていく動きが求められる場面が多くあります。これは、従来のDXにおいてCDOが主に担ってきた役割ではありますが、最近ではAIガバナンス、AI特有のデータ戦略等、新たに生まれてきた論点を追加的にカバーする必要が生じています。必須ではありませんが、会社によってはCAIO（Chief AI Officer）のようなCXOポジションを新設し、全社的な推進体制を強化する動きも出てきています。このようにトップダウンの推進力とガバナンスを強化した際には、現場との温度差からボトムアップの自律性や機動力を損う潜在的なリスクが高まるため、バランスを崩さない舵取りも鍵となります。

　推進体制と密接に関わりますが、どこに生成AIを活用すべきかを検討する段でも難所はトップダウンの推進力不足が引き金となりがちです。「まずやってみよう」のかけ声だけでも、議事録作成、要約等、すぐに活用が進みますが、活用する社員数が増えると効果は一巡します。より会社固有の業務への活用に主眼が移っても、各現場が散発的に検討を進めると、今手元に存在するツール起点で実行しやすいが局所的で効果が限定的なユースケースに落ち着いてしまうことも、起こりがちです。

前節とも重複しますが、こうした難所に対する対応は、全社視点で意味のある領域を取捨選択することです。この最初のステップとして、CXOが現状認識のために全社のAI活用の進展度を可視化することもあります。ここでのポイントは全社に活動を拡げる余地を洗い出す狙いから、全社の機能を網羅すること、可能な限り客観的に判断可能な基準に沿って評定をすることにあります。

また、企画する際には、世に存在するツール起点から施策を考えるより、業務やビジネス自体を変えるためにAIをどう活用すると効果的かを考えた方が、結果的に目に見える成果の創出に繋がりやすいはずです。前述のコンタクトセンターを例にします。既に存在するツールを導入することでお客様との電話内容の要約を自動生成し、その業務にかかる工数を半減させることも現実的に可能になっています。しかし、センター業務の全体に占める通話記録の工数はマイナーなものであり、ここをどれだけ変えてもセンター業務全体が大きく変わることはありません。センター全体の業務やセンター事業の視点から見て重要なことは、この限られた工数を削減すること以上に、記録するデータ量を漏れなく、わずかな工数とコストで増やすことです。顧客の属性や架電理由に合わせてどのような質問や回答をすると応答の成功確率やお客様の満足度が高まるかを分析することで、お客様に伝える応答内容をAIがより高い精度でオペレーターに情報提供できるようになります。このように、AI活用を1つ1つの点ではなく連動して業務全体に埋め込むことでコンタクトセンターの在り方を変える可能性が出てきます。

② AIの実装における難所と対応

ビジネスにおける生成AIの活用で、特に実装時に論点となる、自社データの回答精度の高め方と、セキュリティリスクの未然防止についてそれぞれカバーしていきます。

まず、自社データをふまえて生成AIに回答をさせたい場合、学習済みの生成AIモデルに自社データを追加で再学習させて自社固有のモデルを作る手法（ファインチューニング）が存在します。再学習にかかる高いコスト、開発やメンテナンスの難易度が高いこと等を理由として、現時点ではこの手法が採用されることは多くありません。むしろ、学習済みの生成AIモデルに対して、自社のデータを付与して回答させる手法の方が一般的です。この手法において、付与すべき自社データを揃えて手早く実際のビジネスの現場にて活用を目指す動きもありますが、前節で述べたような業務やビジネスに大きなインパクトをもたらすユースケースで実用に耐え得る応答精度まで高めるには、専門のエンジニアを要します。生成AIに期待する応答をさせるためのプロンプトの調整、自社データの加工、構造化等、地道な事前準備の巧拙で応答精度が大きく変わります。

　次に、生成AIの利用に伴って発生し得るリスクについてカバーします。特にビジネスでの利用では潜在的なリスクが存在し、これらを適切に管理できることが実装上の大前提になります。こうしたリスクには、例えば、ユーザーが社内の機微情報をAIに投げかけてしまい社外に情報漏洩するリスク、間違いが許されないシーンで生成AIがつくもっともらしいウソ（ハルシネーション）を事実確認なく利用することにより生じる混乱やブランド毀損、政治・ジェンダー・人種などのバイアス、第三者の権利侵害、等があります。

　情報漏洩リスクに対して、OpenAIのGPTをそのまま利用することは推奨されず、パブリッククラウド上でセキュリティレベルを上げたサービスを利用することが一般的です。高いレベルで情報セキュリティ統制を希望するユーザー企業はプライベートクラウドやオンプレミス環境で動作させる選択肢もあります。今後こうした選択肢を利用する例も増えてくるかもしれません。国内の生成AIモデル開発事業者にはオンプレミス環境で構築することを売りの一つにしている企業もありますので、今後の動向に期

待したいところです。

　その他の、もっともらしいウソ、バイアス、権利侵害等のリスクに対しては、例えばMicrosoft Azure OpenAI Serviceではリスク防止の付加機能が充実してきているものの、国内の全てのモデルがカバーされるわけでも全ての種類のリスクがカバーされているわけでもありません。リスク防止のサービスは日進月歩で今後重要性が増していくことと思われます。海外では、例えばGuardrails AIという米国のスタートアップが、業界規制に抵触する内容を生成していないことを確認するサービスを開発、提供しており、規制業界である銀行、証券、保険、医療等での利用の拡がりが見込まれます。国内では例えば、Citadel AIというスタートアップが、AIに関わる法制度や国際標準に関する適合性診断、生成されたコンテンツの有害さや差別度、もっともらしいウソの真偽合致度の測定、などのサービスを開発していますが、国内の事業者はまだまだ数が少ないのが実態です。海外の先行する事業者を活用するユーザー企業も今後出てくるものと見込まれます。安全に使える環境がより整えば、今はリスクを懸念して諦めているユースケースも将来には実現可能になるものも出てくるでしょう。

執筆者

針ヶ谷 武文（はりがや たけふみ）
A.T. カーニー 通信プラクティス シニアパートナー
東京大学教養学部卒。大手通信会社を経て、A.T. カーニーに参画。通信・メディア領域を中心に、成長戦略、M&A戦略、海外戦略、営業改革、全社トランスフォーメーションを手がける。

滝 健太郎（たき けんたろう）
A.T. カーニー 通信プラクティス シニアパートナー
東京大学経済学部卒。通信・メディア領域を中心に、成長戦略、M&A戦略、デジタル戦略、R&D戦略、全社トランスフォーメーションを手がける。

竹井 潔（たけい きよし）
A.T. カーニー 通信プラクティス マネージャー
MIT スローン経営大学院修了（MBA）。総合電機メーカーを経てA.T. カーニーに参画。通信・ハ

イテク領域を中心に、中期経営計画、事業戦略、新事業開発、M&A戦略を手がける。

参考文献

・The Information「OpenAI's Annualized Revenue Doubles to $3.4 Billion Since Late 2023」https://www.theinformation.com/articles/openais-annualized-revenue-doubles-to-3-4-billion-since-late-2023
・CBINSIGHTS「The generative AI boom in 6 charts」https://www.cbinsights.com/research/generative-ai-funding-top-startups-investors-2023/
・Bessemer Venture Partners「The new Data + AI Infrastructure market map」https://www.bvp.com/atlas/roadmap-ai-infrastructure

産業

第 7 章

量子
コンピュータ

量子コンピュータによる化学・
素材開発の革新

去る2024年5月、我々は"量子コンピュータのインパクトと日系企業の論点"という題目でホワイトペーパーを発表しました。本章では、このホワイトペーパーで議論した内容の概略をお示ししつつ、"化学・素材開発における計算科学の活用"というより広い観点からみた量子コンピュータの位置づけや期待される役割、翻って化学・素材メーカーをはじめとするユーザーが足元で何を進めていくべきなのか、提言します。

量子コンピュータは、その名の通り"量子"のふるまいを使うことを念頭に設計されたコンピュータです。通常のコンピュータ（量子コンピュータに対して古典コンピュータと呼びます）は1/0のデジタル値を操作して演算します。これに対して、量子コンピュータは、量子が様々な状態の重ね合わせとして扱えること、そして複数の量子を重ね合わせ状態のまま相互作用させることができることを利用して演算します。このような特性により、旧来のコンピュータでは天文学的な時間を要した計算を実用的な時間内に完了させることができるのではないかと期待されています。

129

量子コンピュータの研究はここ数年で急速に進展しており、経営の観点でも潜在的なゲームチェンジャーとしてにわかに存在感を増してきました。皆さまの中にも、新聞記事で各所の大学が量子コンピュータを導入したとか、量子エラー訂正の研究に進展があった、などのニュースをご覧になった方も多いのではないでしょうか。

　そこで、前述のホワイトペーパーでは、量子コンピュータの有力な応用先とされている領域の一つである化学・素材開発における取り組みに焦点を当てて検証を行いました。具体的には、関係各所へのヒアリングや公開情報の分析などを基に、量子コンピュータのスペックの将来予測や潜在的なユースケースの特定を試みると共に、量子コンピュータに関わる企業への提言を行いました。

　ところで、量子コンピュータの出現を待たずとも、古典コンピュータを用いた計算科学的手法は、既に多くの化学・素材開発の現場で活用されています。そこで、ユーザーの目線で量子コンピュータの活用ポテンシャルを考えるためには、すでに利用可能な他の計算科学的手法も理解した上で、量子コンピュータの活用戦略をこれらの手法と連続的な地平の上に描く必要があります。そこで本章では、ホワイトペーパーの内容を補完するべく、計算科学活用の全体像の中に量子コンピュータを位置づけたうえで、その活用戦略の考え方を提言することにしました。

　なお、以下では量子コンピュータとして、いわゆる"ゲート型"の量子コンピュータを扱い、"アニーラー型"の量子コンピュータは扱いません。また、"量子コンピュータ"という言葉でハードウェアを指すこととし、"量子アルゴリズム"は量子コンピュータ上で処理される演算を指すこととします。また、以降シミュレーションという言葉が出てきますが、これは原則として第一原理計算によるシミュレーションを指します。

産業

化学・素材開発における計算科学的手法の全体像

　前節で、計算科学活用の全体像を理解したうえで、その活用を考える必要があると書きました。しかしそもそも、化学・素材開発において、計算科学はなぜ利用されるのでしょうか。

　化学・素材開発において、デジタル技術を活用する目的は、実験回数を減らすことにあります。すなわち、各種素材を合成するにあたり、実験を繰り返してデータを収集し、それを人の頭で処理して望む物性の実現に近づいていく伝統的な手法に計算的手法を組み合わせることで、より時間面・工数面で効率良く求める物質を得ることが期待されます。

　ひとつの理想像として機械設計の例を挙げます。機械設計の世界では、CAD/CAE等のモデリングを使うことにより、熱輸送特性や電磁気特性、剛性などを精度高くシミュレーションできるようになっています。これを活用することにより、数日～数か月の時間をかけて部品や機械を製造して実験せずとも、与えられた設計が条件を満たすか、デジタル空間の中で"実験"することができます。このようなシミュレーション的手法は機械設計に必要な時間を抜本的に圧縮し、製品開発活動のスピードを飛躍的に向上させ企業の競争力をシミュレーション活動の巧拙が左右するまでになりました。同様に、化学・素材の世界においても、物質の挙動をデジタルモデルの世界でシミュレーションすることにより、物理的な世界での物質合成や実験の回数を減らし、開発を加速しようとするのが基本的な考え方です。

　ところが、古典物理の支配する機械の世界と異なり、量子力学の支配する化学の世界はシミュレーションが一筋縄ではいきません。化学的現象の帰結は電子のふるまいが規定することが多いのですが、個別電子のふるまいが確率論的であり、かつ電子同士の相互作用が複雑である結果、意味の

第7章　量子コンピュータ

ある精度のシミュレーションを幅広い用途で実現することが難しいのです。そこで量子コンピュータのように"シミュレーション"の精度を飛躍的に上げることが期待される技術の研究が進んできました。対して統計学的に実験データを扱おうとする"インフォマティクス"という分野も古くから研究されてきました。計算科学の全体像を提示するために、この両者についてまずは触れさせてください（図表7-1）。

シミュレーションでは、前述の機械設計と同様、物理学的な原理から物質のふるまいを再現しようとします。再現しようとする物質やふるまいに応じていくつかの手法があり、化学・素材の研究開発において量子コンピュータはこの中でも主に電子をシミュレーションする第一原理計算と呼ばれる手法に用いられます。一般的な傾向として、シミュレーションは"なぜその結果が出るのか"の説明性が高く、未知の物質の設計方針を与えやすいという長所があります。他方、シミュレーションは精度と計算時間がトレードオフの関係にあり、対象が巨大または多数の場合などでは精度を犠牲にせざるをえない場合が少なくありません。実際に、ゼロベースでの

■ 図表 7-1　計算科学的手法の 2 類型

	シミュレーション（第一原理計算）	インフォマティクス
方針	理論から化学的現象を予測	データから化学的現象を予測
特徴	－ 理論を基にしているので、"なぜその結果になるのか"の説明が立ちやすい － データを元手にしないので、データが存在しない新奇物質やデータのとりづらい現象に対しても示唆が得られやすい	－ 理論の存在を前提にしないので、化学的な説明性は低い － データがあれば相応に広い範囲で実用に足る有益な結果が得られる傾向 － シミュレーションに比して、同じ取り組み方針が広い用途に適用しやすい（≒学習コストが低い）
限界	－ 十分な精度が出せる用途が限られている － ケース毎に適切な手法を選択する必要があり、求められる専門性が高い	－ システマチックなデータの集積が必要 － 新奇物質や現象のふるまいを予測するには使えないことが多い

化学実験結果の予測は難しく、実験結果に計算結果が整合するよう条件を定め、分析に用いることも多々あります。

インフォマティクスにおいては、物質のふるまいを直接シミュレーションするのではなく、大量に収集したデータを基に未知の実験結果を推定することを目指します。例えば、3種類の原料A,B,Cからなる樹脂において、いくつかの条件を満たす樹脂の配合を求めたいとします（例えばコストはx円/kg以下に抑えつつ、ある表面への接着強度をy N/mm以上にしたい等）。この時、既に手元に様々な組成のA,B,Cからなる樹脂を使って測定した結果があれば、ベイズ統計や機械学習的な手法を用いて条件を満たす可能性の高い組成を弾き出すことができます。一般的な傾向として、インフォマティクスはある程度データが集まっている条件で適用先を選べばそれなりに確度高く成果が得られる一方で、帰納的なアプローチによる最適化手法であるため、適用範囲はシミュレーションに比べ狭く、全く新しい素材の開発には不向きであると言えます。

図表7-2に、従来の研究開発活動（As Is）とシミュレーションやインフォマティクスを活かした研究開発活動の様子（To Be）を示します。従来の研究開発活動は、研究開発担当者の化学的直観に基づいて実験条件を設定し、労働集約的に試行錯誤を繰り返す、というものでした。前述の通り、化学的現象のシミュレーションは難度が高く、したがって研究者の経験・知見に基づく直観を活かすことが基本的な方針とされてきたのです。これにシミュレーションとインフォマティクスをうまく組み合わせることで、研究開発サイクルを加速しようというのがToBeの姿です。すなわち、実験の条件設定やデータの解釈に計算科学を持ち込み、これを研究者の職人的な化学的直観と組み合わせることにより、より狙いすました試行錯誤、したがってより高速に・高品質な製品の開発を実現しようとするのが、基本的な方針です。

■ 図表7-2　As Is の研究開発活動と To Be の研究開発活動

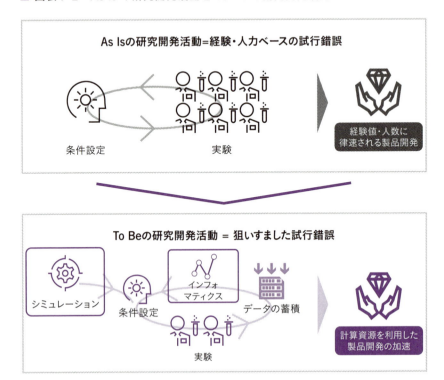

計算科学における量子コンピュータの位置づけと期待

　量子コンピュータに話を戻します。量子コンピュータとは、その名の通り量子を操作して演算するコンピュータです。想定されている用途は多様ですが、こと素材・化学の領域では上述の2手法の中でもシミュレーションの高速化が期待されています。

　カーニーでは、量子コンピュータの潜在的なインパクトの分析に取り組みました。以下ではその結果について概要をご紹介します。分析の手法や結果の詳細はレポート"量子コンピュータのインパクトと日系企業の論点"

をご参照ください。

　量子コンピュータのユースケースの発展を予測するにあたっては、二つ
の要素を考慮する必要があります。すなわち、ハードウェアとしての量子
コンピュータの性能の高さと、各々のユースケースを実現するために解く
べき量子アルゴリズムが要求するハードウェアの性能の高さ。性能の高い
ハードウェアを用いても、それを超える膨大な計算量を要求するユースケ
ースでは意味のある計算ができませんし、逆に性能の低いハードウェアで
あっても、必要な計算量の小さいユースケースであれば有効です。

　以上を踏まえ、分析の結果を図表7-3に示します。図の左側にはハード
ウェアの進化を論理量子ビットの数という指数で示しており、右側にはこ
れによって従来不可能であった精度で実現できるようになると期待される
ユースケースを示しています。ここでポイントは2つあります。

　一つ目のポイントは、自社のコア技術が扱う物質・現象によって量子コ
ンピュータのインパクトの発現時期が大きく異なることです。物質の観点
では、有機小分子などの小さい分子では早くユースケースが出現し、固体
などの大きな構造を持つ物質ではユースケースの出現は遅れます。また、
基底状態は計算難度が低く、触媒反応のように相互作用を経時的に追う必
要のあるユースケースは計算難度が高い傾向にあります。量子コンピュー
タのユーザーの観点では、自社の競争優位の源泉となっている技術がどの
ような物質・現象を扱っているかを整理することによって、量子コンピュ
ータによるインパクトの実現タイミングを計ることができます。例えば固
体触媒を扱っているユーザーは、量子コンピュータによる有機分子の基底
状態計算で何かしらの有意義な結果が出るまでは具体的なアクションを留
保するという選択肢が取れる可能性があります。他方、有機分子の励起状
態制御が重要な研究開発トピックとなっている企業は量子コンピュータの
潜在的インパクトの検証を早々に開始する必要があると考えられます。

　二つ目のポイントは、量子コンピュータの性能の継続的な把握の重要性

■ 図表 7-3　量子コンピュータのユースケース

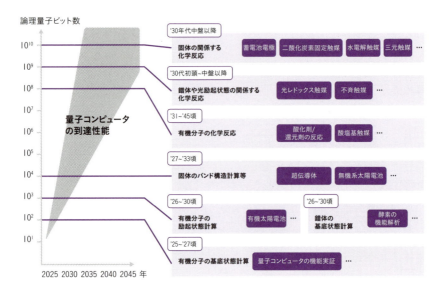

です。古典コンピュータにおけるムーアの法則のように、量子コンピュータのハードウェアとしての性能（論理量子ビット数など）も指数関数的に進化することが予測されています。また、本検証では明示的に組み込みませんでしたが、量子コンピュータの計算素子あたりの実質的な演算量を増やしたり、量子コンピュータと古典コンピュータとの連携を洗練させることで量子コンピュータ側への要求性能を緩和するなど、量子コンピュータ自体の性能をうまく引き出すための研究が世界中で活発に行われています。これらが掛け合わせとして量子コンピュータの適用可能範囲を広げていくことを考えると、我々の想定よりもかなり早くユースケースが出現する可能性も否定できません。量子コンピュータの自社ビジネスへのインパクトを計るうえで、一つ目のポイントで述べた、自社にとって有益なユースケースの本来的な出現難度を念頭に置きつつ、実際の技術の進化やユースケースの出現を感度高くとらえる必要があります。

産業

■ 図表 7-4　エネルギー領域におけるユースケース

製造	貯蓄/変換	輸送	利用
太陽電池の効率改善 – 電池素材である半導体や色素のエネルギー準位をシミュレートする – 化学反応をシミュレートする場合と比べ、時系列で物質の挙動を見る必要がないため、相対的に難度は低いと想定	**燃料製造の触媒** （水の電解・CO2固定・アンモニア製造） – 固体触媒のふるまいをシミュレートするもの – 遷移金属を含む固体の経時的なふるまいを追う必要があり、技術難度は高い – 特に金属酸化物を含む触媒は難度が高い	**高温超伝導の実現** – 高温超伝導実現を目指し、固体中の電子のふるまいをシミュレートする – 物質自体の経時的な変化を取り扱う必要はなく、相対的に難度は低いと想定	**燃料電池** – 電極を中心とする材料の開発コスト削減を想定 – 技術的な状況は"燃料製造の触媒"に準ずる
例. 太陽電池の製造コスト抑制効果：約200億円/年	例. 水の電解のコスト・効率性向上効果：約400億円/年	例. 送電ロス削減効果：約600億円/年	例. 燃料電池スタックのコスト削減効果：約300億円/年
核融合の効率性向上 – プラズマのふるまいをシミュレートする – シミュレーション手法自体が発展途上、かつ、経時的な変化を追う必要があり、技術難度は高いと想定	**蓄電池の効率改善** – 電極を中心とする材料の開発コスト削減を想定 – 技術的な状況は"燃料製造の触媒"に準ずる		
例. 核融合炉の製造コスト抑制効果：数十億円/基	例. 蓄電池の製造コスト削減効果：約600億円/年		

　このように、ハードウェアとソフトウェアの両面から計算可能な範囲が加速度的に拡張し、冒頭にあげたようなTo Beの研究開発サイクルにおけるシミュレーションが実現可能になっていく、というのが基本的な我々の見たてです。

　これらのユースケースは化学・素材領域に広く分布しています。図表7-4にエネルギー関連素材を例にとった場合の想定アプリケーションと経済効果の試算を示します。特に固体触媒や固体材料への活用が目立ちますが、太陽電池など一部に有機分子を含むアプリケーションも影響が早期に出てくる可能性があります。当然、エネルギー領域に限らず、例えば医薬開発における候補物質の探索や半導体素材や加工のための化成品の設計など、量子コンピュータの活用可能領域は広く化学・素材全域に及びます。

第7章　量子コンピュータ

137

量子コンピュータの進化を研究開発に
取り込むために

このような将来を見据え、ここ数年で具体的な動きが出てきています。いち早く動いている企業のひとつがBASFです。BASFは量子コンピューティング企業SEEQCとの提携を2023年から開始、均一系触媒での利用可能性を検証しています。経済的インパクトの大きいとみられる触媒の中でも、活性点の同定しづらい不均一系触媒ではなく均一系触媒を対象とすることによって、より短期的に量子コンピュータの進化の恩恵を受けようとする意図が透けて見えます。BASFはまた、Merckとの提携のもと、量子コンピュータを用いた創薬プロセスの加速を狙うとしています。取り組みの詳細は不明ですが、例えばターゲットレセプターに親和性の高い分子構造の探索など、均一系におけるシミュレーションを深掘り・横展開しようとする意図ではないかと考えられます。このように一つのコアになる分析ターゲット（例えば均一系における中サイズの分子間相互作用のシミュレーション）において知見を蓄積し、それを提携も含めつつ横展開してリターンを最大化する考え方は、量子コンピュータのような不確実性の高い技術におけるユースケースの積み上げ方針として参考になるものです。

国内では、三菱ケミカルが慶応大学、IBMと提携、2024年にIBMのゲート型量子コンピュータを用いてフォトクロミックモデル分子のエネルギー計算結果を発表しています。具体的には、3つの芳香環からなる共役系分子などの基底状態エネルギーを計算しており、これは前述のマイルストーンの中だと有機分子の基底状態計算に類すると分類できます。三菱ケミカルはまた、2022年に日本の量子コンピュータベンチャーQunaSysとの提携のもと、光異性化のシミュレーションを行っています。これは、図表7-3でいうところの有機分子の励起状態計算の一例といえます。このような事例が蓄積してくれば、近い将来、有機分子の基底状態計算や励起状態

計算において量子コンピュータの適用事例が広がってくることが期待されます。

量子コンピュータ活用の課題

　このような量子コンピュータを使ったシミュレーションを実際に研究開発活動に組み込もうとするうえで、ユーザー目線でクリアしなければならない課題は、"シミュレーション活用のジレンマをいかに乗り越えて実験-シミュレーションの主客転倒に備えるか"、ではないかと考えています。以下で説明します。

　本章の冒頭で、As-Isの研究開発プロセスは化学的直観と実験の組み合わせで回っており、まだコンピュータが活用されているケースは少ないと書きました。とはいえ、現在でも古典コンピュータを使ったシミュレーション手法は世の中に存在しています。例えば代表的な量子化学計算ツールのひとつGaussianは1980年代には有機化学の世界を中心に著名な計算プログラムになっています。ところが、このような計算ツール（特に第一原理計算と呼ばれるカテゴリのもの）はまだ精度が高くなく、ツールとしての活用可能範囲・スイートスポットが狭いのが現状です。適切な用途を見つけるためには専門家による計算の繊細な設計が必要で、専門的な教育を受けていない実験化学者が手軽に使えるツールにはなっていません。だからこそ量子コンピュータのような飛躍的に精度を上げられるツールが求められているのだと言えるのですが、いずれにせよ実験化学者が手軽にシミュレーションから示唆を引き出せる状況ではないのが現状です。したがって、現在の量子化学シミュレーションの用途の多くは、実験的に有益な現象が発見された後で、その現象がなぜ起こるのかを調べる用途に使われるケースが大宗です。結果、実験が先に来て、あとから計算が追いかける順番になっているのが普通です。これは図7-2に記載した、計算が先にあり、実験で

確かめる、という理想的な順番とは逆です。

　著者は、量子コンピュータの素材・化学研究へのインパクトの核心は、この実験-計算の主客を逆転することにあると考えています。先に触れた通り、現状の研究開発プロセスが実験→計算の順になってしまっている大きな原因の一つは、シミュレーション精度がまだ高くないことにあります。量子コンピータの出現は、飛躍的に計算の精度を上げ、一気にこれを逆転する可能性を秘めています。旧来の実験プロセスの本流は人間が実験設計を考え・人間が実験を行うプロセスにあり、多くの場合計算は主役ではありません。結局研究のクリティカルパスを推進するのは人なので、検証できる探索空間の大きさは人間の数によって制限されてしまいます。他方、デジタルの世界の特徴は、スケーラビリティの高さにあります。コンピュータの中で計算量を10倍にすることは、研究者や実験者の数を10倍にすることに比べると簡単です。従って、シミュレーションの精度が上がり、シミュレーションへの投下コストが、シミュレーションによって軽減される実験コストを下回った瞬間、すなわち、研究の最適プロセスにシミュレーションが躍り出たその瞬間に、素材・化学研究のゲームチェンジが起こるのではないかと考えています。

　ここで問題は、この実験とシミュレーションの主客転倒が極めて短期間のうちに起こる、非連続的な変化となる可能性があるのではないかということです。つい少し前まではシミュレーションをしても研究は大きく進まなかったのに、あるタイミングを境にシミュレーションの巧拙こそが研究能力を決定づける要素の一つになってしまう可能性がある。実験化学の考え方やノウハウと計算化学のそれは連続的ではあるものの、しかしやはり大きく異なります。シミュレーションを使いこなすため、実験化学者と計算化学者が連携するための体制やコミュニケーションプロトコルを確立したり、両方の手法を使いこなせる化学者を育成する、あるいは、自社の研究開発において（潜在的に）有益な計算科学のユースケースやアイデアを蓄

積するためには、相応の時間とノウハウの蓄積が必要です。ところが、いまはそこに投資してもROIは合いづらい状況にある。短期的にはROIの合わない、まさに戦略的な投資が必要なのです。では、具体的にはどのような投資を行う必要があるのでしょうか。

こと量子コンピュータの活用のためには、自ら量子コンピュータのユースケースを開拓することが、まさに"備え"の選択肢のひとつになりうると考えます。例えば前述のBASFや三菱ケミカルの事例は、短期的なROIを度外視したうえで、主客転倒に備える動きといえるのではないでしょうか。

あるいは、古典コンピュータを用いたシミュレーション活用のユースケース蓄積も一つの考え方でしょう。例えば花王はPreferred Computational ChemistryのMatlantisという高速DFT計算ツールを使い、実験に先んじて触媒設計をスキャンすることで、研究開発期間を圧縮したという成果を発表しています。現時点で既にこのような計算科学的手法のROIが合うのかは公表された内容からは不明ですし、他用途での取り組みも地道に進めていく必要があると想定されますが、しかしこのような取り組みを通じて、どのような内容であれば計算できるのか、ユースケースや取り組み経験を組織として蓄積していくことには大きな意味があると考えます。

提言

量子コンピュータのユーザー企業としては、以上のような状況を踏まえつつ、いかに準備を進めていくべきでしょうか。著者は三つの論点があると考えます。

①ユースケース領域の特定

最初にアプローチすべき問題は、当然のことながら自社にとって重要な

ユースケースを見極めることです。自社のビジネスにおけるコアコンピタンスとなっている領域・技術や研究開発活動のテーマ、あるいは将来具備すべきケイパビリティなどを踏まえたうえで、自社が獲得すべきユースケースの領域を見定める必要があります。これらのユースケースに対して、本章で議論した対象物質の観点・対象現象の観点から評価を加えることで、量子コンピュータや古典コンピュータを利用した計算科学的手法の適用可能性やその時間軸をある程度検証することができます。こうして粗く優先順位付けをし、優先順位の高いものについては具体的な量子コンピュータ・古典コンピュータを用いた計算アプローチを設計していくことで、どのような取り組みが足元で行えそうか、あるいはどのような取り組みの出現にアンテナを張っておくべきかを明らかにできます。

②ユースケース創出・学習の方法

　実施する/アンテナを張る取り組みのイメージが固まった暁には、実際の検証や情報収集の体制をどう固めるかが課題となります。まずは具体的に量子化学シミュレーションや量子コンピュータに強みをもつプレイヤーとのパートナリング候補の洗い出しや評価・選択が必要でしょう。加えて、さきほど紹介した事例でBASFがとっていたような、必要な計算技術の種類が近いプレイヤー同士のパートナリングによる技術の横展開など、研究開発のリターンを最大化し、リスクを相対的に抑えるような取り組みも有効と考えられます。

③組織の設計

　さらに課題として考える必要があるのは、研究開発組織の設計です。前述のとおり、計算科学的手法はまだ研究開発の主流とは言えない状況です。他方で、来るべき計算科学主導型への転換に向けて、ユースケースの蓄積や、人材の獲得・育成は進めておく必要があります。このような状況

において、いかに研究開発者（特に実験化学者）を計算化学の活用に向けてインセンティブ付けをするかが重要になります。組織設計としても、計算化学者をセンターオブエクセレンスとして一部門にまとめるのか、あるいは各組織に分散型で計算化学者を配置するのか、あるいは実験・計算双方に通じた科学者を育成するのか、いずれの方式も一長一短で、これも自社に必要な計算の難度や横展開可能性などの要素を勘案しつつ、適切に設計する必要があります。

最後に

　日本が世界に誇る化学技術は、泥臭い試行錯誤の蓄積から生まれる職人の技と理論と勘に支えられ、発展してきました。化学の釜の中で起こっていることは、過去数百年の研究活動で解明されてきたことも多いとはいえ、やはり引き続きある種の錬金術であって、その神秘性のベールを透かし見ることはコンピュータの時代となっても長く職人にしか許されてきませんでした。このベールを透視しようとする最新の試みが量子コンピュータをはじめとする計算科学の発展であるとするなら、職人技にいかにこの手法をブレンドし錬金の技をグレードアップしていくのかは、特に日本にとっては真剣に考えるべき課題であると考えています。本章が、その一助になれば幸いです。

[執筆者]

西川 覚也（にしかわ かくや）

A.T. カーニー ハイテクプラクティス パートナー

東京大学工学部（産業機械工学）卒。国内大手特許事務所を経て現職。電機、半導体、重工機械、素材、商社、PEを中心に15年のコンサルティング経験をもつ。事業戦略、R&D戦略、海外展開戦略、戦略提携・M&A、ターンアラウンド等の支援に従事。

井坂 祐輔（いさか ゆうすけ）

A.T. カーニー ハイテクプラクティス マネージャー

2019年大阪大学大学院工学研究科を修了（工学博士）、A.T. カーニーに参画。化学・素材をはじめとするハイテク領域を中心に、中期経営戦略策定、新規事業立案、事業機会探索、M&A戦略立案やビジネスDD等の支援に従事。

[参考文献]

・A.T. カーニー「量子コンピュータのインパクトと日系企業の論点」
・JSOL「第一原理計算とは」
・Business Wire "SEEQC Partners With BASF To Explore Applications of Quantum Computing in Chemical Reactions for Industrial Use"
・Shigeki Gocho, Hajime Nakamura, Shu Kanno, Qi Gao, Takao Kobayashi, Taichi Inagaki, Miho Hatanaka "Excited state calculations using variational quantum eigensolver with spin-restricted ansätze and automatically-adjusted constraints"
・Keita Omiya, Yuya O. Nakagawa, Sho Koh, Wataru Mizukami, Qi Gao, Takao Kobayashi "Analytical Energy Gradient for State-Averaged Orbital-Optimized Variational Quantum Eigensolvers and Its Application to a Photochemical Reaction"
・北浦和夫「GAUSSIANはなぜ世界中で使われているのか？」
・Matlantis HP「花王株式会社 Matlantis活用事例」

産業

第 **8** 章

ヘルスケア

医療のデジタル化がもたらす
将来シナリオ

日本の医療を取り巻く環境変化

　医療の世界においては、日々新たな薬剤や医療機器が登場し、そのイノベーションは留まるところを知りません。新たな治療法が患者それぞれの病態に適した形で提供されることにより、多くの疾患において治療成績は改善し続けています。例えば、2020年のがん死亡率（全がん種、75歳未満年齢調整済）は2005年に比べて24.7％減少しました（92.4→69.6；人口10万対）。

　一方で、薬剤治療の改善によっても、未だに治療成績や患者満足度が改善しない疾患も多く存在します。図表8-1に示すように、がんや生活習慣病といった疾患においては、治療に対する薬剤の貢献度や治療満足度ともに高い水準にある一方で、アルツハイマー病を代表とする中枢神経系の疾患等においては、薬剤の果たす役割は未だ限定的であることが分かります。薬剤のイノベーションだけでは解決できないアンメットニーズも多く

存在することが分かります。

　このような課題意識のもと、デジタル技術を活用した医療介入手段が浸透しつつあります。薬剤治療を補完する、あるいは置き換える手段として、従来around/beyond the pillと呼称されていた「デジタルヘルス」の技術が、特に米国においては医療のインフラの一部を代替するほどの存在感を見せつつあります。デジタルヘルスがもたらす未来の医療とは、果たしてどのような世界になるのでしょうか。その将来像を理解するには、技術の進展だけでなく、政治・規制環境やマクロ経済、社会の変化も視野に入れる必要があります。A.T.カーニーでは、多くの識者インタビューや文献リサーチに基づき、将来の医療シナリオに大きな影響を与えうる21個の因子を特定しました（図表8-2）。

　これらの因子の中でも、発現の不確実性が高い因子と、発現した場合に

■ **図表 8-1　疾患ごとの治療満足度と薬剤貢献度**

治療満足度×薬剤貢献度（2019年度）別にみた開発件数（2022年5月末日時点）

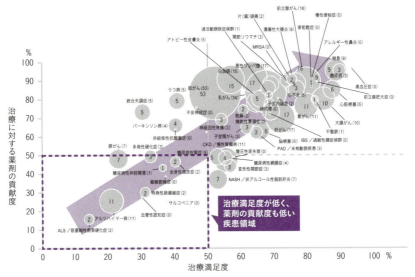

出所：医薬産業政策研究所、公益財団法人ヒューマンサイエンス振興財団

■ 図表 8-2　将来の医療シナリオを定義する因子

大きな影響を及ぼす因子に着目する必要があります。以降、そのような因子の例（ボラタイズ因子と呼称）をご紹介します。

ボラタイズ因子詳細

地域包括医療（含 遠隔診療・在宅医療）の推進（因子②）

　コロナ禍を期に、日本においても遠隔診療が実質上解禁されました。世

■ **図表 8-3　コロナ禍前後の各国における遠隔診療の浸透度比較**

普及度
低　　高

	Pre COVID	During COVID
英国	- '19年時点で、オンライン診療に対応する医療機関は全体の約60%[1] - '19年時点で、医師・看護師が年間で担当する患者のうちオンライン診療によるフォローは約1%[2]	- '20年12月時点で、医師・看護師が年間で担当する患者のうちオンライン診療によるフォローは約50%[2]
中国	- 最大のオンライン診療プラットフォーム「Ping An Good Doctor」への登録者が'19年末3.2億人	- 「Ping An Good Doctor」の'20年中盤での延べ利用者数は11.1億人に - '19年12月~'20年1月にかけて新規ユーザーが900%・オンライン相談が800%増加[3] - SFDAはCOVID後の遠隔診療による診断数が約17倍と報告
米国	- '20年3月時点で、オンライン診療を利用する医師は全体の約2%[5]	- '20年4月以降、オンライン診療を利用する医師は全体の約61%[5]
ドイツ	- '19年11月にオンライン診療の保険償還が開始	- '20年8月時点で、遠隔診療を利用する医療従事者の割合は、「日常的」が19.6%、「部分的」が40.2%[4]
フランス	- '20年3月時点で、全診療行為に占める遠隔診療件数は0.1%[6]	- '20年4月時点で、全診療行為に占める遠隔診療件数は約28%[6]
日本	- '19年9月時点で、オンライン診療に対応する医療機関は全体の約1%(1,306施設)[7]	- '20年7月末時点で、オンライン診療に対応する医療機関は全体の15%(1.6万施設) - そのうち初診患者に対応しているのは全体の6%(0.7万施設)

出所; 1)Beyond health 2)AMP 3)DezanShira&Associates 4)JDSUPRA 5)Pharmaceutical Executive 6) CLAIR Paris 7)日本医事新報社 8)EMIRA

界規模では、在宅医療の市場規模は50兆円以上とも言われ、特に英国、中国、米国においては対面の診療行為を代替する手段として幅広く使われています（図表8-3）。

　一方で、日本における遠隔診療は、コロナ禍を機に実質上解禁されたものの、その利用率は極めて低い水準に留まります。背景には、遠隔診療を行う際の診療報酬面のインセンティブが限定的である点や、遠隔診療という新たなモデルに対する恐れや懐疑心が医療従事者・患者双方に存在する点が挙げられます。

　また、政府の掲げる地域包括モデルの実装も、現状の病診連携の延長線上に留まっています。患者を中心として、病院やかかりつけ医、薬局、看護・介護事業者、地域行政など多様なステークホルダーが連携するチーム

医療・ケアの実現には至っておりません。電子カルテを中心とした医療デー
タの電子化と相互アクセスが実現していない点や、チーム医療・ケア実
現の前提に必要となるステークホルダーの意識や行動変容が困難な点がボ
トルネックとなっています。制度の進化だけでなく、技術と社会の変化が
重なり合うことで、将来の地域包括や遠隔診療のモデルが成立するのでは
ないでしょうか。

働き方改革や人生100年時代による「幸せ・生きがい」の追求（因子⑪）

　コロナ禍を経て、我々日本人の労働や健康に対する意識は大きく変容し
ました。リモートワークなどの新しい働き方が定着する一方で、職場での
結びつきの希薄化がメンタルヘルスの問題を引き起こしているとの指摘も
あります。

　また、多くの日本人が、身体的には極めて健康になった社会の中で、日
本人全体の幸福度は低い水準に留まっています（137ヵ国中47位）。経済成長
だけでは幸せを実感できない、極度に成熟した社会において、今後はより
一層個人それぞれの「生きがい」の追求が求められることでしょう。結果
として、社会全体の関心が身体的健康の維持から精神的・心理的健康・充
足度の向上に大きくシフトするのではないでしょうか。

　個人それぞれが実感する自身の幸せや満足度を薬剤価値の算定に取り込
もうという潮流も生まれている中で、人々の「幸せ」を可視化し、改善す
る手段としてのデジタル技術に注目が集まりつつあります。実際に認知行
動療法や心理カウンセリングの分野において、多くのデジタルヘルスベン
チャーが成功を収めています。

　例えば、心理カウンセラーのスキマ時間を活用し、オンラインで心理カ
ウンセリングや認知行動療法を提供する米国のTalkspaceは、2022年（会
計年度）に1.2億ドル（約175億円）の年間売上を達成しています。消費者向

けとして始まったサービスから健康保険組合などの法人向けへのシフトが進んでおり、2022年には4億回以上のオンライン心理カウンセリングが法人向けに提供されました。「幸せ・生きがい」のケアに対する需要の底堅さがうかがえます。

個別化医療の裾野の拡大（因子⑰）

従来の個別化医療とは、主にはがん治療時における分子標的薬の投与時に使われてきた概念です。対象となるがんのドライバー遺伝子の変異を正しく把握し、遺伝子変異に対応した分子標的薬を投与することで治療効果を高めるアプローチです。一方で、治療効果には患者の遺伝子のみならず、既往歴やライフスタイル、さらには患者や家族の希望など多くの要素が影響します。

今後、がんのみならず様々な疾患を引き起こす因子の特定が進み、かつ患者や家族自身の希望に沿った治療へのニーズが高まる中で、疾患の治療はこれまで以上に「個別化」されていく可能性が高いです。問題は、個人情報保護の要請が高まる中で、如何にしてこのような個人の健康に関するデータが集約・解析されるか、です。オプトイン形式で患者それぞれがデータを開示する代わりに、保険料率の値引きが受けられるなどの仕組みが成立すれば、実現は十分可能な世界だとも言えます。いずれにせよ、現状の電子カルテを中心としたデータインフラ上には成立し難い世界だと言え、病院外の行動・アウトカムデータを捕捉する手段の登場に大きく依存する世界だと言えます。

医療データ＋αの統合と解析の一般化（因子㉑）

近年、日本においても電子カルテの規格統一やカルテデータの利活用の議論が進んでいます。しかし、電子カルテデータは、患者が実際に病院に来院し診察を受けた際の記録であり、病院外での健康状態については、当

然ながら収集されていません。

　一方で、例えばスマートフォンやスマートウォッチ等のデバイスには個人の行動履歴や、血圧や心拍数といったバイタルデータ、睡眠パターンのデータなどが蓄積され続けています。図表8-4に示すように、疾患のスクリーニングから予後のモニタリングにまで、生体分子や化学組成に着目したアプローチを超えて、認知機能や感情までもデータとして捉える流れが生まれつつあります。例えば、Apple社ではiPhoneやApple Watchを使って、パーキンソン病や軽度の認知症などの早期診断をする実験がなされています。

　このような、「非ヘルスケアデータのヘルスケア化」の流れの中では、従来あまり注目されてこなかった非構造データ（発話の音声データ、表情や視線映像データ等）を活用し、様々な疾患の早期診断が実現するでしょう。結果、ヘルスケアと紐付いていなかった日常接点の「ヘルスケアタッチポイント化」が進むでしょう。家や車といった空間、自動販売機やATMといった機器等、我々の生活を取り巻く環境全体がヘルスケアと紐付く可能性を秘めています。

　これらのボラタイズ因子がいつ、どのような形で発現するかを正確に言い当てることは難しいです。

　重要なのは、このような因子の発現を正確に予知することではなく、仮に発現した場合にどのような未来が到来するかのビジョンを持つことです。事前に将来到来しうる可能性の幅を意識することで、将来の環境変化に対しても先んじて策を打つことが可能になります。

　次に、前述の因子を含む幾つかの「ボラタイズ因子」が発現した場合に、どのような未来が到来するのかを想像してみましょう。

■ 図表 8-4　ヘルスケアで活用されるデータの広がり

検査対象		スクリーニング		診断	治療方針の決定	モニタリング
生体分子	ヒトゲノム	疾患リスク把握のためのDTC遺伝子検査	リキッドバイオプシー	遺伝疾患診断パネル検査	コンパニオン診断	造血幹細胞移植後の骨髄DNA中のHLA量検査
	病原菌・腸内細菌ゲノム			体質・栄養状態把握のためのDTC遺伝子検査（ヒトゲノム・腸内フローラ）		HIVウイルス変異検査
	食物アレルゲン	食物内のアレルゲン検出機器				
化学組成	血球	疾患リスク・体調把握のためのIoTデバイスによる排泄物スクリーニング	疾患リスク・体調把握のためのDTC血液検査	定期健診での血液CBC検査		
	抗原・抗体			疾患診断・治療法決定のための血液バイオマーカー検査	サプリ等決定のためのDTC血液検査	疾患の進行度合い・体調把握のためのIoTデバイスによる排泄物スクリーニング
	タンパク質					
	ホルモン					
	ミネラル					
	代謝物					
	代謝物	PoC CGM機器				PoC CGM機器
物理現象 画像	体内画像	ウェアラブルBGM機器		健診・確定診断のCT/MRI等		ウェアラブルBGM機器
	体外画像	認知機能・精神障害発見の目・顔の動きトラッキング		眼疾患発見のための網膜スキャン / 皮膚がん発見のための肌スキャン	肌状態診断のための肌スキャン	
物理現象 その他	バイタルサイン（心拍・血圧・体温等）	IoTデバイスによる睡眠中のバイタル計測		ウェアラブルデバイスによるバイタル計測		IoTデバイスによる睡眠中バイタル計測 ウェアラブルバイタル計測機器（ICD等含む）
認知機能		認知機能・精神障害発見・診断のための検査アプリ（ゲーム・日記型等）		従来型の問診・チェックリスト		
感情／精神状態					サプリ等決定のための検査アプリ（ゲーム・日記型等）	

日本の医療将来シナリオ「2040年のボラタイズドシナリオ」

社会・コミュニティの「幸せ」総量の最大化

　再生医療の商用化等、医薬品のイノベーションが加速する中、がん等の重篤な疾患の治療成績は改善を続け、日本人は今まで以上に多くの疾患と共存することができるようになっています。身体の健康が増進する一方で、生き方・働き方のさらなる多様化にも後押しされ、多くの日本人が自身の「生きがい」や幸せをより主体的に希求するようになります。

　スマートフォンやスマートグラス、インターネットにログ化された行動履歴等の多様なデータを基に、自身の精神状態を客観的に認識し、認知の

歪みや行動のくせを補正してくれるようなサービスも一般化しています。特に勤労世代の日本人は、人生１００年時代を生き抜くためにも、自身の心身の健康に対してより注意を向けているでしょう。

また、そのようなサービス・インフラを提供する雇用主や自治体は、優秀な人材からも高く評価をされ、企業間あるいは都市間の競争においても、コミュニティに対するメンタルケアの提供が重要な要素として認識されるようになるでしょう。そして、コミュニティ内の幸せの総量が新たなソーシャル・キャピタルとして認識されるようになるでしょう（デジタル時代の功利主義の再興）。

加速するイノベーションと医療アクセスの乖離

医薬品や医療機器のイノベーションは加速し続けています。希少疾患を含む多くの疾患に対して新しい治療選択肢が生まれる一方、そのコストは公的保険制度だけでは賄いきれない水準に達しています。日本人の多くが、新しいタイプの医療保険に加入し、がん以外の疾患に対しても、高額だが、よりよい治療選択肢へのアクセスを確保しようとしています。

また、国の保険償還制度も進化を遂げ、投薬後の効果に応じて償還可否が決まるような成果報酬型の支払制度や、患者の属性（年齢のみならず対象疾患のリスクレベル）に応じて、自己負担比率を変動させるような新しい制度も段階的に導入されています。加えて、公的保険制度を補完するための医療保険は多様化し、拡大を続けています。保険会社は引き受けるリスクと支払額のバランスを保つため、加入者の健康情報を（加入者同意のもと）積極的に収集・解析し、加入者に対してとるべき行動のフィードバックを行います。

さらには、より広範な消費者ベースやチャネルを保有する異業種プレイヤー（通信キャリアやEC事業者等）が医療保険領域にも参入し、医療費の担い手とその支払いモデルの多様化が加速しています。

医療の「脱病院化」

　国の掲げる地域包括モデルが徐々に浸透し、地域のかかりつけ医、病院、薬局、看護・介護事業者などが連携したチーム医療・ケアが一部地域では実現しています。患者がかかりつけ医、病院へ来院する前には、遠隔での一次問診やスクリーニングが行われ、AIのサポートも得ながら、本当に来院が必要な患者のみを正しい治療チャネルへと誘導するプロセスが実現しています。

　従業員や地域住民の健康管理を行う主体としての雇用主や地域行政への期待値が高まり、健康診断や人間ドックは、より多くの疾患スクリーニングや遺伝子検査等を含む包括的なものへと進化しています。メンタル面を含むセルフケア・セルフメディケーションの概念は社会に幅広く浸透し、自身の心身の健康を維持・改善するために、日本人の多くは今まで以上に多くの時間と金銭を「自己投資」するようになるでしょう。病院、かかりつけ医、薬局、看護・介護事業者など、地域医療に関わる主体の役割が、より明確に定義される中で、病院や薬局の統廃合が進み、人口当たりの病床数・医療従事者数は2023年時点よりも減少しているものの、医療の質は担保されています。

「ボラタイズドシナリオ」のような、デジタルと医療インフラがシームレスに融合した世界は、一見絵空事のように感じられるかもしれません。一方で、米国においては既にこのような世界が一部現実化しており、その動向を正しく理解することで、日本における医療の未来シナリオの解像度を高めることが可能になるのではないでしょうか。

米国における医療のデジタル化と日本への示唆

　皆保険制度の存在しない米国においては、医療費の高騰が日本よりも大きな社会問題となっています。実際に、米国における国民医療費の対GDP比は、コロナ禍中の2020年には19.7%まで上昇しています。日本に

おける同数値が8.0%であることを踏まえると、米国における医療費負担の大きさが分かります。下げ止まることを知らない医療費の抑制と医療の質の担保を実現する手段として、医療のデジタル化が注目されています。特筆すべきは、医療のデジタル化が大手病院や保険者自身によって推進されている点でしょう。その中でも、特にユニークな取り組みを通じて医療費の抑制と医療の質の担保に成功した事例を紹介します。

Kaiser Permanente（以降、Kaiserと表記）は1945年に設立され、30万人超の加入者を抱える大手保険組合です。加入者に対する医療費の償還だけでなく、自ら病院ネットワークを運営することで、病院運営主体としての顔も持つ多面的なヘルスケア組織です。

Kaiserは第二次世界大戦後の医療費増大に対応すべく、加入者に対して健康診断受診勧奨を積極的に行うなど、歴史的に医療費削減に対して高い感度を持ちます。その価値観は現在に至るまで引き継がれており、デジタ

■ 図表 8-5　Kaiser Permanenteによる病院オペレーションデジタル化の例 1/2

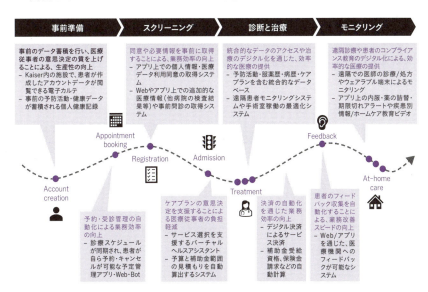

ル技術をバリューチェーン全体で活用しながら、効率性を徹底的に追求したヘルスケアエコシステムの構築を目指しています。

　その特徴の一つが、病院オペレーションのデジタル化を通じた、医療従事者や施設の稼働率最適化です。図表8-5に示すように、患者来院前から診断治療後に至るまで、患者の医療データを統合したシステムを運用し、遠隔診療や手術室の予約、さらには患者の退院後のモニタリングデータも同一のシステム上で管理しています。煩雑な医療業務・事務の冗長性を極力排除するとともに、患者と医療従事者、および医療従事者間のコミュニケーションロスを削減することで、バリューチェーン全体の効率性を高めています。

　Kaiserによる医療のデジタル化のもう一つの特徴は、予防行動に対するインセンティブを明確にし、患者の症状が悪化する前に安価な遠隔診療やかかりつけ医に誘導するクリニカルパスにあります。図表8-6に示すように、患者と医療従事者の双方が症状の重症化を予防するとインセンティブが得られる仕組みを通じて、自律的に予防行為がとられる環境を作り出しました。このような取り組みを通じて、Kaiserは患者の入院日数を全米平均の約半分の水準にまで削減することに成功し（全米平均1.4日に対して0.7日）、極めて効率性の高いオペレーションを構築しています。

　Kaiserの例に見られるように、米国における医療デジタル化は、多くの場合保険者または病院ネットワークによって推進されてきました。一方で、日本においては同程度の規模とリーダーシップを持つ主体は存在しません。皆保険制度の前提として、保険組合が加入者の労働形態等により細分化されており、さらには病院も地域と機能により細分化されているためです。このような環境において、ボラタイズドシナリオで掲げたような医療のデジタル化を実現するためには、地域医療に関わるステークホルダー（行政、病院、かかりつけ医、薬局、製薬・医療機器メーカー等）が連携をしながら、新たなエコシステムの創生に向けた協働が必須だと言えます。しかし、こ

156

■ 図表 8-6　Kaiser Permanente による病院オペレーションデジタル化の例 2/2

デジタルを活用した予防行為へのインセンティブづけ		より安価な治療チャネルを包摂したエコシステムの構築	
患者自身の予防行為へのコミット	医療従事者の予防へのコミット	遠隔救急ケアユニットの運営(TCC)	心疾患ケアサービスとの連携

- Kaiserに加入した患者が、健診結果を確認し、適切な予防行為を行った際に医療費の割引が受けられるアプリを開発し、患者自身の予防へのコミットを醸成
- データから推測されるアウトカムと実際の患者アウトカムの差分により医療従事者の給与が変動する仕組みを通じて、医療従事者の予防へのコミットを醸成
- Kaiserと提携するかかりつけ医は、Kaiserの患者カルテや遠隔診療のシステムへアクセス可能で、負担なく予防行為のサポートが可能
- ICU・救急搬送患者をケアする病院スタッフと集中治療専門医等のチームを遠隔監視技術で繋ぐ仮想支援システムを構築し、低コストケアを実現
- 看護師と薬剤師が、心疾患専用の登録ソフトウェアを使用して、12,000人以上の急性冠動脈イベント患者を特定・追跡
- 関係医療機関と患者のケアのコーディネートを行い、ライフスタイル改善のための頻繁なフォローアップを実施

のようなエコシステムの創生には幾つかの越えるべきハードルが存在します。

ハードル① コストベースからバリューベースへの転換

　ボラタイズドシナリオの世界においては、医薬品に限らず様々なヘルスケアソリューションが使われることで、従来の医療では実現が困難だった、社会的な価値が生み出されています。例えば認知症のリスクが早期に診断され、正しい介入手段がとられることで、家族のケアコストも含む多くの社会的支出が回避されるでしょう。

　新しいヘルスケアソリューションの評価とプライシングのためには、ソリューションの提供にかかるコストではなく、生み出される価値（バリュー）を正しく算定するアプローチが必要になります。2010年前後の英国においては、Value Based Assessmentという手法を用いて、薬剤がもたらす社会的価値の一部を薬価算定に反映させようという動きがありました。

当時は社会的価値算定に必要なデータの不足等を理由に採用が見送られた制度ですが、今後同様のアプローチで様々なヘルスケアソリューションが生み出す価値を算定することは、技術的には容易になるでしょう。制度上、過度に国庫負担を上げることなく、このような価値ベースの算定方式を導入するか、法規制面のイノベーション次第では、実現は難しくないはずです。

ハードル②社会の変化をドライブするリーダーシップとコミュニケーション

　ボラタイズドシナリオで掲げた世界を実現するためには、社会全体の意識と行動の変容が必須になります。特に、日本人一人ひとりがより主体的に自身の心身の健康に興味を持つことが「良し」とされるような社会通念を作り出すことが必須になるでしょう。

　従来、医療の言説の多くは、例えば「食事管理をしないと生活習慣病になる」といったホラーストーリーとして語られてきました。しかし、人の意識と行動を大きく変えるためには、恐怖ではなく希望のストーリーが必要です。例えば、自身の心身の健康管理を行うと、人生100年時代においてどのような成長を体験できるのか、その過程で社会との関わりがどのように好転・進化するのかといったコミュニケーションが必要となるでしょう。結果、消費者コミュニケーションに長けたメディアや、教育の果たす役割も高まるでしょう。

ハードル③医療と日常をつなぐデータインフラ

　前述した通り、ボラタイズドシナリオの世界においては、日常と医療がデータを介してつながっています。病院外での行動や、場合によっては意識や感情といったデータと医療データが接合されることで、これまでには見えてこなかった示唆が示される世界です。

産業

第8章 ヘルスケア

　このようなデータインフラが、電子カルテを中心とした既存の医療データインフラ上に成立するとは考えづらいです。より広範な消費者データを保有しているGAFAに代表されるネット企業や決済プラットフォーマー、通信キャリアといった日常世界において莫大なデータを持つプレイヤーがどのようにして医療データにアクセスするのかがポイントになるでしょう。米国を中心にオンライン薬局事業を展開し、徐々にヘルスケア領域でのプレゼンスを高めているAmazonの動向は、まさにこの流れに沿ったものだと考えられます。

執筆者

後藤 良平（ごとう りょうへい）
A.T. カーニー シニアパートナー、ヘルスケアプラクティスリーダー
東京大学経済学部卒業、ロンドンビジネススクール（MBA）修了。モニターグループ（東京、ロンドン）を経て、A.T. カーニー入社。
専門分野はライフサイエンス業界におけるイノベーション・R&D戦略、全社改革、デジタル戦略等。
厚生労働省・経済産業省「未来イノベーションWG」委員（2019〜）。

参考文献

・医薬産業政策研究所 主任研究員 中尾 朗「アンメット・メディカル・ニーズに対する医薬品の開発・承認状況 − 2022年の動向−」『政策研ニュース』2022年7月
・「在宅医療50兆円市場、未来つくる14のテクノロジー」『日本経済新聞』2022年12月2日付
・「Sustainable Development Report 2023」『持続可能な開発ソリューション・ネットワーク（SDSN）』2023年6月21日
・Talkspace プレスリリース等
・増田 克善「中国や欧米のオンライン診療、新型コロナでこう動いた」『日経BP, Beyond Health』2020年5月25日
・Dorcas Wong「China's Healthcare Industry - Opportunities in Telemedicine and Digital Healthcare」『China Briefing』2020年7月31日
・「2020年の米医療費は前年比9.7％増、新型コロナ対応で政府支出かさむ」『JETRO ビジネス短信』『米国保健福祉省 メディケア・メディケイドセンター（CMS）』2021年12月15日
・厚生労働省「令和2（2020）年度 国民医療費の概況」2022年11月30日
・Mark Gilligan, et al.「Telehealth Use Surges Around the World Amid COVID-19（UPDATED）」『JDSUPRA』2020年8月14日

159

・一般財団法人 自治体国際化協会パリ事務所「コロナウイルスを契機とした遠隔診療の大幅な規制緩和」『CLAIR Paris』2020年6月5日
・「NEWS『オンライン診療料』の届出、診療所は1223施設に──厚労省が中医協に報告」『日本医事新報社』2020年10月3日
・原聖吾（株式会社MICIN 代表取締役CEO）「オンライン診療から生まれる患者のビッグデータが未病の世界を作る」『EMIRA』2020年12月4日
・Kaiser Permanente プレスリリース等

産業

第9章

銀行

注目される金融サービスモデルと
その実装に向けた課題

　銀行業界を巡り、直近数年間で多様な環境変化が起きています。マイナス金利政策の解除やインバウンド復活・海外企業の国内投資増加による海外マネーの流入など、銀行経営にポジティブな影響を及ぼし得る変化も多く存在しています。

　ただし、人口減に代表されるように、日本社会の構造的な変化に伴う市場沈下は不可逆的です。上記のポジティブな環境変化を総合的に考えても、国内銀行業界の底上げに至るかどうかは不透明と言わざるを得ません。こういった環境変化に対応するためにも、伝統的な商業銀行モデルを超えた、新しい金融サービスモデルの開発が必要であることは異論がないことと思います。

　デジタライゼーション、ESGへの意識の高まり、ファイナンシャルインクルージョン（金融包摂）への社会的対応、非金融業者との連携など、様々なキーワードが飛び交い、様々な金融サービスモデルの議論が進んでおりますが、その実装は道半ばです。これまでの銀行が培ってきた仕組

み・人材・文化を作り変えることがハードルとなっており、その解決には長期的かつ体系的な取り組みを積み重ねていくことが必要です。

　本章では、上記問題認識の下で、まず近年注目される金融サービスモデルをご紹介します。そのうえで、銀行業界の大きなトレンドを踏まえて、その実装のために銀行が取り組むべき課題と、解決の方向性を考察します。

注目される金融サービスモデルの例

①ソーシャルファイナンス

　社会的課題の解決や社会的・公共的な利益の創出を目的としたサービスモデルです。環境保護・災害対策・社会インフラ改善・地域活性化など、社会問題の解決に資する企業や取り組みに対して、金融機関が資金を提供します。従来の金融モデルは、資金需要者が金利収入の金銭的リターンを得ますが、ソーシャルファイナンスは、それに加えて社会的リターン、つまり社会問題の解決も求めます。

　この背景には、サステナビリティへの取り組みの重要性の高まりがあります。一般的には、2015年に国連サミットにて採択された「持続可能な開発のための2030アジェンダ」がSDGsの大方針と認知されています。ともすると、この大方針を外形要件として満たすことにフォーカスがあたりますが、翻って日本社会を見てみると、少子高齢化・災害甚大化など、社会のサステナビリティに係る多くの構造的問題を抱えています。その解決に取り組む必要性から、日本の銀行業界でもソーシャルファイナンスが注目を集め始めています。

　日本では近年に注目を浴びていますが、諸外国、特にヨーロッパでは、20世紀後半から実在しています。例えばソーシャルバンクと言われる銀行形態で、オランダのトリオドス銀行やドイツのGLS銀行などがあげら

162

れます。これらのソーシャルバンクでは、資金供給者から集めた預金を公共性の高い企業や環境保全事業などに投融資することが、予め約束されています。過去より社会問題に対して意識が高い当該地域の顧客がもつ「自分が預けたお金がどのように使われるかを理解したい／社会に役立つことに使って欲しい」というニーズに応える形態ですが、昨今の環境動向を踏まえると、類似ニーズが日本でも徐々に大きくなっていくと考えられます。

　ソーシャルファイナンスを実装するうえでは、2点ポイントがあります。まず1点目は社会的リターンの評価方法の定義です。従来の金融サービスでは、資金需要者が資金提供者に、利子・配当といった共通の尺度たる金銭的リターンで、その価値を評価することができました。しかしソーシャルファイナンスでは、取り扱う社会的課題に応じて計測方法が異なりますし、そもそも計測が難しい場合もあり得ます。また投融資を行う前に、資金需要者の資金計画を社会的リターンに係る意図／蓋然性の観点から評価する必要があるため、事前審査での見極めがより複雑になります。今日では、金融庁からインパクト投資（投資として一定の「投資収益」確保を図りつつ、「社会・環境的 効果」の実現を企図する投資）に係る指針が提示されたり、官民コンソーシアムで共同検討が進んだりと、共通的なフレームワーク検討に着手されていますが、その取り組みは道半ばです。当面は、個社別に、資金使途が社会的課題解決に資するかどうかを事前評価し、投融資実行後にはKPI等で進捗を評価するアプローチが主流になると考えられます。

　2点目は資金提供先の開示です。従来、一般生活者などの資金供給者は、資金提供先を認識することができませんでした。しかし、ソーシャルファイナンスでは、銀行側が、社会問題の解決に資金が投入されたことを証明する必要があります。例えば、前記のGLS銀行では資金提供先やその業界をホームページ上で開示し、その進捗を資金供給者に開示を行っています。また、資金供給を受ける時点で、一定程度は資金利用方法を提示

している場合もあります。

②サプライチェーンファイナンス

　企業が構築する原材料や製品の供給網に金融機関が絡み投融資や決済サービスを提供するモデルです。従来からファクタリング（売掛金や受取手形等、売上債権を期日前に買い取り、早期資金化を行うサービス）は普及していますが、サプライチェーンファイナンスは、在庫を担保にしたABL（Asset Based Lendingの略。顧客の流動資産を担保にする手法）等のように債務者側も利用できるサービスとして定義され、さらに広義では、契約履行にあわせた即時決済等も含まれるサービスです。早期資金化を促すことからサプライヤーの健全性を高めることができることに加え、地政学リスクが高まる中においてサプライチェーンレジリエンスを高める手段として再評価されています。

　デジタライゼーションの進展が、このサービスが改めて注目を集めるきっかけとなりました。特に日本のサプライチェーンは、人手や紙に頼る部分が多く、全体像を把握することが困難でした。現在では、システム化等により一元管理が可能となり、トレーサビリティが高まっています。その情報を利活用することにより、金融サービス機会が見出されているのです。そのサービスの可能性は広範にわたり、例えば、JPモルガン・チェースはブロックチェーンを使ったプログラマブル決済（部品納入など、事前プログラムされた設定条件にあわせて自動即時決済できるサービス）を提供しています。邦銀でも類似サービスの開発・導入が進んでいます。

　さらに、サプライチェーン排出量（Scope3）に代表される、ESGに係る取り組みの結果として、サプライチェーンをビジネスの一単位として捉える考え方の定着も影響があります。今後、情報共有や同一プラットフォームの利用など、同一サプライチェーン上のステークホルダー間での相互監視や協業が進んでいくと思われ、その結果として、金融サービスの機会創

出につながる可能性があります。

　当該サービスを実現する上でのポイントは、サプライチェーンに参加する企業群が同一プラットフォームを利用することです。上記の通り、商流に関わる企業が、様々な情報共有を行うことが成立の要件となるためです。そのため、銀行単体では成立が難しく、当該サプライチェーンのリーダーとなる企業／団体と連携をして、プラットフォームの提供や、それをベースにした金融スキームの構成を担う必要があります。この事例として、BNPパリバとPUMAが協業してサプライチェーンファイナンスプラットフォームを構築しているケースがあげられます。SDGsの取り組みとも連動しており、サプライヤーから商流データ以外に、サステナビリティに係る様々な取り組み情報も吸い上げ、優良と評価を受けたサプライヤーはPUMAに対する債権を優遇金利で早期回収受けるなど、インセンティブが付与されています（図表9-1）。また、シンガポールのDBS銀行は、香港のGS1という消費財及び食品・飲料分野の業界団体と協働してプラットフォームを中小企業向けに提供し、トレードファイナンスの即時資金化とインボイスデータ自動分析によるクレジット自動評価サービスを提供しています。

　また、銀行側が、商流を深く理解し、正しく与信等の事業評価をできることも重要なポイントです。従来の金融サービスでは、貸し出しを行う場合には、土地等の不動産を担保にすることが通例ですが、サプライチェーンファイナンスでは、在庫等の動産担保を行うケースもあり、商流上の価値を正しく理解できることが必要です。

③エンベデットファイナンス

　組込型金融と訳されるサービスモデルで、一般事業者のサービスの中に金融サービスが組み込まれ提供されます。顧客は財の購入と同時に、決済・融資・保険など金融サービスを利用することになるため、ワンストッ

■ 図表 9-1　Puma は、BNP PARIBAS と連携し、サプライチェーンファイナンスを SDGs 達成に向けたツールとして活用している

Social Auditを活用したサプライヤーの規律付けスキーム

Puma

Social Audit

連携

資金支援　　SCFシステム
BNP パリバ　　**GT Nexus**
IFC

Finance

€

債権　←-----　債権　←-----

Tier 1サプライヤー　　Tier 2サプライヤー

① 年次評価
☑ 事故頻度
☑ 賃金水準
☑ 社会保険
☑ 時間外労働
⋮

② 資金化
優良と評価された場合のみ優遇レートで資金化が可能[1]

1. あらかじめ取り決められた支払期日の決済であれば、満額回収可能であるが、サプライヤーが早期回収を望む場合は、特定の割引率が適用される。Social Auditで優良であった場合はその割引率が優遇される。
出所: Puma, BNP Paribas 各社HPほか公開情報に基づき、KEARNEY作成

プで提供され、利便性が高まります。また、サービス提供者たる一般事業者にとっては自社サービス販売を促進する効果、金融機関にとっては販路拡大の効果、がそれぞれ期待できます。ECサイト上でのレンディングサービス、タクシー利用時のアプリ決済、等が好例です。近年、金融機関が、通信事業者・小売事業者・不動産事業者等と連携し、当該サービスに取り組んでいます。

　デジタル化の進展が、このサービスの重要なポイントです。最近では金融機関と事業者がAPI等を通じて相互連携できるプラットフォームが整い、その当該プラットフォームに顧客がスマホ等からアクセスできるようになりました。ローコード開発手法の確立やクラウドサービスの定着など、銀行と事業会社を結びつけるテクノロジーの簡単化・低コスト化も進

産業

んでいます。さらには、銀行法改正に伴うAPI環境整備の促進、金融サービス仲介業の創設等、法整備が進んだことも、その後押しとなっています。

　海外では、シンガポールのDBS銀行がすでに2010年代からAPI開放を進めており、様々な事業者を通じて、金融サービスを提供しています（図表9-2）。BaaS（バンク アズ ア サービス）といわれる、銀行事業者が非金融事業者に金融サービスをプラットフォームとして提供するモデルも一般化しており、今後さらなる拡大が見込まれます。

　ただし、一般事業者サイドから見ると、当該サービスへの参入障壁が低く類似サービスが存在している、また顧客にとっても特定の金融サービスを意識しておらず手軽に切り替えができる、等の特徴から、顧客囲い込み

■ **図表 9-2　DBS銀行は　マーケットプレイスを通じてカスタマージャーニーの早い段階から総合サービスを提供する取り組みに挑戦している**

銀行業界外の様々なサービスの売買仲介を行う“マーケットプレイス”を展開し徐々に領域を拡大＋顧客データを収集

	17年8月	18年3月	18年7月	19年7月	20年～21年		21年4月
領域	自動車	電力（ホーム&リビング）	不動産	旅行・娯楽	教育	ヘルス	グリーンソリューション
概要	- 自動車販売ディーラーのsgCarMart・Carroと連携し立ち上げ、現在は他8社と提携 - 消費者は自動車・保険・車アクセサリー・ローン等の**閲覧・購入**が可能 - 19年7月時点で**累計55万人のユニークビジター数を記録**	- 電力小売り業者のKeppel Electric・Pacific Light・Tuas Power・Geneco・iSwitchと提携 - 消費者は、20種類程度の電力プランの**閲覧・移行**が可能 - 19年7月時点で**累計30万人のユニークユーザー数を記録**	- 不動産リスティング企業のEdgePrort・Averspaceと提携 - **物件検索・ローン購入**に加え、**購入計画ツール**等も提供 - 開設後1年で3億SGD以上の不動産申請があり、20年末には**累計10億SGDのローンを貸出**	- 航空会社のシンガポール航空、宿泊予約サイトのExpedia、保険会社のChubb、他5社と提携 - **決済機能**を初めて備え、航空券・宿泊・アクティビティ等を**ワンストップで**予約可能で、**保険付帯**にも対応	- オンラインラーニングサービスを提供する88tuition・PAL solutions・他2社や、大学のNUSと提携 - 子供向けのオンラインワークショップ・ラーニングクラスやNUSのオンライン授業 等の**閲覧と購入**が可能	- クリニックを経営するParkway Shenton、ヘルステック企業のMakeHealth Connect、他2社と提携 - 健康検査パッケージ、検査、電話診断、ヘルスケア関連製品、保険サービス等の**閲覧と購入**が可能	- **提携**ではなく、**DBS自身**がお得なローンパッケージを掲載 - 消費者は、再生可能エネルギー活用、電気自動車購入等の“**エコな行動**”をすることで**低金利のローン**サービス等の特典が得られる
収益モデル	- 金融サービス - 取引ごとの手数料	- 金融サービス - 掲載料	- 金融サービス - 取引ごとの手数料	- 金融サービス - 掲載料			- 金融サービス

出所：DBS 公開資料、エキスパートインタビューより作成

が難しいことがサービス運営上の課題です。昨今では、ポイント経済圏などによる、インセンティブをもって顧客の囲い込みが一般的になっています。またプラットフォーム上に蓄積されたデータを活用し、パーソナライゼーションによるサービス差別化に取り組む事例も多く見られています。

④事業支援／運営

最近では、銀行自体が、事業運営そのものに入り込み支援をするケースが増えています。顧客企業と合弁企業を作る、リスクマネーをいれる、経営人材を送り込む等、踏み込んだ取り組みが見られます。特に日本では、銀行サービスが発達した結果として金融商品単体では差別化が難しいため、顧客が直面する社会課題や経営課題を一緒に解決する「事業ソリューション（金融ソリューションを含む）」が付加価値向上のためには必要です。

特に地域の中堅以下企業は、地方経済沈下・労働力不足・後継者不足・カーボンニュートラルへの対応など、多くの問題に悩まされており、地方の医療福祉・教育などの公共性の高い事業も存続危機を迎えているケースも少なくありません。銀行には、これらの企業を支援し、資金以外も含めたリソースを活かして、日本社会の底支えを期待されています。

海外でも類似事例が見られています。例えばフランスのクレディアグリコルは、自国の基幹産業であるワイン育成事業に関与しています。経営に苦戦する複数のワイン農場にリスクマネーも含めた資金提供を行うとともに、自社でもワイン育成に係る技術者を100名単位で抱え、専門的アドバイス・人材派遣を行っています（図表9-3）。またアメリカのライブオーク銀行は、特定の産業に特化したユニークな中企業向けビジネスを行っています。歯医者・獣医・農業など、特定産業に絞って融資を行っており、当該産業に応じた与信モデルを開発しています。また産業別に顧客の経営支援を行うアドバイザリーチームも抱えており、対象産業に踏み込んだ専門的アドバイスを行っています。

産業

■ 図表9-3 クレディアグリコルは、地域の基幹産業の1プレイヤーとしてワイン事業の運営そのものに参画している

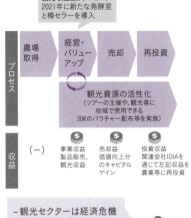

ワイン産業育成

主体
- 1885年設立、仏モンジュールの総合金融機関（商業銀行、投資銀行、保険等）
- 2000年、非上場企業の所有権を獲得するためPE部門設立

背景
- 仏産ワインの文化的価値のPRと自社ブランディングを企図して、**ワイン育成事業を開始**

ビジネスモデル
- ワイン農場を買い取り、ワイン農場マネジメント経験者を雇用して**事業運営**
- さらに技術者100名、繁忙期の収穫スタッフは最大340名を雇用
- 既存顧客との利害調整のため、**価値向上できた農場は売却。収益は株主配当**
- ノウハウを融資先ワイナリーに共有し経営力を底上げ

成果
- 現在4つの農場を経営し、**80万本弱のワインを生産**（売上・利益は非公表）
- ワインツーリズムに注力しており、**年4%で参加者数が増加**（海外客は4割）

第9章 銀行

従来の銀行の経営支援は、財務面でのアドバイスに限られていましたが、当該サービスモデルでは顧客企業を支援する専門的情報・知見をもった人材確保がポイントです。銀行内の人材育成だけでは限界があるため、専門企業への戦略的人材出向、外部専門企業会社との提携等、これまでにない取り組みが必要です。また、集中的に知見などを蓄積するためにも、最初は対象となる産業をある程度絞り込み、順次産業を拡大していくといった、戦略的な横展開が必要です。

新しい金融サービスモデル開発にむけた課題

昨今注目されている金融サービスモデルをご紹介しましたが、いずれの

モデルもすでに議論されてはいるものの、その実装は道半ばです。これら
の金融サービスモデルは、これまでの商業銀行サービスと比して、より個
人の生活シーン／企業の事業課題に踏み込む必要があるため、その実現難
易度は高いことが最大の理由です。単純に既存の銀行運営の当該サービス
を導入するだけではなく、過去から培ってきた銀行経営の仕組みを見直す
必要があります。

1）顧客起点でサービス構成を見直す

　従来の銀行では、住宅ローンや法人融資（特に運転資金）といった、汎用
かつ少数のサービスを高い効率性をもって社会に大量に流布するという、
プロダクトアウト型のアプローチを採用してきました。厳しい規制により
提供できるプレーヤー／サービス仕様が限られる世界で適用できるアプロ
ーチです。しかし、市場が成熟化し、規制が緩和されプレーヤー／サービ
スが同質化した現在では、プロダクトアウト型のアプローチは効果的では
ありません。顧客ニーズを理解し、その解決に向けたカスタマーイン型の
アプローチが必要です。

　このアプローチを採用した場合、サービスが細分化していくため、上記
で紹介したサービスモデルのどれをとってみても、一つ一つをみれば、必
ずしも大きなビジネス規模を追求できるものではないかもしれません。し
かし現状の市場状況を鑑みると、どのようなサービスも単独で規模のある
成長余地を見出すことは容易ではありません。したがって顧客ニーズを多
面的に捉えて複数サービスを提供し、収益を積み上げる考え方が必要で
す。従来、銀行は商品・サービス単位で事業管理を行う傾向がありまし
た。しかし、この環境下では顧客単位にシフトしていく必要があると考え
られます。顧客収益管理の仕組みを本格導入しKPIとして定める、等が必
要です。

2）外部プレーヤーを含めてバリューチェーンを組み替える

　従来の銀行では、バリューチェーンをいわゆる垂直統合してきました。しかし前記のように顧客起点で複数のサービスを組み合わせるためには、自行内だけで商品をそろえることは難しいため、外部プレーヤーからサービスを調達し銀行経由で提供する、または自行の競争力のあるサービスを非金融サービスに組み込んで拡販する、というように、バリューチェーンを外部プレーヤーを含めて組み替える／製販を分離することが必要です。

　その場合、既存の経済圏ビジネスに見られるように、顧客接点をもつプレーヤーが主導権をもって組み替えを行うことが一般的と考えられます。顧客ニーズを多面的に捉えてサービスを提供する機会を得るからです。銀行は、これまで以上に顧客接点を強化し、顧客ニーズを理解する・提案する能力を高めなければなりません。単純に営業人員のスキル強化を図るのみならず、AIやデータアナリティクスを通じたニーズ抽出等による仕組みの活用も、新しい金融サービスモデルを実現していくうえでは有効です。

3）人材育成アプローチを見直す

　厳しい規制によって商品・事務が規定されていた時代には、行員は正しい手順を正しく効率的に行うオペレーションエクセレンスが求められてきました。しかし、前記の通り、サービスの深化・多様化が進む中で、行員にはこれまで以上に顧客理解と専門知識が求められるようになっています。人材育成のアプローチを抜本的に見直す必要があります。

　人材育成の変革必要性は銀行業界でも長く議論されてきたテーマです。教育プログラムの改変のみならず、タフアサインメントの人事異動プログラムの開発、優秀ミドル層の抜擢、評価制度の見直し、中途採用の加速など、多面的かつ抜本的な取り組みが求められると考えられます。

最後に

　ここまで、昨今注目される4つの金融サービスモデルと、その実装のための3つのポイントをご紹介してきましたが、これらはあくまで例示です。銀行業態にも、メガバンク・地方銀行・協同組織等いくつも業態が存在し、その業態の中でも各銀行の置かれる立場は異なります。また、規制緩和やデジタライゼーション等によって、それぞれがより特徴をだせるようになっています。各行が自らのビジネスを点検のうえ、「ならでは」のサービスモデルを模索する深い検討こそがいま必要です。

執筆者

河野 修平（こうの しゅうへい）
A.T. カーニー 金融プラクティス シニアパートナー
東北大学大学院修了。IBM ビジネスコンサルティングサービス（現日本 IBM）を経て、A.T. カーニーに入社。10年以上の戦略コンサルティング経験を有する。金融機関を対象に、全社戦略、新規事業開発、営業戦略、IT 戦略、オペレーション改革など、幅広いテーマにわたり、数多くのコンサルティングを手がけている。加えて、様々な業界向けに、IT インフラ構想、デジタルケイパビリティの強化、デジタル投資評価など、テクノロジー分野のコンサルティングも行っている。

参考文献

・GLS bank: <https://nachhaltigkeitsbericht.gls.de/>
・J.P. Morgan Onyx "Coin systems": <https://www.jpmorgan.com/onyx/coin-system>
・BNP Paribas Press release: <https://group.bnpparibas/en/press-release/bnp-paribas-puma-launch-innovative-financing-program-suppliers-reward-social-environmental-standards>
・Puma Annual Report: <https://annual-report.puma.com/2023/en/combined-management-report/sourcing/index.html>
・Forbes" PUMA's Sustainable Financing Helps Them Achieve Their ESG Goals": <https://www.forbes.com/sites/stevebanker/2024/07/12/pumas-sustainable-financing-helps-them-achieve-their-esg-goals/>
・DBS bank Press release: <https://www.dbs.com/newsroom/20220621_DBSHK_GS1_EN>

産業

- DBS bank "Marketplaces": <https://www.dbs.com.sg/personal/marketplaces/landing/main-home>
- Credit Agricole "CA Grands Crus": <https://www.credit-agricole.com/en/business-lines-and-brands/all-brands/ca-grands-crus>
- Live Oak bank: <https://www.liveoakbank.com/>

第
9
章

銀
行

第 10 章

不動産

今求められる非開発型ビジネス

　まちの価値は人々の暮らしを豊かにすることにあります。この本質はいつの時代も不変でしょう。しかし、建築費の著しい高騰や資金調達環境の変化を受けて、これまで主流だったスクラップ＆ビルドの開発は、限界を迎えようとしています。

　価値観の多様化や、都市間競争・エリア間競争の加速、サステナビリティ意識の高まりといった環境変化を背景に、街づくりの事業者には、まちを差別化するための取り組みが求められており、施設の運営や既存の建物を活用したリノベーションなどの非開発型ビジネスの重要性が高まっています。

　本章では、このようなまちづくりの事業者が直面している環境変化と、今後の取り組みの方向性について考察します。

産 業

事業者が直面している環境変化

① 新築で儲けるビジネスモデルはもはや通用しない

　2024年1月、不動産経済研究所が公表する東京23区の新築マンションの平均価格が、2023年に初めて1億円を突破したというニュースが話題になりましたが、この背景には建築費の高騰があります。コロナ禍でのリモートワークの広がりによる住宅需要の増加や、ロシア・ウクライナ戦争に伴う経済制裁、物流需要の増加に伴うコンテナ料金の高騰などが重なって、ウッドショック・アイアンショックと言われる資材価格の高騰が起きました。足元では落ち着きが見られるものの、依然高い水準にあります。また、建設業の担い手の確保や処遇改善に向け、2021年以降、国土交通大臣と日建連を含む建設関係4団体は毎年の賃金上昇の目標水準を設定しており、賃金面でも上昇が続いています。こうした状況の中、建設物価調査会の公表する建築費指数（BCCI）は2015年から2024年7月までに4割近く上昇しました。

■ 図表10-1　物件タイプ別建築費（工事原価）指数の推移

出所：建設物価調査会「建築費指数（2015年基準）」を基にKEARNEY作成

■ 図表10-2　10年物国債利回りの推移

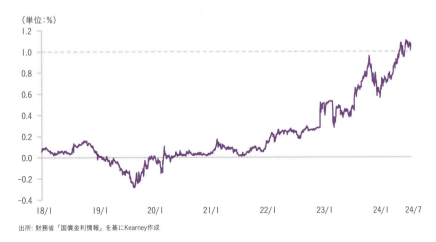

出所: 財務省「国債金利情報」を基にKearney作成

　また、金利動向にも大きな変化が見られています。2020年にマイナス水準だった長期金利は、2022年以降上昇に転じ、2024年7月には1.0％超の水準まで上昇しています。2024年1月に、日本銀行はこれまでの金融緩和策の出口戦略を考える段階にあることに触れ、3月にはETF・J-REITの新規買い入れの終了を公表、7月末に政策金利のさらなる引き上げを決定しました。

　こうした環境変化を受けて、住宅では需要が中古住宅に向かい新築供給量の減少や在庫の増加、オフィスや物流施設ではこれまでの賃料水準では事業収支が成り立たず着工を見送るといった事態が起きています。このような建築費の高騰や資金調達環境の変化の中では、スクラップ＆ビルドで儲けることを主軸にした事業ポートフォリオを本格的に見直す必要があり、非開発型のビジネスの拡大が重要なテーマになってきています。

②サステナビリティの重要性の高まり

　また、サステナビリティ意識の高まりも、非開発型ビジネスの重要性を

高めています。スクラップ＆ビルドの考え方は、人口が増加し世界有数の大都市となった江戸時代に定着しました。このスクラップ＆ビルドの概念は、高度経済成長期以降さらに加速しましたが、経済成長が緩やかになるにつれ、徐々に見直されるようになりました。1997年に採択された京都議定書を契機に、環境負荷の軽減がまちづくりにおける重要テーマの一つとなり、今日まで、都市インフラの長寿命化の要請は年々高まっています。

サステナビリティとは、「将来世代のニーズの充足可能性を損なうことなく、現代世代のニーズを満たすこと」であり、単に建物を長く使えばよいというわけではありません。既存建物の多くは、多少の改修を施した程度では現代世代のニーズを叶えられないものが多く、スクラップ＆ビルドの判断をせざるを得ない、というのが事業者の実情です。これからは、将来世代のニーズも見据えた可変性を備えた場の整備が必要になっています。

また、近年の災害の激甚化やコロナ禍を受け、人々が広い範囲を移動し、特定の場所に密集することの防災上の脆弱性が明らかになりました。こうした状況を受け、職・住・遊・憩といった活動を支える都市機能が特定の地域に集中することなくバランス良く分散し、これらの機能を備えた

■ 図表10-3　ハードに求められるサステナビリティの考え方

■ 図表10-4　自律分散型の都市の差別化の源泉

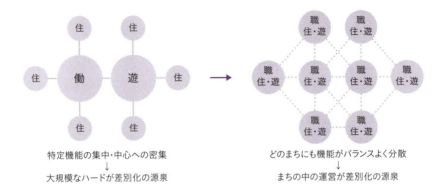

まちの単位が相互につながっている自律分散型の都市の必要性が叫ばれるようになっています。

　こうした自律分散型の都市では、広域からの大規模集客を狙った重厚長大で汎用的なハードは必要なく、自律した一つの地域の需要に見合った場の充実が求められます。場そのものが、強い競争力を持つことはなくなり、代わりに、自律した個々のエリアや施設ごとの魅力の磨き上げが競争力の源泉として一層重要になり、エリアや施設内のコンテンツや運営といった要素が重要性を増してくると考えられます。

③エリアの均質化が競争力を低下させていく

　日本では昭和44年の市街地再開発の制度創設以降、1,000を超える再開発地区が都市計画決定されています。東京では、2023年10月時点で296の事業地区がありますが、このうち約3割にあたる81地区は事業中または事業化予定となっており、今後も様々なエリアで、大規模な開発が進んでいくことが予想されます。

　こうした中で問題になるのがエリアの均質化です。面積効率の良い直方体形の建物をベースに、リスクが小さく投資回収しやすいオフィスや住宅

■ 図表 10-5　東京都の市街地再開発案件の分布

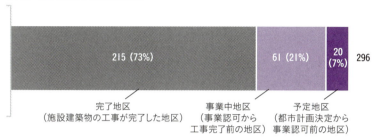

（単位：地区、2023年10月31日時点）

完了地区　　　　　　　　　事業中地区　　　　　　　予定地区
（施設建築物の工事が完了した地区）　（事業認可から　　　　（都市計画決定から
　　　　　　　　　　　　　工事完了前の地区）　事業認可前の地区）

215（73%）　　　61（21%）　　20（7%）　　296

出所：東京都都市整備局「市街地再開発事業地区一覧」を基にKEARNEY作成

を中心に、物販・飲食を中心とした商業区画と公開空地、貢献機能としてホテル・MICE施設・イノベーション施設が置かれ、内部は各ジャンルで勝ち組とされるナショナルチェーンばかりを集めたテナントミックスというような、既視感のある再開発が各エリアで推進されています。このため、エリア間で、立地以外の差別化要素が徐々に無くなってきており、企業や来街者を呼び込む競争力が弱まっていくことが懸念されます。今後開発が進んでいくにつれ、こうした影響は徐々に大きくなり、エリアの賃料水準の低下といった事業者の業績へ悪影響を及ぼしていくことが想定されます。

　また、エリアの均質化は国際都市競争力の強化の観点からも課題です。東京都が都政の羅針盤として位置付ける「未来の東京」戦略では、東京の国際競争力の強化を重点政策に掲げ、エリアの個性に着目した地域づくりを戦略としていますが、その方向性を具体的には示しきれておらず、事業者を適切に誘導できていません。抽象的でエリア間の差分が見えづらいまちづくりの方向性の提示だけでは、事業者の判断は「既にある正解」に流れてしまい、結果的に東京の国際競争力の強化にうまくつなげられていないように思います。

　ライフスタイルや価値観が多様化し、自身に最適化された暮らしを選択

できる機会が広がっている今日において、画一的に場を整備する従来のまちづくりの方法は限界を迎えていきます。多くの時間とリソースを投下して行われる再開発をきちんと投資回収できる事業に仕立て、また東京の国際競争力の向上に貢献させるためにも、エリアの特性を踏まえた差別化された開発にしていくことも重要なテーマとなっていると言えるでしょう。

④インバウンドやエンタメ市場の追い風

追い風と言える動きもあります。訪日外国人旅行者数は2018年に3,000万人を突破し、コロナ禍での急減後も、2023年には2,500万人まで回復しました。富裕層人口の増加やアジア諸国の経済成長に伴う所得水準の上昇、円安の進行などがこうしたトレンドをけん引しており、政府は2030年の目標として現在の2倍以上となる訪日外国人旅行者数6,000万人、消費額15兆円を掲げ、高付加価値化や地方誘客に向けた観光振興策を進めています。

ライブエンターテインメント市場やコンテンツ市場も成長が期待されて

■ 図表10-6　訪日外国人旅行者数と消費額の推移

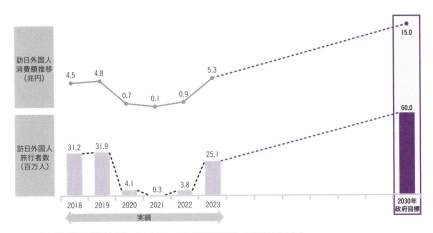

出所：観光庁「訪日外国人消費動向調査」および「インバウンド消費動向調査」を基にKEARNEY作成

産 業

いる領域です。新興国での可処分所得の増加、デバイス・配信サービスの普及によるファンの裾野の拡大、体験価値を高めるテクノロジーの発展などを通じて、スポーツ、音楽、演劇・パフォーマンスといった各ジャンルで市場が拡大しています。また、中高年・シニア層への裾野の広がり、推し活の大衆化などを通じて、ゲーム・アニメを中心に市場成長が見込まれています。また、世界最大規模の音楽フェス、コーチェラヴァレー・ミュージック＆アートフェスティバルにYOASOBIやNumber_iなどの日本人アーティストが出場するなど、J-POPが世界市場で受け入れられる動きや、政府によるクールジャパン関連産業の海外展開に向けた数百億円規模の予算措置など、海外市場の拡大も期待されています。

このように、建築費の高騰や金利動向などの事業環境の変化、サステナビリティの社会的要請、エリア競争力の重要性の高まりといった背景の中、事業者は新築で儲けることを中心にした従来の取り組み方を見直し、非開発型のビジネスやインバウンドやエリアの差別化に向けた取り組み方を検討する必要性が高まっています。

第10章 不動産

■ 図表10-7　国内ライブ・エンタメ市場の推移・予測

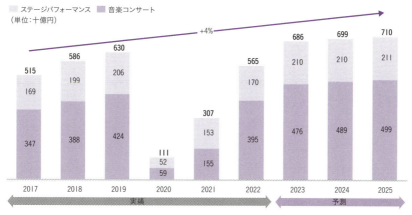

出所: ぴあ総研「ライブ・エンタテインメント市場動向に関する調査結果」を基にKEARNEY作成

■ **図表 10-8　海外コンテンツ市場の推移**

年	ゲーム	出版	音楽	映像系	ライセンス	合計	CAGR ('17-'22)
2017	105	59	89	302	102	657	
2018	122	60	93	306	102	684	
2019	143	62	97	307	106	715	
2020	175	63	72	285	105	700	
2021	190	65	86	304	104	748	
2022	209	65	102	321	110	808	
CAGR ('17-'22)	ゲーム +14.8%	出版 +2.1%	音楽 +2.8%	映像系 +1.2%	ライセンス +1.6%		

CAGR +42%

出所: PwC「Global Media and Entertainment report」Licensing International「Global Licensing Industry Study」よりKEARNEY試算
1: ライセンスには複数メディア由来のライセンス売り上げを含むことに加え、ゲーム、出版、音楽、映像系の売上と一部被りがある点に留意が必要

推進上の課題と取り組みの方向性

①今、求められている非開発型ビジネスとは

　非開発型のビジネスには幅があります。不動産仲介や施設管理、オフィスや住宅などのオペレーショナルな要素の少ないアセットの施設運営は、開発事業者が長年取り組んでいる事業領域です。また、アセットマネジメントは、2000年の投信法改正によりJ-REITの組成が可能となって以降広く浸透し、私鉄各社などでも参入する動きが進んでいます。

　一方、劇場・ホールなどのオペレーショナルな要素の強い施設運営や既存建物のリノベーション・再販といった領域への開発事業者の取り組みは、まだあまり進んではいません。しかし、歴史的な建造物を転用した唯一無二の施設、斬新なコンセプトや創意工夫に満ちた企画・演出、働く人々のホスピタリティなどのリノベーションや施設・エリアの運営は、感性的なまちの価値の向上を通じて、エリアの競争力を高める重要な要素に

182

産業

■ **図表 10-9　非開発型ビジネスの類型と取り組み状況**

類型		概要
仲介		リテール/ホールセール、実需/投資用、売買仲介/賃貸仲介といった分類が可能。労働集約的だが、ホールセール分野の投資用物件売買は単価が大きく高ROI
コンサルティング		他社が行う不動産開発や建設プロジェクトへのコンサルティングや、プロジェクトマネジメント業務の請負
アセットマネジメント		J-REITや私募ファンドの運用（組入れ資産のポートフォリオ管理など）。資本集約的であり、運用資産の積み上がりにしたがって、高ROIが狙える
施設管理		設備の保守点検、修繕、更新工事など。不動産開発・保有事業者が、周辺領域として自社で取り組んでいることが多い。労働集約的だが、安定的な収益基盤となる事業
施設運営	ノンオペレーショナルなアセット（住宅、オフィス、データセンター等）	リーシングや出納管理、トラブル対応が中心。日々のオペレーションの難易度は低く、不動産開発・保有事業者が内製していることは多い
	オペレーショナルなアセット（商業、劇場・ホール、アリーナ等）	来場者対応やイベント企画の運営、プロモーションなど。施設の価値を大きく左右する。不動産開発・保有事業者がケイパビリティを備えておらず、外部委託することも多い
リノベーション・再販		中古物件を購入後、改修・バリューアップし市場で売却。既存建物の診断が必要で、スクラップ＆ビルドに比べ難易度・リスクが高い一方、投資が抑制でき高ROIが狙える

特に求められる領域

なっています。今後、まちづくりの事業者には、こうした非開発型ビジネスの取り組みを強化していくことが自社のまちづくりの差別化に大きく貢献することを再認識し、一層の投資を進めていくことが求められています。

②オペレーショナルアセットの運営

　オペレーショナルなアセットの運営への取り組みの拡大における課題感としては、①単体事業としての収益性が高くなく、周辺施設やエリアに対する波及効果を含めて取り組み意義を評価する必要があるものの、その効果の把握が簡単ではないこと、②幅広い施設ジャンルやその中のコンテンツの候補がある中で、知見不足や商慣習の違いなどのため、具体的な取り組み方が分からない、③運営部分を外部に丸投げしてしまっており、施設と運営が連携した差別化された施設に仕立てられない、といったことが挙

183

げられます。

(1) ブランド・知名度がエリアの賃料水準を引き上げる効果を可視化する
　施設運営の巧拙が不動産全体やエリア全体に及ぼす効果を明確化できているケースは少なく、現状では、施設運営は、不動産事業を成り立たせるための補完的な位置付けになっているのが実態です。不動産収支を成立させることを前提に運営の事業計画が組まれており、運営の実力値を適正に評価する仕組みがないため、運営力向上のPDCAが進まない状況になっています。エリアマネジメントでも、その効果を明確に把握できていないため、積極的な人員配置や資本投下ができていません。感覚的には運営の重要性を認識しつつも、定量的な費用対効果が分からないため、多額の投資・人員投下はできない、というのが事業者の本音になっています。
　こうした課題には、科学的なアプローチが必要です。様々なデータの収集・分析が可能になってきている現代では、こうした取り組みの効果を測定することは不可能ではなくなってきています。例えば、オフィス賃料を

■ 図表10-10　オフィス賃料を構成する要素と影響度の分析イメージ

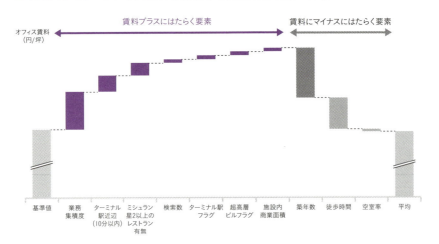

■ 図表10-11　オフィス賃料を構成する要素と影響度の分析イメージ（影響度の分散）

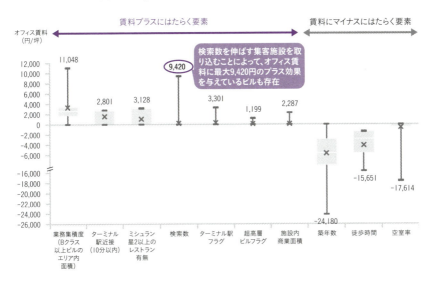

　構成する要素である立地や建物スペックに加え、ブランド・知名度といった情報を分析してみると、ビルやエリアの持つブランド・知名度が賃料に強い効果を生んでいるケースがあることが分かります。こうした分析を活用すれば、文化施設や娯楽施設を設置することによる不動産全体・エリア全体への効果を試算することも可能でしょう。事業者には、こうした分析を活用し、経済的な貢献を把握しながら、ビルやエリアのブランド・知名度を高める効果のあるアセットや運営を見極めて取り組んでいくことが求められます。

（2）ナイトタイムの都市観光が重要な取り組みテーマになる

東京のナイトライフはホワイトスペースになっている
　エリアの競争力を高めるには、「遊」・「都市観光」といった差別化要素になりやすい領域での取り組みが重要であり、この観点からはナイトライ

フは事業者にとっての重要なテーマになります。「世界の都市総合力ランキング」2023年版で東京はロンドン、ニューヨークに次ぐ3位、観光客の視点ではロンドンに次ぐ2位にランクインし、買い物や食事の魅力、文化イベントなどで高い評価がなされています。一方でナイトライフの充実度は30位と大きく順位を落としています。

　ナイトタイムのアクティビティには、ナイトクラブ、ライブバー・レストラン、地元密着の飲み屋、演劇・ミュージカルなどがありますが、東京では無形文化遺産である「和食」やガード下のローカル感のある飲み屋街など、純粋な食体験の視点でのナイトライフは一定充実しているものの、その他のナイトライフは海外都市と比べて不足感があります。

　ロンドンのウエストエンドにはミュージカル劇場が集積し、日本よりも遅い22時ごろまで公演が行われ、その前後でプレ/ポストシアターと呼ばれる飲食を楽しむ文化が根付いています。また、ニューヨークのメトロポリタン美術館では、週末の夜にナイトミュージアムとして日中とは異なる雰囲気で鑑賞ができることに加え、レストランスペースでの生演奏やルーフトップバーでの飲食など、展示物の鑑賞だけに留まらないナイトライフ

■ 図表10-12　世界の都市総合力評価（2023年）

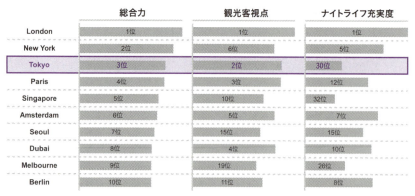

出所：森記念財団都市戦略研究所「世界の都市総合力ランキング2023」を基にKEARNEY作成

産 業

■ 図表 10-13　海外都市と東京におけるナイトライフのヒートマップ

■ 非常に盛んで街の特色となっているアクティビティ
■ 比較的盛んなアクティビティ　■ アクティビティは一定存在　■ アクティビティが乏しい

	ナイトクラブ	ショーレストラン	ライブバー・レストラン	ハイエンド飲食	地元密着飲み屋	演劇/ミュージカル	その他
ロンドン							
ニューヨーク							
イビザ島							
ベルリン							
アムステルダム							
シンガポール							
バンコク							
シドニー							
東京							

不足感が強いアクティビティ

出所: 各都市のナイトライフ店舗・施設のHPよりKEARNEY作成

が提供されています。また、ミニストリーオブサウンドクラブ（ロンドン）やマーキーニューヨーク（ニューヨーク）、テクノミュージックの聖地とされるBerghain（ベルリン）といったナイトクラブは、世界中から訪問者が集まる場となっています。東京では、近年CÉ LA VIやZoukといった世界的に評価の高いナイトクラブがオープンしていますが、ageHaやContactといった海外にも影響力を持っていた老舗ナイトクラブはコロナ禍や再開発を受けて閉店してしまっています。

ナイトタイム施設はエリアの差別化を実現する核になる

　ナイトライフを充実させる施設は、集客装置として機能し、エリアの競争力を高める効果が期待できます。前述のロンドンやニューヨークにおけ

第10章 不動産

■ 図表 10-14　ナイトタイムエコノミーが持つ意義・効果

経済効果
- 日中とは異なる経済圏を形成し都市全体の経済規模を拡大する
- 周辺エリア間の回遊など賑わいを創出

ナイトタイムエコノミーの3つの意義・効果

社会的意義
- マイノリティや本当の自分を受け入れる土壌となる
- 昼間の肩書を忘れて交流を深め、新たなネットワーク・コミュニティが形成される

文化的意義
- 斬新なアイデアが生まれやすく新たな価値の創造・イノベーションの機会となる
- 海外との交流や観光資源の多様化に資する

るミュージカル集積やベルリンのテクノの聖地とされるナイトクラブなどは、広域から人を集める夜間の目的地になっており、他のエリアにはない差別化要素として機能しています。また、ナイトタイムエコノミーには、日中と異なる経済圏としての経済的な意義に加え、マイノリティや本当の自分を受け入れる土壌となりやすいという社会的な意義と、斬新なアイデアが生まれやすく新たな価値の創造・イノベーションの機会となりやすいという文化的な意義がありますが、マイノリティが集まれる場としての新宿2丁目のゲイバーの集積や、起業家・経営者が交流しビジネス創出の機能を併せ持つバーなどは、ナイトタイムの社会的意義や文化的意義を示す代表的な例であり、ナイトタイムが持つこうした意義も、来街者を惹きつけ、エリアを特徴付ける差別化要素になっています。

国際都市水準への充実化と日本・東京独自の集積の両方の観点で取り組みが必要

　事業者がナイトライフの充実に取り組むにあたっては、他の国際都市水

準の幅・量を備えることと、東京ならではの個性のある集積を作ることの２つの観点で、取り組み方を検討する必要があります。

国際都市水準への充実化の観点からは、海外都市に比べ日本・東京に不足感のあるミュージアム、ライブミュージックレストラン、ナイトクラブなどの施設の充実化が求められますが、その際には、エリアの差別化につながる特徴を持った施設とすることが必要です。例えばノンバーバルパフォーマンスといったジャンルにフォーカスした施設などは他エリアとの差別化につながる例と考えられます。光・映像・音楽を使った、マイム、ブレイクダンス、マジック、ジャグリングなどの言語を必要としないパフォーマンスは、インバウンドや幅広い年代に楽しみやすいコンテンツとなっています。海外ではイギリス発の「STOMP」や韓国発の「NANTA」など、ロングラン公演を実現し、国内の顧客だけでなく、海外からの旅行者にとっても人気のアクティビティとなっている事例がありますが、日本では、ロングラン開催されているケースは少なく、伸びしろのある領域と言えるでしょう。

また、日本・東京独自の集積の観点からは、まずは伝統文化やＩＰを軸としたコンテンツを提供することが有望です。インバウンドのMust Goの施設となっている「チームラボプラネッツTOKYO DMM」に代表されるデジタルアートミュージアムや、ニューヨークをはじめとした海外で普及し始めているリスニングバーといった日本発のコンテンツも、エリアの差別化要素となる施設を考えるうえで参考にすべき事例と言えるでしょう。この他にも、近年、インバウンドがローカルな交流を体験できる場として人気が高まっているスナックや、屋形船のような日本独自の食体験など、まちの差別化の要素となる特徴を持ちつつもまだレバレッジ余地のあると言えるコンテンツは豊富に存在しています。

このように、エリアの競争力を高める観点では、ナイトライフは今後、事業者が検討すべき有望なテーマと言えます。開発対象となっているエリ

アの立地や歴史などの特性を踏まえつつ、国際都市水準の充実化と日本・東京ならではの個性ある集積につながる施設の開発・運営が求められています。

（3）M&A戦略の再検討と、開発と運営の連携体制の構築が必要

これまでお話ししたような、まちのブランド・知名度を高め、エリアの差別化と集客による波及効果を持つ施設を実現するために、事業者には、"施設ホルダー兼オペレーター"として運営にも関与し、開発と運営を密接に連携させ、運営からバックキャストして施設を開発していくことが求められています。大規模イノベーションセンターの運営事業者の世界的パイオニアであるCICの日本拠点「CIC Tokyo」には、利用者の交流するカフェやイベントスペース、リラックスしやすい休憩スペース、自然と立ち話が生まれる路地スペースがありますが、これらは全て運営に直接携わって得た知見をもとに設計されています。"どういう空間であれば利用者の満足度が高いか"という知見が日々の運営の中で培われ、この知見を持つ運営のスペシャリストが設計段階から関与しています。

一方、給与水準やスパンオブコントロールといった事情で開発と運営で事業体を分け、運営事業単体でのブレイクイーブンを求めるマネジメントを敷いている事業者は依然として少なくなく、効果的な連携ができていません。結果として、多くのハードが、運営を意識しない汎用的な設計になっており、中身の作り込みは運営側に丸投げされてしまっているのが実態です。

このような実態を解消して、差別化された施設を実現していくには、M&A戦略を見直していくことが必要でしょう。事業者は、取り組む領域を見極め、その領域の運営ノウハウを徹底的に蓄積し施設開発に反映していくことで、その領域で強い競争力を持つニッチトップを目指していく必要があります。そのためには、自社で0からノウハウを蓄積するのではな

く、M&Aによって高い運営力を持つ運営チームを自社に吸収して体制を構築する手法が有効です。運営の重要性を理解し、コーポレートベンチャーキャピタル等の手法を通じた幅広い事業者への少額の資本参加や業務提携を進める事業者は増えていますが、そこからM&Aに至るケースは依然として少なく、中途半端な関与にとどまっている状況と言えます。事業者は、運営まで広げる形で自社の事業ドメインを再定義し、運営事業者をM&A対象と位置付けていくことが必要です。

　また、単純に運営チームを自社に保有するだけではなく、人材配置の考え方や事業・組織の括り方の見直しによって開発と運営の効果的な連携体制を構築する取り組みも必要です。開発と運営が一つの事業体、あるいは実質的に一つと言えるように現場レベルで密な連携が担保された体制を構築することや、社内のエース級人材や影響力の大きい人材をより積極的に運営部門に配置していくような取り組みが必要で、"開発は花形"という従来の組織イメージ・パワーバランスを組織風土レベルから改革する取り組みも必要になるかもしれません。現場レベルでの発見が開発に活かされるような交流が日常的に図られる姿が理想であり、所属や処遇面からの心理的な近さ、空間的な意味での物理的な近さがある組織の括り方を考えなければなりません。

■ **図表 10-15　開発と運営の望ましい連携の姿**

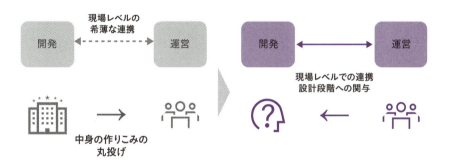

③リノベーション・再販

既存の施設のリノベーションや用途転用は、大規模再開発や新築に比べ、事業規模が大きくない割に、建物・設備の劣化の程度や過去の修繕履歴を踏まえて改修の見極めが必要で難易度が高い、手間がかかるといった課題があり、あまり取り組みが進んでいません。しかしながら、こうした既存物件の活用による事業機会は増えており、取り組み方次第で高い収益性やエリアの差別化を実現することも可能です。

（1）更新期を迎えている物件の売却ニーズが増えている

都心部を中心に多くの再開発が進んでいますが、市場にある物件の多くはむしろ、リノベーション対象の物件と言えます。東京都の都心5区には延床面積で981万坪、6,862棟のオフィスビルが存在しますが、このうち大規模ビルでは約55%、中小ビルでは約81%が築20年を超えています。

■ 図表10-16　東京都心5区における築年ごとのオフィス賃貸面積（規模別）

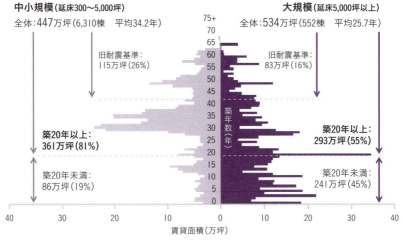

出所：ザイマックス総研「オフィスピラミッド2023」、エキスパートインタビューよりKEARNEY作成

産 業

■ 図表 10-17　ビルオーナーの年齢

（単一回答、n=1,069）

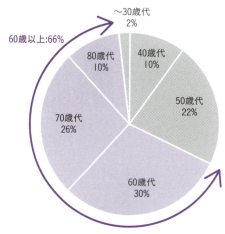

出所：ザイマックス総研レポート「ビルオーナーの実態調査2021」よりKEARNEY作成

　再生事業を行ううえでターゲットになる物件は通常、築20～40年程度が目安となりますが、その場合も、中小ビルの約55％、240万坪に及ぶ事業機会が存在しています。

　一方で、物件オーナーの売却ニーズは今後も堅調と言えるでしょう。ビルオーナーの3分の2は既に60代以上と、高齢化が進んでおり、相続前の現金化需要や本業の閉業に伴うビルの売却が予想されます。また、建築費の高騰は、更新期に差し掛かっている築古ビルのオーナーにとって悩みの種となっており、修繕費用を工面できないオーナーによる売却需要が拡大することが見込まれます。

（2）商品企画と賃料収入改善の取り組みが重要

　リノベーション・再販を主力事業とする事業者やオポチュニスティックファンドは、既に多数存在しているため、新たに取り組む事業者が事業を組成していくには、入居するテナントと出口となる投資家の双方にとって

魅力的な商品に仕立てるための工夫が必要になります。

　リノベーション・売却におけるバリューアップのレバーには大きく、ハード面の改修とテナント見直しがあります。ハード面の改修では、建物の修繕・美化や一般的な機能向上では大きな差がつかないため、テナントニーズに沿った商品企画が重要になります。例えば、受付や会議室などの造作、家具、什器備品を設置し、すぐにテナントが入居できる状態にして貸し出すセットアップオフィスには、同等の新築ビルとそん色ない水準で賃料を設定し、高い収益性を実現している例も存在します。また、テナント見直しでも、既存テナントとの賃料改定交渉や空室へのテナント募集だけでなく、相場より低い賃料になっているテナントとの移転交渉を含むテナントの入替えに取り組むことでより大きなバリューアップを狙うことが可能です。

　こうしたバリューアップを実現するには、テナントニーズの吸い上げと商品企画へのニーズの反映、移転先の紹介や移転料の負担などが必要にな

■ **図表10-18　リノベーション・再販におけるバリューアップのレバー**

バリューアップのレバー		詳細	
建物改良	修繕・美化	– 故障箇所修理、内外装工事、設備工事、耐震補強工事など、経年劣化した物件の原状回復・共用部等の美化を行う	
	機能向上	– 増築、間取り変更、大規模な内外装工事、コンバージョン工事などを通じ、元の物件に新たな価値・機能を付け加える	
	セットアップ	– 受付や会議室などの造作、家具、什器備品を設置し、すぐにテナントが入居できる状態にオフィス内装を整備する	差別化に寄与する要素
賃料収入改善	テナント誘致	– 新たなテナントを誘致し、空室を埋める	
	賃料交渉	– 工事施行後の物件価値および直近の相場観に見合った適正な賃料に値上げする	
	移転交渉	– 相場より安い賃料で入居する古いテナントに対し、移転料の支払い等によって移転を促す	

産 業

りますが、既存のリノベ・再販事業者でこうした機能を幅広く備えている事業者は限られています。総合不動産デベロッパーのように、多くの顧客基盤を持ち、商品開発、リーシング、仲介などの機能を備える事業者にとっては、差別化されたポジションを築きうる領域として、検討の余地がある領域と言えるでしょう。

（3）面的なリノベーションはエリアの価値を高める

　一方、新しいものに作り替えるのではなく、施設が持つ味わいを活かしながら面的に作り替えることでエリアの価値を高めていく取り組みも考えられます。ソウルの「乙支路（ウルチロ）」は、もともと印刷所や照明器具・工具の専門店などが集積した街でしたが、ソウル市の都市開発によって、カフェやショップに転用したり、若いアーティストやクリエイターがアトリエを構え始めるといった動きが進んでいます。古い工場や店舗が残っている昔の街並みを全面的にリノベーションするのではなく、既存のインテリアや装飾・看板などをそのまま使いながら作られています。過去と現在が共存する独特な街並みで新しいアイデンティティーを確立し、現在はソウルでも有数の注目エリアとして若者が集まるまちに変化しています。

　また、国内でも類似の取り組みが見られます。2020年に日本橋兜町に開業した「K5」は、大正12年竣工の元第一国立銀行別館のコンクリート躯体を活かすことで重厚で荘厳な雰囲気を醸し出しつつ、現代の和・北欧・NY等のテイストが加えられることで、ホテル、ブルワリー、レストラン、カフェ等が共存する魅力的な複合施設となっています。周辺でも旧証券会社ビルのリノベーションやコンバージョンを通じて、金融の中心地として栄えた歴史的な特色を活かしてエリア全体の魅力を高める取り組みを進めており、フィンテックの起業家などでにぎわうまちに変貌を遂げつつあります。

このほか、防災上の課題の解決といった社会的意義の点でも、面的なリノベーションはエリアの価値を高める効果を持っています。事業者は、既存の建物の味わいを残しながら面的に作り替えていくことがエリアの差別化につながり、ひいては賃料水準などの収益面にプラスの効果を及ぼしていくことを認識して、更新期を迎えているストックをどのように事業化していけるか検討することが求められています。

執筆者

梅澤 高明（うめざわ たかあき）
A.T. カーニー日本法人会長 シニアパートナー／ CIC Japan 会長
東京大学法学部卒、MIT 経営学修士。A.T. カーニーでは日米で 25 年にわたり、戦略・イノベーション・都市開発・組織関連のコンサルティングを実施。同社のグローバル取締役、日本代表などを歴任。
CIC（米国発、スタートアップ向け大型シェアオフィス・ラボ運営のパイオニア）では、CIC Tokyo の立ち上げ・成長を牽引。国内最大規模のイノベーションセンターに成長。
観光庁「上質なインバウンド観光サービス創出に向けた観光戦略検討委員会」および「地方における高付加価値なインバウンド観光地づくり検討委員会」座長、同「サステナブルな観光コンテンツ強化事業」委員、内閣府「知的財産戦略本部」本部員などを歴任。観光庁・文化庁の調査事業において、全国で約 20 件の観光コンテンツ開発を指導。テーマは文化観光、夜間観光、アドベンチャーツーリズムおよびサステナブルツーリズム。

向山 勇一（むこうやま ゆういち）
A.T. カーニー 都市開発・不動産プラクティス、メディアプラクティス　シニアパートナー
早稲田大学法学部卒業。日本 IBM 株式会社を経て、A.T. カーニーに参画。2019 年から 2021 年まで ADK ホールディングス 改革推進室長を兼務。都市開発、まちづくり領域を中心に再開発コンセプト策定、スマートシティ構想の立案・実現支援等のコンサルティングを手掛ける。

上田 泰丈（うえだ やすとも）
A.T. カーニー 都市開発・不動産プラクティス　マネージャー
東京大学工学部卒。野村不動産株式会社を経て、A.T. カーニーに参画。まちづくり・都市開発領域を中心に、再開発コンセプト策定支援、新規事業企画立案、業務 IT プロセス改善、コスト最適化、ビジネスデューデリジェンス等のコンサルティングを手掛ける。

前田 龍佑（まえだ りゅうすけ）
A.T. カーニー シニアビジネスアナリスト
東京大学工学部卒。東急不動産株式会社を経て、A.T. カーニーに参画。都市開発・不動産領域

を中心に、再開発コンセプト策定、中期経営計画策定、コスト最適化等のコンサルティングを手掛ける。

参考文献
・建設物価調査会「建設物価建築費指数」
・財務省「国債金利情報」
・東京都都市整備局「市街地再開発事業地区一覧」
・観光庁「訪日外国人消費動向調査」および「インバウンド消費動向調査」
・ぴあ総研「ライブ・エンタテインメント市場動向に関する調査結果」
・PwC「Global Media and Entertainment report」
・Licensing International「Global Licensing Industry Study」
・森記念財団都市戦略研究所「世界の都市総合力ランキング 2023」
・ザイマックス総研「オフィスピラミッド 2023」
・ザイマックス総研レポート「ビルオーナーの実態調査 2021」
・平和不動産 HP「日本橋兜町・茅場町再活性化プロジェクト｜再開発事業｜事業案内」
・出口敦・三浦詩乃・中野卓編著　中村文彦・野原卓・宋俊煥・村山顕人・泉山塁威・趙世晨・窪田亜矢・長聡子・志摩憲寿・小﨑美希・廣瀬健・吉田宗人『ストリートデザイン・マネジメント』、学芸出版社、2019 年

第11章

観光

最大の外貨獲得産業への進化

日本の観光立国は成功するか？

観光立国とは

　観光立国とは、国内に観光資源を整備して国内外からの旅行者を誘致し、観光によってもたらされる経済効果を国の経済を支える基盤にすることを目指すものです。また、自然景観や歴史的遺産、グルメやレジャー施設など、あらゆる観光資源を活用しその土地に合った方法で旅行者の誘致を行うことで、地方の活性化も期待されます。

政府のこれまでの動き

　昨今、新型コロナの影響もあり、ニュース等で観光が話題として取り上げられることが多いですが、「観光」を国家的な課題と認識することとな

産 業

る観光立国宣言は20年前の2003年まで遡ります。政府はその後、2007年観光立国推進基法の制定、2008年に観光行政を担う「観光庁」を国土交通省の外局として設置、2016年に「明日の日本を支える観光ビジョン」を策定しました。策定後は、菅官房長官（当時）が主催する観光戦略実行推進会議が司令塔となり、着々と観光立国を目指した取り組みが行われてきました。

日本の観光業の動き

　政府の取り組みに加え、東京オリンピック2020開催のPRも後押しし、2019年には訪日外国人旅行者数で約3,200万人を達成しました。しかし、2020年新型コロナウィルスの出現により、観光業は最大級の被害を受け、訪日外国人旅行者数は0人近くまで落ち込み、多くの観光関連企業が休廃業を迫られ、観光に従事する労働者の多くが他産業へ転職せざるを得ませんでした。2022年からコロナによる行動規制が緩和され始め、明るい兆しも出てきている中、世界経済フォーラム「旅行・観光開発指数」（2021年版）で日本がランキング首位となる快挙を達成しました。観光立国としての取り組みを後押しするニュースでした。

　元来、日本は自然・食・文化などの観光資源が豊富にあり、観光地としてのポテンシャルが高いことで知られています。一方で高度成長期の「団体・格安・一泊二日」の事業モデルから抜け出せていない事業者も多く、またDX化の遅れに見られるように生産性に大きな課題を抱える業界でもあります。

本章の目的

　本章では、観光立国として観光業が国内最大の外貨獲得産業となることを目指すにあたり、観光業界が抱える課題と今後の発展の方向性について考察します。

第11章 観光

世界経済フォーラムランキング首位、および2030年に国内最大の外貨獲得産業に

世界経済フォーラムの2021年版の旅行・観光開発指数の調査で、日本が初めて首位

　世界経済フォーラム2021年版の旅行・観光開発指数の調査において、観光大国である米国、スペイン、フランスを抑えて日本が初めて首位を獲得しました。スペイン、フランスは、観光客数が増えることによる影響で、目的地の分散化やオーバーツーリズムの問題にいかに対処できているかを示す指標で低い評価でした。一方日本は、環境の持続性など一部改善の余地がありますが、交通インフラや文化資源、安全、衛生などの分野で高評価を獲得しており、総合力で他国を上回る評価を得ました。

政府は2030年に15兆円の外貨獲得産業への成長を目指す

　政府は2016年「明日の日本を支える観光ビジョン」において、「観光産

■ **図表 11-1　「旅行・観光開発指数」TOP5 カ国の評価比較**

	ビジネス環境	安心・安全	健康・衛生	人的資源・労働市場	ITC環境整備	旅行・観光の優先順位付け	国際的なオープン度	価格競争力	航空輸送インフラ	地上・港湾インフラ	観光サービスインフラ	自然資源	文化資源	非レジャー資源	サステナビリティ			総合
															環境レジリエンスと条件	社会経済的な	旅行・観光需要に対する圧力と影響	
日本	5.0	6.1	6.1	4.8	5.8	4.3	4.7	4.2	5.6	6.3	4.5	4.9	6.4	6.2	4.3	5.7	4.3	5.25
アメリカ	5.4	5.4	5.3	5.8	6.1	4.3	5.1	4.2	5.8	4.7	5.7	6.2	5.1	6.4	4.1	4.5	4.9	5.20
スペイン	4.2	6.0	5.8	4.7	4.6	4.6	5.8	4.4	5.3	5.1	6.1	5.1	6.5	4.9	4.3	5.3	3.8	5.16
フランス	4.7	5.6	6.2	4.9	5.8	3.9	5.1	4.2	5.6	5.1	5.6	5.1	6.6	5.1	4.7	5.7	3.4	5.13
ドイツ	4.6	5.6	6.5	5.0	5.7	5.9	4.1	4.2	5.1	5.4	4.9	3.4	5.9	5.2	4.7	5.9	3.9	5.06

出所: 世界経済フォーラム「Travel & Tourism Development Index2021」を基にKEARNEY作成

業を革新し、国際競争力を高め、我が国の基幹産業に」と掲げ、2030年には訪日外国人旅行消費額15兆円の実現を目指しています。これが実現すると、観光業がわが国最大の外貨獲得産業となります（コロナ前、2019年で最大の輸出産業が自動車業界の12兆円）。

　コロナを経た2023年3月策定の「第4次観光立国推進基本計画」において、コロナによる観光業への打撃が大きかったものの、「観光はコロナ禍を経ても成長戦略の柱、地域活性化の切り札であり、国際相互理解・国際平和にも重要な役割」と位置付けられました。インバウンドの定量目標としては、コロナ前の目標であった2030年訪日外国人旅行者数6,000万人、訪日外国人旅行消費額15兆円、訪日外国人一人当たり旅行支出額25万円を変更せずに、2025年時点での達成目標として、訪日外国人の旅行者数の2019年水準超えを掲げています。

　コロナ前のインバウンド観光の状況を見ると、旅行者数は継続的に伸長

■ 図表 11-2　訪日外国人旅行消費額と製品別輸出額の比較（2019年）

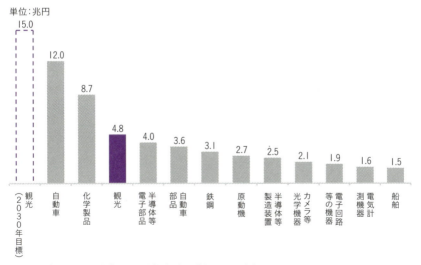

出所：財務省「貿易統計」、観光庁「訪日外国人消費動向調査」を参考にKEARNEY作成

■ 図表 11-3　政府の主な目標値

	2019年実績	2025年目標	2030年目標
訪日外国人旅行者数	3,188万人	3,188万人	6,000万人
訪日外国人旅行消費額	4.8兆円	5兆円	15兆円
訪日外国人一人当たり旅行支出額	15.9万円	20万円	25万円

出所: 観光庁「訪日外国人消費動向調査」、観光庁「第4次観光立国推進基本計画」、観光庁「明日の日本を支える観光ビジョン」を参考にKearney作成

する一方、一人当たり旅行支出額は15万円強で停滞していました。高付加価値旅行者（着地消費100万円以上の旅行者）の獲得シェアの低さに加え、一部の観光地への集中による地域住民との摩擦も生じ、インバウンド誘客の量だけでなく質の向上が課題となっていました。

そのためコロナ後の第4次基 計画では「質」の向上、すなわち、一人当たり旅行支出額の向上をより強く打ち出したことが特徴です。また、持

■ 図表 11-4　訪日外国人旅行消費額の推移

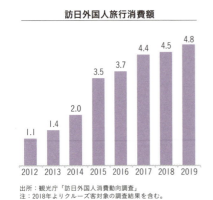

出所：観光庁「訪日外国人消費動向調査」
注：2018年よりクルーズ客対象の調査結果を含む。

出所：同左
注：クルーズ客を除く

■ 図表11-5　持続可能な観光地域づくりの概念図

続可能な観光、すなわち地球環境や地域の文化に配慮し、かつ地域の経済活性化を通じて地域社会の持続可能性を高めることも目標に据えています。

> 政府が掲げる3つの戦略テーマ「持続可能な観光地域づくり」「インバウンド回復」「国内交流拡大」

政府は観光の質の向上、観光産業の収益力・生産性の向上、交流人口・関係人口の拡大を図るために、大阪・関西万博開催の2025年に向け、3つの戦略テーマ「持続可能な観光地域づくり」「インバウンド回復」「国内交流拡大」を打ち出しました。3つの戦略テーマにおける具体施策は以下の通りです。

持続可能な観光地域づくり

観光産業の収益力を向上させることで、観光地・観光産業の再生と高付加価値化を図ることを掲げています。地域への経済効果の高い宿泊施設や観光施設の改修の支援に加え、観光DXを強力に推進し、観光産業の生産性向上と観光地経営の高度化による「稼げる地域・稼げる産業」の実現を

目指し、従業員の待遇改善への取り組みを挙げています。

　また、地球環境に配慮した旅行の推進に加え、自然や文化等の地域資源の保全と観光とが両立し、地域住民にも配慮した観光地域づくりを推進することを掲げています。そのために、適切な観光地マネジメント体制が構築され、一過性の補助金に頼らない持続的な観光戦略の策定と実施を掲げています。

インバウンド回復

　インバウンド回復に向けた取り組みとして、ビザの戦略的緩和やCIQ体制の整備、地方直行便・クルーズ等の受け入れ促進、キャッシュレス化や多様な食習慣への対応などインバウンド受け入れ環境の整備を掲げています。コンテンツ整備としては、文化財や国立公園の活用や、食、アート等、地域における自然や文化への理解増進と消費額拡大が期待できる分野の取り組みを挙げています。

　また、高付加価値旅行者の地方誘客、高付加価値なコンテンツの充実、地方直行便の増便や大都市から地方への周遊円滑化等の取り組み、デジタルマーケティングを活用したきめ細かい訪日プロモーション、大阪・関西万博等の大型イベント、国際相互交流の促進を掲げています。

国内交流拡大

　地域の魅力的なコンテンツの充実、休暇取得の促進等により、国民の観光旅行の実施率向上や滞在長期化等、国内旅行需要の喚起を掲げています。また休暇取得の分散化など、旅行需要の平準化や地域の関係人口拡大にもつながる形での交流需要の拡大を図ることを挙げています。

　さらに、国内の新たな交流市場開拓の取り組みは、テレワークを活用したワーケーションや第2のふるさとづくり、高齢者等の旅行需要の喚起につながるユニバーサルツーリズム等の推進を掲げています。

産業

2030年政府目標を実現するうえでの最大の課題は生産性の低さ

　観光業界の課題として、特にコロナ後の深刻な「人手不足」が語られていますが、その背景には業界の生産性が低いことに起因する従業員の低賃金という課題があります。生産性、特に労働生産性が低く、従業員の給与が低く抑えられているため、業界としての魅力に乏しく人材が集まらないという悪循環に陥っています。

　そのため、これまでの規格型商品の大量生産と大量販売を軸とする労働集約型ビジネスモデルからの転換が必要であり、生産性向上のための「産業としての抜本的な効率性の向上」（コスト削減）と「顧客単価の大幅向上」（高付加価値化）の両輪を推進していくことが求められています。

産業としての抜本的な効率性の向上

宿泊業の一人当たりGDPは全産業平均の7割

　観光セクターの代表格である宿泊業の一人当たりGDPは510万円。これは全産業平均730万円の7割の水準です。その結果、宿泊業の平均年収も、全産業平均を大きく下回っています。持続可能な観光地域づくりを実現するためには、生産性を向上させ、待遇改善につなげることで、働き手にとって魅力ある業界にすることが必要です。

大幅な生産性改善に向けた徹底した省力化・省人化

　観光業界のDX化は、他業界と比較して非常に遅れているため、まずは初歩的な旅行者の利便性向上と省人化の観点から優先して取り組むことが重要です。例えば、ホームページの整備・更新やSNSの継続的運用を怠っている例も散見されます。

第11章 観光

■ 図表 11-6　業種別労働生産性（従業員一人当付加価値）の比較（2018年）

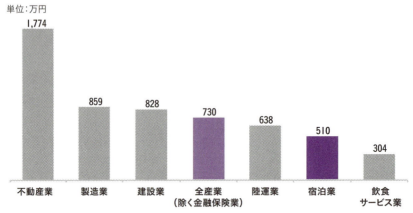

出所: 財務総合政策研究所「法人企業統計調査」を参考にKEARNEY作成

■ 図表 11-7　業種別平均給与の比較（2021年）

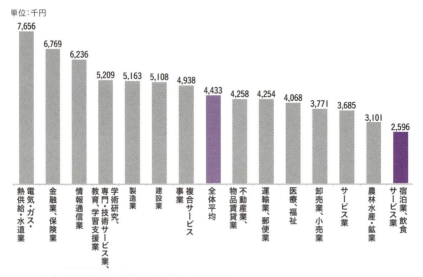

出所: 国税庁「民間給与実態統計調査（令和3年分）」を参考にKEARNEY作成

産　業

　また、美術館やアミューズメントパークなど観光関連施設の入館チケットが電子化されていないケースも多く、観光客属性や購買データを把握することによる消費拡大・リピーター促進等の適切なマーケティング戦略の実行ができていません。休日の遊び予約サイトを運営するアソビュー社の試算によると、美術館等での電子チケット導入によるコスト削減効果は、チケット購入窓口を1つ削減することで年間500万〜2,000万円と言われています。

　観光地経営においてもDXは大きな武器となります。例えば、地域OTAと観光アプリの構築・連携を通じて、観光客の宿泊・体験に係る予約情報や購買データをCRM（顧客関係管理システム）で一元管理する仕組みを構築することができれば、適切なPDCAを回すことが可能となり、生産性の向上に寄与すると考えられます。

顧客単価の大幅向上

大量生産・大量販売による商品・サービスの低価格化からの脱却

　持続可能な地域づくりのためには、旅行会社が組成する団体旅行や宴会といった規格型商品の低価格大量販売ビジネスモデル、低賃金労働者による労働集約型のビジネスモデルから脱却することが必要です。これからは、多様化する旅行者の関心やニーズに対応する質の高い商品・サービスを提供し、薄利多売ではなく適正利潤を確保する観光業に進化することが求められます。

富裕層の誘引（着地消費額100万円超）

　狙うべきターゲットは2つの層です。都心部でのショッピングやグルメで消費意欲も旺盛であり、リピーターは地方部にも訪問する中国・アジアの新富裕層と、遠方からの訪日のため長期滞在の傾向があり、地方の自然

体験やユニークな文化体験に対するニーズが強い欧米勢です。

　しかし、特に地方部では目の肥えた旅行者が泊まりたくなるような上質な宿泊施設が少なく、その結果、富裕層が地方部を訪問しても顧客満足度が上がらず、消費額も頭打ちになるという大きな機会損失を生んでいます。

地方部の上質な宿泊施設の整備

　上質な宿泊施設は、観光消費額25万〜100万円のアッパーミドル層の単価を上げるためにも重要です。東京・京都・大阪など大都市では高級ホテルの開業ラッシュが続くものの、地方における上質な宿泊施設は決定的に不足しています。例えば不動産会社や鉄道事業者の多くが、外資系ブランドを冠する50室以上の高級ホテルの開発に積極的に取り組んでいます。

　一方で、10〜20室程度のブティックホテルは、開発・運営ともに採算に乗せるハードルが高いとされて、取り組みは消極的です。高単価で小規模な宿泊施設を上手に運営できる事業者、および彼らと協業する新たな開発事業者や投資家層を発掘・育成することが必要です。

観光事業者に求められるスキルと 新規プレイヤー参入

観光事業者に求められる3つのスキル

「抜本的な効率性の向上」と「顧客単価の大幅向上」の両輪を推進するために、これからの観光事業者にとって、以下の3つのスキルがいよいよ重要となります。

これからの観光開発の旗振り役として期待されるプレイヤー

　観光は地域の様々な産業へ波及効果があり、雇用創出力も大きい産業です。観光を切り口として地域の稼ぐ力を引き出し、地域の文化やまちづく

りに貢献する「観光地域づくり」を包括的にリードする旗振り役が重要です。

それを担うべく全国で270のDMOが設立されているものの、活動がコンテンツ開発やプロモーションに留まるケースが多く、観光地としての全体戦略の立案・推進や、経済効果の大きい宿泊施設の整備を含めて観光地域づくりを包括的にリードできているDMOは、残念ながら少ないのが実態です。そこで、今後の観光開発で旗振り役として期待されるのは、以下のようなプレイヤーです。

地場企業による観光地域づくり

エリアを代表する地元の優良企業や、地域に強くコミットする事業者が、DMOの制度ができる前から長期にわたり地域づくりを牽引しているケースがあります。福武財団・ベネッセホールディングスによる直島・豊島・犬島での現代アート・建築を軸とした地域振興や、常石グループによるguntûやベラビスタスパ＆マリーナ尾道など、尾道を起点とした瀬戸内

■ 図表11-8　地場企業による取り組み事例

直島：無限門　guntû：客室　SHIROIYA HOTEL
直島：南瓜　guntû：テラス　白井屋ホテル：内部空間

出所：写真は全て著者による撮影

での取り組みが代表的な事例です。

　また最近では、眼鏡ブランドのJINSが創業の地・前橋市で地域のコミュニティハブとして「JINS PARK前橋」を開業し、社長の田中仁氏の個人財団を通じて、廃業した老舗旅館「白井屋」をアートホテルとして再生した「白井屋ホテル」などの事例もあります。このように地域に強くコミットし、長期目線で地域づくりに取り組む事業者や起業家がさらに増えることが期待されます。

不動産会社・鉄道事業者による、交通を軸とした観光資源開発や観光ルート開発

　地方空港のコンセッションにより運営を委託された企業が中心となって、地域の観光資源開発やテーマ性を持った観光ルートの開発に取り組むケースも考えられます。例えば、魅力的な自然や文化資源のある地域で上質な宿泊施設を整備することでデスティネーション（目的地）を作り、国内広域・海外からの観光客の誘致と地域内の消費額向上が狙えます。また、食、アート、工芸、建築等の特定のテーマで観光ルート開発を行うことで、これまで点で存在していた観光資源が、線・面でつながり、特定の関心を持つ顧客群（スペシャル・インタレスト・グループ）を広域から集客することも可能となります。

　地域の鉄道事業者が観光資源開発により注力するケースも増えるでしょう。鉄道沿線の定住人口減少に伴い、交流人口の拡大が従来以上に重要な経営課題となるからです。例えば、京王電鉄は都心からも気軽に行ける山として、年間300万人以上が訪れる高尾山の整備に取り組んでいます。具体的には、高尾山口駅の駅舎リニューアル、温泉施設の整備、高尾の魅力を発信するTAKAO 599 MUSEUMのオープンなどです。

　また、鉄道そのものを観光コンテンツ化する観光鉄道という動きもあります。JR九州によるクルーズトレイン「ななつ星in 九州」は、沿線の観

産 業

光資源を活用しつつ、移動の体験を高付加価値なコンテンツに磨き上げることで、ななつ星の乗車自体を旅の目的化するという意欲的な試みです。

外資系企業による観光資源開発

　ボリュームゾーンと富裕層向け市場の両方で、旺盛な投資意欲を持つ外資系企業が増えています。特に近年、コロナによる金余りと円安効果により動きが活発化しているように見えます。ボリュームゾーンの動きでは、2022年に大江戸温泉物語を米ローンスター・ファンドが、またハウステンボスを香港系ファンドPAGが買収しています。これらのプレイヤーの投資活性化により、不良債権として塩漬けになっていた観光コンテンツの再活性化も期待されます。

　富裕層向け市場でも、バブル期に国内事業者が開発した地方のリゾート地に外資系企業が参入し、観光地の再活性化に大きく寄与しているケースもあります。特に近年では香港やシンガポールなどのアジア系の不動産ファンドの動きが活発化しています。例えば、世界的なリゾート地となったニセコは、バブル期に日系企業によるリゾート開発が行われたものの、バブル崩壊後は豪州、米国資本の手を経て、現在は香港、シンガポール、マレーシアなどのアジアの財閥グループ等により高級ホテルやコンドミニアムなどの開発が続いています。

　外資系企業の進出に対するアレルギーが強い地域もまだ少なくありませんが、海外の優良顧客を誘客できるプレイヤーであれば、投資不足で停滞している観光地域を再活性化する牽引者にもなり得ます。

観光開発の資金提供者としての地方銀行

　地方における観光資源開発、特に大型の資金調達を必要とする宿泊施設を開発する事業者が、資金調達に苦労するケースが多いです。これらの案件の投融資に関して、地方銀行がより積極的な役割を果たすことが期待さ

れています。そのためには、観光事業で求められる新たな価値観への理解、新規開発に対する目利き力、そして長期目線で地域の発展をリードする情熱が地方銀行により強く求められると言えます。

おわりに

　観光立国は、日本の経済・社会・文化へ極めて大きなインパクトを持つ取り組みです。観光立国を実現するうえで、我が国には、文化や自然などの観光資源、全国で整備された交通インフラ、健康的で豊かな食、安心、清潔といった強みが既に揃っています。観光は日本最大の外貨獲得産業に成長するポテンシャルを持ち、地方部への経済効果も絶大です。伝統文化や古い町並みの保全のためにも、観光収入の獲得は不可欠です。そして、観光を通じて日本のファンを増やしていくことが、世界における日本の地位を高め、日本への投資を促進することにもつながります。観光の持つこのようなポテンシャルを、日本再成長のエンジンとしてフル活用できることを切に願っています。

産業

執筆者

梅澤 高明（うめざわ たかあき）

A.T. カーニー日本法人会長 シニアパートナー／ CIC Japan 会長

東京大学法学部卒、MIT 経営学修士。A.T. カーニーでは日米で 25 年にわたり、戦略・イノベーション・都市開発・組織関連のコンサルティングを実施。同社のグローバル取締役、日本代表などを歴任。

CIC（米国発、スタートアップ向け大型シェアオフィス・ラボ運営のパイオニア）では、CIC Tokyo の立ち上げ・成長を牽引。国内最大規模のイノベーションセンターに成長。

観光庁「上質なインバウンド観光サービス創出に向けた観光戦略検討委員会」および「地方における高付加価値なインバウンド観光地づくり検討委員会」座長、同「サステナブルな観光コンテンツ強化事業」委員、内閣府「知的財産戦略本部」本部員などを歴任。観光庁・文化庁の調査事業において、全国で約 20 件の観光コンテンツ開発を指導。テーマは文化観光、夜間観光、アドベンチャーツーリズムおよびサステナブルツーリズム。

上杉 昌史（うえすぎ まさし）

A.T. カーニー アソシエイト

東京大学大学院 建築学専攻修了。日建設計、政府系金融機関への出向を経て、A.T. カーニー入社。主に都市開発・まちづくり・不動産・文化政策等の領域を中心にコンサルティングを手掛ける。

参考文献

・観光庁、『第 4 次観光立国推進基本計画』、2023 年
・世界経済フォーラム、『旅行・観光開発指数』、2021 年
・観光庁、『上質なインバウンド観光サービス創出に向けて』、2021 年
・観光庁、『観光を取り巻く現状及び課題等について』、2021 年
・観光庁、『明日の日本を支える観光ビジョン』、2016 年
・箱谷真司、『観光立国・日本ポストコロナ時代の戦略』、光文社、2022 年
・藻谷浩介・山田桂一郎、『観光立国の正体』、新潮社、2016 年
・デービッド・アトキンソン、『新・観光立国論』、東洋経済新報社、2015 年
・GLOBIS 知見録、『観光産業・インバウンド完全復活へ！見えてきた課題と戦略〜加藤史子×米東良和×山田早輝子×山野智久×梅澤高明』、2023 年
・GLOBIS 知見録、『「観光国家・日本」の復権に向けた課題と戦略〜梅澤高明×加藤史子×他力野淳×重松大輔』、2022 年

第 11 章

観光

第12章

メディア・コンテンツ

IPホルダー化する世界

> メディア・コンテンツ産業の地殻変動
> - IPホルダー化を目指すメディア企業 -

　2010年代以降の十数年は、メディア・コンテンツ産業において大きな地殻変動の時代でした。デジタルデバイスの普及と通信環境の著しい改善により、メディア・コンテンツ産業の収益構造は大きく変わってきました。出版社を例にとれば、これまでの紙でコンテンツを出版して"モノ"を売買するビジネスから、電子書籍化した"デジタルデータ"、アニメ・映画化など映像による"配信権"、コンテンツのグッズなどの"商品化権"など、マルチにコンテンツを活用するビジネスに転換してきました。言い換えれば、"コンテンツを創造して売る"から"コンテンツをIPにして広げる"が大きく進んだ時代でした。

　過去脈々とコンテンツをIP化させる取り組み（アニメ化してグッズ販売する）は存在していましたが、ここ数年で①プラットフォーマーの登場によるリ

ーチの拡大、②ライセンス活用の拡大、③コンテンツ創造の小規模化、が
進んだことによってIP化が加速し、IPホルダーの収益性が高まっていま
す。

①プラットフォーマーの登場によるリーチの拡大

　グローバルプラットフォームの登場、動画コンテンツにおけるNetflix・
Amazon Prime・Disney+等の動画配信プラットフォーマー（以下OTT）の
勃興は、メディア・コンテンツ産業のバリューチェーンに大きなインパク
トを与えました。

　これまで家庭に映像コンテンツを届ける役割はTVやDVD（販売・レンタ
ル）が担っていましたが、OTTはこれに取って代わり、特に先進国中心に
視聴者の集まるプラットフォームを構築しました。TVのメディアとして
の影響力が減少したことは言うまでもありませんが、OTTは高い集客力
とサブスクリプションビジネスによる安定的なキャッシュ創出力を背景
に、IP・コンテンツホルダーにも影響力を行使し始めました。北米では
AmazonのMGM買収、DisneyのFOX買収等でIP・コンテンツを抱え込
み、自社プラットフォームの魅力度を高める（同時にライバルからキーコンテン
ツを奪う）競争が生まれており、日本でも強力なアニメコンテンツの配信権
を高額で独占、製作委員会への出資、さらに原作漫画のアニメ化権の獲
得、等IPホルダー（特に出版社）とIP・コンテンツを囲い込むことで会員数
を増加させることに成功しました。

　しかしながら2010年代後半から、Disney+をはじめとするプレイヤー
増加による競争激化や、先進国マーケットでの飽和等により成長が鈍化し
たこと、視聴者のサブスク「慣れ」（見たいコンテンツを見ると解約して次のプラ
ットフォームに移ること）で、人気IPの争奪戦（特にオリジナル作品の原作獲得競争）
が激化したことにより、IPホルダーが交渉力を持つようになっています。
OTT側も戦略を転換しつつあり、IPの囲い込みよりも最新作を適正な価

格で安定的に買い付けて、顧客離反を防ぐ方向を志向しつつあります。

　これらの経緯を経て、IPホルダーは安定的な配信権収入とグローバルリーチを得ることとなりました。過去には、各国メディアへの営業活動を通じてしかリーチできなかったローカルマーケットに、OTT数社と交渉するだけで到達できるようになったことが、昨今のグローバルでのアニメ人気を後押ししていると言えます。

②ライセンス活用の拡大

　もうひとつ重要なトレンドは、制作コストの増大です。映画・アニメであればCGやVFX等の映像技術の進化、コンソールゲーム（注記：一般的にプレイステーションやXbox等の据え置き型ゲームを指す）であればハードの進化によるグラフィックの高精細化、モバイルゲームであればデバイスの性能向上と消費者の要求水準の向上、といった技術や消費者の変化により、プロコンテンツの制作・開発・マーケティングコストが大幅に増加してきました。例えば、コンソールのAAAランクゲームの開発費は、2000年代後半は1本あたり30億円ほどだったところから、2018年ごろには150億円、2023年では300億円超と劇的に増加しており、大手IPホルダーや大手メディアでもコンテンツ創造は重大な投資となりつつあります。

　このコスト増加によってコンテンツ事業者は、ライセンスマネジメントのオープン化やマネタイズの高度化が求められるようになりました。前述のように、「鬼滅の刃」がマルチプラットフォームで成功したことも追い風となり、IPホルダーのマルチプラットフォーム化が進んでいることに加えて（例：ソニーグループのゲームもXboxで遊べるように……）、プロダクトプレイスメント（例：映画ミッションインポッシブル中にBMWが登場）、広告化権（例：島耕作×メルセデス・ベンツの広告キャンペーン）やデジタルグッズ・NFTなど幅広いIP運用のパターンが生み出されています。

産業

■ 図表12-1　マスターライセンシー選定の交渉におけるライセンス活用範囲の例

　これらのライセンス活用で収益規模が大きいのはゲームです。前述のとおり、ゲームは開発費・運営費ともに膨大であるがゆえに成功時の収益も極めて大きくIPホルダーとしては取り込みたい収益源のひとつです。ただ、ゲームはハイリスク・ハイリターンであり、また開発に高度なケイパビリティが求められることから取り組み手法には幅があります。Disneyをはじめとする多くのIPホルダーは、ライセンスアウト型でゲーム開発を展開しています。STAR WARSをEAとUbisoftにライセンスアウトしてヒット作を生み出したり、Gameloftなどでモバイルゲームのロングセラー作品を生み出したりしています。一方で、ワーナーは自社スタジオで開発したハリーポッターシリーズの「ホグワーツ・レガシー」を発売し最大級のヒットを記録しています。日本のIPホルダーでも、サンリオや集英社などをはじめとして、ライセンス・投資・自社で幅広く取り組むケースが登場しており、近年苦しむゲーム業界でIPの価値も高まりつつあります。

　ライセンスの幅に加えて、前述のようにグローバルで日本IPの認知が広がったことで、現地でIPライセンスを運用する事業者も増え、クオリ

ティも年々高まってきています。これまでポリティカルリスクや侵害品リスクの高さからマネタイズしきれなかった中国でも、AlibabaやTencentなどの巨大プラットフォーマーのグループが日本IPを求めてライセンス部隊を作り、自社の子会社やB2Bネットワーク（例：AlibabaのECサイトへの出店社）を活用して、多様なライセンス展開を提案するようになってきました。これまでの中国×IPビジネスとは異なるフェーズを迎えており、IPホルダーのグローバル化の追い風となっています。

③コンテンツ創造の小規模化・大衆化

　IPの拡散・マネタイズの進化に加えて、IPの創り方にも変化が生じています。

　これまでコンテンツ創造は、映画やゲームといった大規模投資によるマス拡散や、マンガ・小説に代表される"多産多死"モデルが一般的でした。特に、後者の"多産多死"モデルは、コンテンツを創造するうえで極めて効率的に運用されており、出版社が日本のコンテンツ創造をリードしている現状は納得感があります。具体的に言えば、「週刊少年ジャンプ」という読者を引き付ける強力なメディア（およびそこに掲載されるというブランド力）でクリエイターを集め、ノウハウを蓄積した編集者がコンテンツをブラッシュアップし、雑誌＋コミックという比較的安価なコンテンツで世に問う、というサイクルが循環し、優良なコンテンツ・IPを創造してきました。

　足元で勃興した新たなコンテンツ創造の場が、SNSやpixivをはじめとするクリエイタープラットフォームです。プロ・アマチュアを問わず、大量の消費者・読者が集まったプラットフォームに自分の作品を発信することで、いままで世に出てこなかったクリエイター作品が消費者の目に触れるようになりました。ほとんどの作品は大衆化しませんが、極一部ではクリエイター個人の発信から大ヒットIPに至った事例も登場してきました

（例：ナガノ氏の"ちいかわ"）。

　これまで大規模投資が難しく、強固な出版社モデルには参入できなかったプレイヤーが、成功確度は低いもののコンテンツ創造に至りやすくなったのは、大きな変革だったと言えます。

　ここまでの議論のとおり、IPホルダーの収益性の高まり（①②）とIP創りのハードル低下（③）により、バリューチェーンの中流〜下流（制作・編集や放送・配信）を事業領域とする事業者がIPホルダー化を志向しつつあります。

　昨年から、事業計画にほぼ必ず"IP"・"アニメ"といった言葉が躍るようになったのは、テレビ局です。広告収入が落ち込み国内マーケットの展望が明るくない一方で、放送事業は外資規制が厳しく海外展開が極めて難しいことから、成長戦略のひとつに"IP"を挙げる局が大宗を占めています。

　例えば、TBSホールディングス（以下TBS）はグループ方針・VISION2030のなかで、"オリジナルIP開発の推進"と"IPの拡張戦略（「EDGE」）"を標榜して事業運営を推進しています。2022年5月には、韓国Naverグループの Naver WEBTOON（webtoonプラットフォーム運営）およびSHINE Partners（マンガ制作）とのJV（注記：ジョイントベンシャー）でwebtoon制作会社「Studio TooN」を設立し、ドラマ化・アニメ化も見据えたオリジナルIPの新規創出事業に乗りだしてきました。また、2023年7月にはゲームを通じたオリジナルIP開発を目指すとして、TBS GAMESの設立を発表しています。これらのオリジナルIP開発に加えて、2022年1月には、グローバル水準の高品質ドラマの制作を目指し、「THE SEVEN」を設立し、低予算化が進む日本のドラマ制作体制では活用できない大掛かりなVFXやデジタルプロダクションを用いて高品質な作品を作るノウハウの蓄積を狙っており、IPをグローバル展開できるドラマを制作できるス

タジオとして期待が集まっています。

Sony Interactive Entertainment（以下SIE）も、ゲーム開発費の高騰を受けてIP化の必要性をいち早く認識した事業者です。1本の開発・販売に数百億円以上を投じるゲームでは、1本ごとに"バクチ"を打つにはリスクが高すぎる状況です。そこで、彼らはリスク低減のためにも"続編"や"スピンオフ"を狙って、ゲームそのものではなく"世界観"を浸透させること（＝IP化）に注力し始めています。実際に人気シリーズ「アンチャーテッド」の映画化や、数々の賞を受賞した「The Last of Us」のドラマ化などが具体的に登場しており、続編も期待されています。他のゲーム会社でも任天堂の「スーパーマリオブラザーズ」、セガサミーの「Sonic」シリーズの映画化・Netflixオリジナルアニメ化、など多数の作品が続いており、またゲーム会社だけでなく、おもちゃ会社のマテルの人気シリーズ「バービー」の実写映画化など、マルチメディア化によりコンテンツをIPに広げていこうとする動きは活発で今後も広がっていくと考えられます。

他にも、webtoonを切り口にオリジナルIPを作る動きも顕著です。前述のTBSに加えて、ゲーム会社（セガサミー・ドリコム）、おもちゃ会社（バンダイ）、電子書籍販売会社（ebook japan・DMM）等、多様な業界から参入が相次いでいます。従来のIP創造は1人のクリエイターのクリエイティブ力をレバレッジするためクリエイティブ発掘が重要であり出版社が長けている領域でしたが、webtoonではシナリオ・絵・演出などを分業にしてチームでIPを生み出すことから後発でも参入しやすく、加えて著作権がクリエイターではなく事業者側にあることから、IPとして権利運用しやすいため、参入しやすさと合わせて「IPホルダーを目指す事業者が最初に目指すのがwebtoon」という状況が続いてきました。今年は「俺だけレベルアップな件」がwebtoon作品として日本で初めてアニメ・ゲームでヒットしたことで期待が高まっている一方で、急速に立ち上がったwebtoonスタジオにメディア側のパワーが足らずに事業として立ち上がらないケースも見

産業

られつつあります。

まだまだ加速するIPビジネス

これまで語った通り、IPビジネスは好調で、様々なプレイヤーが進出を目指す流れは今後も継続していくものと考えられますが、それに加えて下記のようなトレンドが見られてくるのでは、と考えています。

1/ 日系IPホルダーのグローバル展開の加速
2/ IPリブートへの志向の高まり
3/ 海外プレイヤーによる日系IPへの投資

---

1 / 日系IPホルダーのグローバル展開の加速

グローバルのIPマーケットは今後も成長が予想されており、日系IPもグローバルOTT経由での認知度拡大を背景に成長が見込まれています。また、東南アジア・中東・南米は豊かな人口をベースに経済成長が見込まれている他、国内コンテンツ産業が活発なインドやナイジェリア等でもIP消費が広がっています。先進国中心であったIPマーケットが新興国にも広がりつつあり、非連続な成長も期待できるマーケットです。

好況な市場環境の一方で、日系IPホルダーの多くは十分にグローバル展開できているとは言い難く、多くのIPホルダーではアニメ配信や出版物の翻訳、商品化のライセンスアウトにとどまっているのが現状です。「製作委員会の複雑な権利関係」が課題に挙がることが多いですが、実際にはシンプルに権利運用できる「鬼滅の刃」でも映像配信以外のライツ運用で大きな収益をあげられておらず、本質的な課題は別のところにあるとみています。

結論から申し上げると、本質的な課題は「連続性不足」だと考えていま

第12章 メディア・コンテンツ

■ 図表12-2　主要地域の成長性（エンタメ市場規模の予測：十億ドル）
※ 2026年以降はGDP per capitaの成長率をかけた保守的な試算

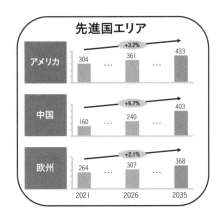
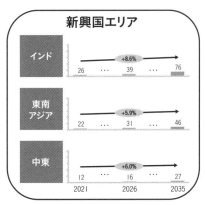

す。つまり、"グローバル展開したいがリソースが少なく、一部の有名IPにしか注力できない（リソース不足）"→"注力IPのジャンルやターゲットが異なり毎回新しいIPで新しいライセンシーに営業する（連続性不足）"→"結果としてライセンシーとの長期的なアカウントリレーションを築くことが難しく、効率化できない"、という悪循環が発生していると考えています。リソース不足は深刻で、特に国単位の言語・文化・商慣習の違いへの対応が大きなハードルとなっています。

　かかる状況のなかで、IP事業を立ち上げてIPホルダーと連携を進めようとしているのが総合商社です。昨年から伊藤忠商事は香港のライセンスエージェンシーPPW社との資本業務提携、スカパーとアニメ制作の新会社を設立するなどIP事業への参入を推進しています。同様に丸紅も小学館とIPの海外展開を進める新会社を作るなど、海外の現地市場の理解があり、プレイヤーとの折衝・交渉に長け、小売チャネルなどを展開している総合商社と連携することで、日本IPの展開が一層進む可能性はありそうです。

産業

2 / IP リブートへの志向の高まり

　IP化による収益性は安定しつつあるものの、依然としてIPづくりには相応の制作コストをかける必要があり、一定のリスクが伴います。また、雑誌やアプリでコンテンツは生み出し続けているものの、IPに足りうる作品数にも限りがあることから、昨今IPをリブートするような動きが多数みられています。高橋留美子先生の「らんま1/2」「うる星やつら」のリメイクや、「シティーハンター」のNetflixドラマ化、少し前にさかのぼれば庵野秀明監督のシン・シリーズなど、枚挙にいとまがありません。

　成功例としては、「ゲゲゲの鬼太郎」がアニメシリーズで猫娘をはじめとしたキャラクターデザインを現代風（萌え絵風）にアレンジし、一方でクリエイティブは大人向けに著名なクリエイターを集めて、新規の顧客を獲得して映画につなげるなど、リブートに成功しています。

　固定のファンが付いておりニュースバリューにもなるため、安定した収益の算段が立ちやすいIPリブートは今後もひとつのトレンドとして登場してくるのでは、と考えています。

3 / 海外プレイヤーによる日系IPへの投資

　前述のとおりグローバルでの日系IPの認知は動画配信プラットフォーマーの登場によって拡大しましたが、数十年前のTV放送をきっかけに日系IPを知り親近感を持っている人が多いことに驚かされます。フランスで70年代のロボットアニメ「グレンダイザー」が人気だったり、ブラジルで「聖闘士星矢」が根強い人気を持っていたり、ナイジェリアでは「るろうに剣心」ファンが多かったり、と意外な組み合わせも多く見られます。こういった背景で、根強い日系IPの人気やIPの創造力に期待した海外プレイヤーの投資が増えてきています（ファンだった世代が十分な消費余力を持つ世代になっているという面も相応に存在しています）。

　中東、特にサウジアラビアがグローバルでもコンテンツ産業に積極的に

投資しています。ムハンマド・ビン・サルマーン氏が皇太子に任命された折から脱石油依存の経済改革を掲げ、潤沢なキャッシュを経済多様化に資する投資に投下し始めました。その一環がコンテンツ産業です。

＜サウジアラビア系企業による日系IPの買収事例＞
・任天堂は、政府系ファンドのパブリック・インベストメント・ファンド（以下PIF）が2020年ごろから株を買い増し2023年2月時点で8％の所有。PIFはカプコンやネクソン等の株も保有
・皇太子が設立したMiSK財団が所有するElectronic Gaming Development CompanyがSNKを買収
・2022年11月にサウジアラビアの大手エンタテインメント企業マンガプロダクションズが、グレンダイザーの中東におけるIPライセンスを取得およびダイナミック企画（注記：グレンダイザーのIP元）と戦略パートナーシップを締結。2023年8月にリブートアニメを発表

日系IP以外にも、グローバルでesportsの最大手リーグを買収するなど、コンテンツ領域でのハブを目指しており、サウジアラビアによる日系IPへの投資は今後も続きそうな気配となっています。

メディア・コンテンツ事業者の今後の課題

業界全体として順風満帆に見えるメディア業界ですが、いくつか潜在的かつ本質的な課題も抱えています。

最大の課題はロングテールIPが生み出されていないことです。ここまで「日本のIPホルダーはIPを生み出し世界に届けて成功している」ストーリーを語っておきながら、と思われるかもしれませんが、実は日本のアニメコンテンツからNARUTO・ワンピース以降にグローバルでロングテ

ール化しているIPはほぼ無いといっても過言ではありません。「進撃の巨人」「鬼滅の刃」「SPY×FAMILY」などのヒット作は多数出ていますが、長期的にIPとして稼ぎ続けられている作品は、いまでも「ドラゴンボール」「NARUTO」「ワンピース」です。毎クールに大量のIPが登場して年間数本のヒット作が生まれますが、絶え間なく作品が供給され消費者がどんどんと新たな作品に移り変わっていく、いわば「IPの消費」現象が起きています。結果的に、前述のようなグローバルでの商品化に向けてIPに"乗ってくる"ライセンシー（特に海外のライセンシー）は限定されてしまい、商品が供給されないためすぐに熱が冷めてしまいIPが消費される、という悪循環に陥っています。

IPを生むために多産多死でwebtoonを制作するケースが増えているが成功例が限られていることにも触れましたが、やはり「消費者の可処分所得と可処分時間は限られている」のです。さらにいうと、日本ではそれでも大量のIPが出ても一定の作品はファンがつき一定の消費をしてくれますが、海外で広がったとはいえ主要マーケットである北米においてでさえ、"それなり"なIPではライセンシーがビジネスとして成立させられる規模ではないのです。

IPホルダーだけでなく日本のメディア産業にとって日本のIP、およびそれを作るクリエイターは"宝"です。様々な作品が稼げるようになることも重要ですが、ひとつのIPで長く稼げるような"消費"されないコンテンツを作る義務が、IPを扱う事業者には必要ではないでしょうか？

IPとしてのスポーツ：変動するスポーツビジネス

メディアのグローバル化が進む中でIPビジネスとしての存在感を高めているのがスポーツです。2024年に開催されたパリ五輪で日本選手団は

金メダル20個、総数でも45個を獲得し、いずれも海外開催大会では史上最多となりました。マラソン以外では陸上女子初の金メダルを獲得した北口榛花選手や、男女でメダルを獲得したフェンシングなど、外国人指導者招聘による強化が奏功した例もあれば、「お家芸」といえる体操、柔道、レスリングでは日本人コーチの指導による成果も出ました。

国内のリーグ改革

　国内では、野球やサッカーをはじめとしたメジャースポーツで新リーグ

■ 図表 12-3　各スポーツの移行状況

野球	24年からNPB2軍リーグに2チームが新規参加
サッカー	26年からJリーグは夏開幕に移行
ラグビー	22年から新リーグ「リーグワン」に移行
バスケットボール	26年からBリーグはエクスパンション型に移行
バレーボール	24年から新リーグ「SVリーグ」に移行

■ 図表 12-4　各スポーツの経営データ

	野球（NPB）	サッカー（Jリーグ）	ラグビー（リーグワン）	バスケットボール*（Bリーグ）	バレーボール（Vリーグ男子）
観客動員総数	2507万人	1096万人	114万人	429万人	40万人
1試合平均**	29,219人	20,751人	8,929人	4,617人	2,180人
クラブ総収入	2000億円程度	1517億円	n/a	415億円	n/a
クラブ平均**	200億円程度	52億円	n/a	14億円	n/a
選手人件費	337億円***	646億円	150億円程度	182億円	30億円程度
クラブ平均**	28億円***	23.4億円	13億円程度	6.1億円	3億円程度

*2022年度
**野球：セ・パ　サッカー：J1　ラグビー：D1　バスケ：B1　バレー：D1男子
***外国人など除く

あるいはリーグのあり方が大きく変化しようとしています。

各リーグの2023年指標を見ても、コロナ禍を経てV字回復、あるいはラグビーに代表されるようにW杯のような主要大会を契機として大きな変化が起きていることが見て取れます。

なかでもJリーグは、2023年に30周年を迎え、地域密着型運営とサッカー全体の競技水準の向上、売上収益の拡大をバランスよく達成してきました。

Jリーグは2022年より新たな成長戦略として、「60クラブがそれぞれの地域で輝く」、「トップ層がナショナル（グローバル）コンテンツとして輝く」の2つの成長テーマを掲げ、2023年には開幕30周年を迎え、入場者数はコロナ前の過去最高水準まで回復、リーグ・クラブ全体売上は過去最高を更新、さらなる非連続的な成長を目指しています。

■ 図表12-5　年間総入場者数推移

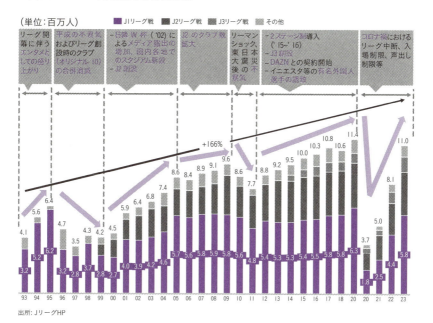

出所：JリーグHP

■ 図表 12-6　2013 年以降のＪリーグによる主な取り組み

取り組み領域 ＼ 時期	停滞からの立て直し ('13~'16)	成長・投資拡大 ('17~'19)	コロナ対応等 ('20~)
コンテンツの魅力強化への投資	J3創設 2ステージ制導入 ('15~'16のみ)	日本版育成システム開始	
ファンベース拡大への投資		マーケティングデータベース基盤構築 公式映像制作	映像制作・データ事業内製化 ファンベース連動配分金
収益改善	「タイトルパートナー」新設	DAZN契約	支出削減・クラブ支援

出所: JリーグHP「PUB REPORT 2021」など
各種公開情報（Sportsnavi）

　A.T. カーニーは世界各地でのリーグ、クラブ、協会、政府機関および、クラブオーナー、スポンサー、放映事業者、大会主催者、アパレル・小売事業者など、幅広い顧客に支援を行った実績を活かし、2024年6月にJリーグとパートナー契約（サポーティングカンパニー契約）を締結し、Jリーグ全体の経営戦略、マーケティング、パートナー、施設運営、海外ビジネスなど、経営およびビジネスの側面から支援を行っています。

国内のクラブ改革

　リーグ改革に合わせ、「ガバナンス」「場」の観点での各クラブの改革が進んでいます。「ガバナンス」観点では、パナソニックスポーツに代表されるようなスポーツ事業会社への整理統合や、ジャパネット、サイバーエージェント、ゼビオ、ミクシィといった企業が複合的なスポーツビジネス

の展開を推進し、商業施設やホテル運営、関連サービスの提供などクラブ運営に留まらないビジネス展開を始めています。

これらの展開はコンサルティング会社をはじめとする"異業種出身"スポーツビジネスのプロフェッショナルによりリードされているケースも多く、データ活用もVRによるトレーニングやコンディショニングだけでなく、ファンタジースポーツやスポーツベッティングといったマネタイズまで視野に入れた取り組みがなされている状況です。

「場」については野球（広島・北海道エスコン）、バスケ（琉球、トヨタ、千葉）、バスケやバレーの複合（長崎）など先進的なスタジアム・アリーナが新設されるだけでなく、NTTドコモ・Jリーグ他連合による新国立競技場の運営権取得など、スポーツ興行に留まらないビジネス拡大を狙う動きも活発化しています。しかし、特に国内の大規模スタジアムは一部を除いて赤字が通例であり、興行がないときでも収益を生み出せるような「スタジアムの常設エンタメ化」が求められています。

スポーツビジネスを動かすメガトレンド

国内スポーツビジネスもその動きを加速させていますが、さらなる地殻変動をもたらすメガトレンドは国内外に存在しています。

① MCOの加速

国内でも大宮アルディージャを買収したレッドブル、シティフットボールグループをはじめとする、複数スポーツ／クラブを所有（Multi Club Ownership）しポートフォリオ型経営を志向するプレーヤーが国内外でさらに増加し、複数クラブがホームとして使用するマルチテナントアリーナも増加しています。

プロ野球でも3軍／4軍が創設され強化制度がさらに拡大されつつあ

り、他競技でも資金力のあるクラブが複数のカテゴリーでクラブを持つ仕組みの解禁など、トップクラブの育成とリーグ全体の競技力の底上げを実現するような新たなガバナンスルールの模索が進んでいます。

②中東の存在感の拡大

　脱石油ビジネスの大号令の下、サッカーやゴルフ、格闘技、ｅスポーツまで未曾有の投資により世界のスポーツビジネスのひとつの中心になりつつあります。特にサウジアラビアは新産業の構築と雇用の創出を目指す政府の経済多角化計画「ビジョン2030」の柱がスポーツになっており、その中心の政府系ファンド（PIF）が自国サッカーリーグの４大クラブの経営権を取得して強化を推し進めるとともに、リーグ全体の収入を2030年までに４倍に拡大する構想を明らかにしています。一方でサウジをはじめとする中東のリーグは地域密着などの面で課題も多く、Ｊリーグをはじめとする日本の国内リーグによる成長戦略やマーケティング戦略などが活用できる可能性も高く、さらなる取り組みが期待されます。

③学生スポーツのビジネス化

　アメリカでは学生アスリートの肖像権や放映権分配が解禁され、多額の報酬を得ることが可能になりつつあります。特に2024年5月に総額27億ドルもの金額で和解した裁判によってNCAA（全米大学体育協会）および５つのパワー5カンファレンス（ACC、Big 12、Big Ten、Pac-12、SEC）が過去の収益分配のみならず、新たに収益を学生アスリートに還元するシステム（Revenue-Sharing）を導入していくことはエポックメイキングな出来事と言えます。

　このビジネス化は、各大学における奨学生の上限枠撤廃などを伴うケースもあり、競技への還元とさらなる人気拡大に向けた取り組みにもつながっています。

産業

翻って日本のスポーツの現状をみると、少子化の影響でほとんどのスポーツ部活動で10年前比で10%、パリ五輪で金メダルを獲得した柔道・体操・レスリングといった競技では30%以上も部員が減少しているのが実態です。さらに働き方改革の中、教員による指導も外部委託されるケースが増え、野球や陸上といった人気スポーツでさえもその影響からは免れません。高校野球や箱根駅伝など、映像コンテンツとしてもトップクラスの人気を誇るアマチュアスポーツが、競技人口の維持や競争力確保を命題に改革されていく機運は高まっています。

④スポーツベッティングの拡大

DXとボーダーレス経済の加速、違法市場排除と税収増などの各国意図も加わり、北米と欧州を中心に民間開放が進み、米国では解禁後5年で税収が3000億円以上増えました。また試合中に賭けるインプレイ・ベッティングの浸透に伴い、視聴ユーザや視聴時間が拡大し、放映権料も上がるという好循環を実現しています。一方で、高騰しすぎた放映権料が是正される動きがあり、リーグとしての戦略見直しを迫られている主要リーグも存在します。

翻って日本では各種スポーツくじの売上は成長に勢いを欠いているのが実情で、IT事業者の参入により急拡大した競馬や競艇などの公営競技に比べ成長の絵姿が描けているとは言えません。Web3／NFTを組み合わせた形で経済産業省を中心に検討がすすめられており、ユーザ参加料から賞金を提供するという米国型のファンタジースポーツ実現に向けた政官の動きが期待されます。

| 執筆者 |

針ヶ谷 武文（はりがや たけふみ）**全体監修**
A.T. カーニー 通信・メディアプラクティス シニアパートナー
東京大学教養学部卒。大手通信会社を経て、A.T. カーニーに参画。通信・メディア領域を中心に、成長戦略、M&A 戦略、海外戦略、営業改革、全社トランスフォーメーションを手がける。

向山 勇一（むこうやま ゆういち）**全体監修**
A.T. カーニー メディアプラクティス・スポーツプラクティス シニアパートナー
IBM を経て、A.T. カーニーに参画。ADK の経営改革室長の兼務など、メディア領域で豊富な知見・経験を持つ。

松岡 洋平（まつおか ようへい）**スポーツビジネスパート監修・執筆**
A.T. カーニー メディアプラクティス・スポーツプラクティス スペシャリストプリンシパル
米系戦略ファーム、ライフネット生命立ち上げ、ディッキーズジャパン副社長、SmartNews でのマーケティング、RIZAP GROUP でのグループ会社数社の取締役、LINE Pay にて決済マーケティング／暗号資産プロジェクト、デジタル庁でのマーケティングなどを経て、web3 スタートアップと兼業で A.T. カーニーに参画。

末次 健人（すえなみ けんと）**メディア・コンテンツパート監修・執筆**
A.T. カーニー メディアプラクティス プリンシパル
講談社を経て、A.T. カーニーに参画。メディア・コンテンツ領域を中心に、全社トランスフォーメーション、グローバル戦略、成長戦略などを手がける。

| 参考文献 |
・イシイジロウ『IP のつくりかたとひろげかた』（星海社）
・北谷賢司『エンタメの未来 2031』（日経 BP）
・Licensing International "Global Licensing Industry Study"
・DATAREPORTAL "DIGITAL2023: GLOBAL OVERVIEW REPORT"
・PwC "Global Entertainment & Media Outlook 2022-2026"

産業

第 **13** 章

アパレル/ ラグジュアリー

2030年の勝ち残りに向け必要な 経営アジェンダ

足元～中期的に重要な事業環境変化

アパレル/ラグジュアリー業界を取り巻く事業環境変化として中期的にインパクトが大きいものは、生活者の行動変容、気候変動問題、大手によるシェア拡大と中堅企業の淘汰の3つがあります。

①コロナ禍、インフレなどマクロ環境変化に伴う生活者の行動変容

コロナ禍以降の貨幣供給量の拡大、及びインフレの影響により、保有資産が増加した富裕層はインフレの影響を受けずむしろ消費意欲を拡大している一方、インフレの影響が大きい低～中所得者層では消費意欲が減退しています。

たとえばアメリカでは、2022年所得が下位5分の1の世帯にとってのインフレ率は、上位5分の1の層にとっての率より2割高かったとの指摘が

されています。企業業績をみても、LVMHやエルメスなどのラグジュアリーは好調を維持している企業が比較的多い一方、低・中価格帯では企業によって明暗が顕著です。特に、二極化が進む中で中価格帯に位置する消費財企業は、アパレルに限らず苦戦する企業が増えています。一般的な生活者は、インフレと先の見通せない経済情勢、そして後述するサステナビリティ意識の高まりも伴い、アパレルなど不要不急の消費財に対する支出を抑え始めています。

このような生活者の変化は統計にも表れ始めています。2022年から2023年にかけアメリカでは、アパレル・靴市場の規模が実質ベースで約53.6兆円から約53.2兆円に減少しました（出所：ユーロモニター）。名目ベースの数値ですと一見伸びているのですが、インフレの影響を除いた実質ベースでは、コロナ影響で減少した2020年を除けば、リーマンショック以降初めての減少となっています。

同様の傾向は各国でみられ、コロナ以前は年4-5%の成長が期待された中国でも、足元の市場はほぼ横ばいの低成長に変わりました。日本、フラ

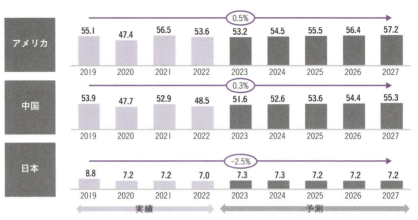

■ 図表13-1　主要国のアパレル市場規模推移（実質ベース）[兆円]

1) 数値は世界の衣料品及び靴の市場合計　2) 為替は2022年の平均ドル円から計算
出所：Euromonitor

ンス、イタリアのような一部の先進国では、市場のマイナス成長も予測されており、アパレルに対する消費意欲の減退は顕著です。

　また、コロナ禍で資産が拡大した富裕層を主な顧客層とし好調が続いていたラグジュアリー業界にも変調が起こっています。中国の景気減速や世界的な情勢不安などに伴い、2024年の各社は業績に明暗が分かれました。バーバリーやグッチのように不振に陥り、テコ入れが必要なブランドも出てきています。消費者による選別が厳しくなる中、従来型のきらびやかなだけのラグジュアリーは時代遅れになり、ラグジュアリーとしてのブランド価値を維持するための戦略が重要となっています。

　新品が売れない一方、中古衣料品市場は世界的に好調です。グローバルの中古衣料品市場は、2022年から2027年にかけ年間17％の成長が見込まれており、2次流通市場に参入するアパレル企業が後を絶ちません。メルカリやスレッドアップ（米）のようなCtoCプラットフォームが各地で生活に浸透したことに加え、中古衣料品の購入がリーズナブルかつサステナブルな消費行動であることが欧米で認知された結果、リユース市場の拡大は

■ 図表13-2　グローバルのアパレルリユース市場規模 [1) 2)]　［兆円］

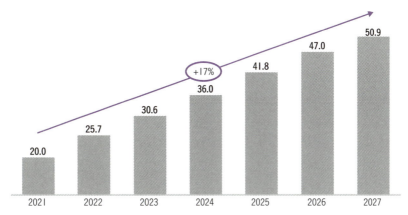

1）1ドル145円ベースで換算した数値
2）古着の生地や原型は残しつつも、新たな商品に作り直して再販する「リメイク」「アップサイクル」も含む
出所：thredUP

加速化しています。

新品を買わずに中古品を購入することに代表されるように、コロナ禍やインフレを経て、生活者のアパレルに対する消費行動は大きく変わり始めています。

②気候変動問題の悪化と環境規制の検討・実施

近年、IPCC（気候変動に関する政府間パネル）の報告書では、毎年気候変動問題に対する警鐘が強まる一方です。2015年に定められた温暖化対策の国際的枠組みであるパリ協定では、産業革命前と比べて世界の気温上昇を1.5度以内に抑えるのを努力目標としました。

しかし、2021年のIPCCの報告書によると、2021〜40年には同水準に達してしまうとの指摘。5年前の想定より、気温上昇のスピードが10年以上早まっています。実際、2021年ドイツで発生した大洪水、2022年にはパキスタンの国土の3分の1が水没、2023年にはカナダやハワイで大規模な山火事が発生し甚大な被害をもたらすなど、気候変動を起因とする甚大な災害が毎年起こるようになっています。

これを受け世界では官民あわせて脱炭素に向けた取り組みが加速化しており、グローバルではアパレル/ラグジュアリー業界も同様です。2019年国連と連携団体が、「持続可能なファッションのための国連アライアンス」という組織を立ち上げました。その中でCO_2排出量に関し、全産業のうち8%はアパレル業界が占めているというリポートが公表されました。これは自動車産業によるCO_2排出とほぼ同じであり、気候変動に対して相対的に大きなインパクトがあります。

アパレル企業の場合、CO_2のうち9割以上がScope3のものづくりの工程から生まれています。従って、大量に製品を生産しているファストファッションやグローバルSPAは今後脱炭素に向けて難しいかじ取りを迫られるでしょう。

産　業

　実際グローバルでは欧州を中心に安価な衣服の大量生産を規制するための様々な枠組みや制度が検討されています。製品情報のトレーサビリティを義務付けるデジタルプロダクトパスポートや、環境負荷情報の記載を求めるエコラベルが、今後数に制度化されることを踏まえると、企業は対応を加速する必要があるでしょう。

　また、日本においても、2024年に「繊維製品の環境配慮設計ガイドライン」、「繊維・アパレル産業における環境配慮情報開示ガイドライン」という2つの指針が、経済産業省により策定・公表されました。日本企業においてもサステナビリティに対して欧米並みに配慮し取り組みを強化することが求められています。

③大手によるシェア拡大と中堅企業の淘汰

　過去を振り返ると、アパレルに限らず多くの消費財において、上位企業によるシェアの拡大が起こっています。多くの消費財で市場の成長が緩やかとなる中で、DXなど勝ち残りに向けて必要な投資は増え続けています。また大手企業によるM&Aや合従連衡も起こり、結果として上位企業のシェアは拡大傾向にあります。

　アパレル業界も多分に漏れず、2017年から2022年にかけ、上位10社による市場シェアは2ポイント上昇し12%となりました。ただし図13-3に示す通り、それでも他の業界に比べるとフラグメントです。また、ラグジュアリーにおいても、LVMHグループによるティファニーの買収や、コーチを擁するタペストリーによるカプリ・ホールディングスの買収、世界最大のアイウエア企業であるエシロールルックスオティカ（伊）によるシュプリームの買収など、M&Aによる規模拡大のニュースが巷をにぎわせています。

　このように消費財で広くみられる上位企業のシェア拡大ですが、今後はアパレルのように環境負荷の高い消費財業界ほど、その速度が速まるので

第13章　アパレル／ラグジュアリー

■ 図表13-3　上位10社が占めるマーケットシェアの比較（2022年）

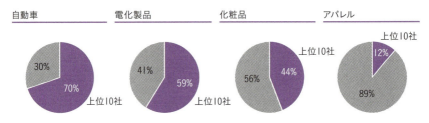

出所：LMC Automotive、Euromonitor

はないかと見ています。理由は大きく3つあります。

　第一に、環境負荷を下げるグリーントランスフォーメーションに必要なコストが大きいことです。カーボンニュートラルをはじめとするサステナビリティ対応を成し遂げるためには、多くの人的リソースとマネーを投じなくてはなりません。たとえば、自社の環境負荷を製品単位で可視化し、CO_2排出量や水使用量などのKPI毎に削減計画を立て、アクションプランに落とし込み実行していくためには大変な労力がかかります。実際グローバルSPAの大手では、それらを担う組織に数十人単位の人員を割いています。また、グリーントランスフォーメーションに必要なスタートアップ・技術への投資や、販売後のリセール・リペアプログラムへの立ち上げなど、多くのマネーも必要となります。

　現実問題として、このような投資を行える企業は一部に限られます。一方で、（気候変動問題の悪化状況にもよりますが）、中長期的に環境対応の取り組みを企業に求める強制力が社会的に増していくことは確実です。この流れについていけない中堅企業は必然的に淘汰されていくでしょう。市場には、勝ち残った一部の大企業と、上場企業が受けるような厳しい制約を受けない規模の中小アパレルが残るという構図になると思われます。

　第二に、市場成長が止まる中で、企業間競争の激化が進むからです。マクロでみるとアパレル市場全体の成長は、グローバルでみても実質ベース

ではほぼ見込めない状況です。当然、伸びない市場の中では、企業の成長は限られたパイの奪い合いにより達成されることになりレッドオーシャン化が進みます。必然的にM&Aや企業の合従連衡も進むでしょう。このような中で、中小企業であればニッチ戦略を取ることで生き残るオプションもとれますが、一定の規模がある中堅企業ほど競争激化の影響を受けやすいという構図となります。

そして最後に、インフルエンサーやD2Cの増加による「多極化」の進展です。今後アパレル業界では二極化と多極化が同時進行します。すなわち、市場成長力のあるラグジュアリーとマスでは、M&Aや勝ち組グローバルSPAの成長により大手のシェアが高まる一方、中価格帯を中心にデジタルを効果的に活用した個人や中小企業のニッチなアパレルビジネスが増加するという現象です。

既に、多くのアパレルD2Cが市場で台頭していることは読者の皆様もよくご存じでしょう。最近ではP2C（Person to Consumer）と呼ばれる個人を起点としたアパレルビジネスも増えています。特にライブコマースが根付いている中国では、著名なインフルエンサーがP2Cで数百億円のアパレル事業を展開するようなケースも出てきています。日本でも芸能人やインフルエンサーが個人でアパレルビジネスを展開することをよく耳にします。

これら個人や中小のアパレル事業にサステナビリティの規制をかけることは当面難しく、社会のデジタル化が進む中でD2CやP2Cは今後も増えることが予測されます。そして、このようなビジネスが増えていく影響を一番受けやすいのが、低〜中価格帯で一定規模のアパレルビジネスを営む中堅企業となります。以上のような要因が重なることで、中長期の時間軸でみると、アパレル/ラグジュアリー業界においては大手によるシェア拡大と中堅企業の淘汰が進んでいくでしょう。

勝ち残りに向け必要な経営アジェンダ

　さて、このように大きな事業環境変化が予測される中で、アパレル/ラグジュアリー企業にとって中期的に重要となる経営アジェンダは何でしょうか。幾つかありますが、本稿では国内アパレル企業の取り組みが特に遅れている経営アジェンダとして、「カーボンニュートラルに向けたサプライチェーン改革」と「循環型・再生型のビジネスモデルの設計・導入」の2つを取り上げます。

①カーボンニュートラルに向けたサプライチェーン改革

　気候変動問題を改めてご説明する必要もなく、脱炭素・カーボンニュートラルの実現は人類共通の社会課題です。企業は、気候関連財務情報開示タスクフォース（TCFD）の要請に基づき、CO_2の排出量をGHGプロトコルに則り算出し開示すると同時に削減に向けた対応策を開示しなくてはなりません。

　日本でも2022年から東証プライム上場企業に対しTCFD対応が課せられるようになり、一部の上場アパレル企業でCO_2排出量の開示が始まっています。

　グローバルでは、もっと以前から開示が始まっており、情報開示の透明性もかなり高まっています。例えば、欧州ではアパレル企業がサステナビリティレポートの中で、温室効果ガスの排出量をScope1/2/3に分けて開示し削減状況を説明することは企業責任となっています。その中で、特に削減が難しいScope3の削減と、売上・利益成長を両立することに、ラグジュアリーからファストファッションまで多くの企業が腐心しています。

　Scope3の削減と成長の両立のためには、原材料の変更、サプライヤー及び調達先の見直し、物流網の最適化など、複数のプロジェクトを並行し

産　業

て走らせCO_2排出・削減量をモニタリングしながらサプライチェーン全体を変革していくことが必要です。カーボンニュートラルに向けCO_2削減を実行していくためには、科学的・定量的なアプローチ及びプロジェクトマネジメントが必要なのです。

ところが日本では、多くのアパレル企業が排出量の算出ができていない、あるいは排出原単位データベースを用いて簡易的に算出・開示に漕ぎつけたという段階の企業が殆どです。素材差、産地、工程も加味して排出量をモニタリングし削減していくことの難しさを理解している企業は少なく、そもそも科学的・定量的なアプローチを苦手としているアパレル企業が多いのが実情です。

特に、SBT認証（Science Based Targets：SBTiによって運営される国際認証制度で、パリ協定と整合性のある「温室効果ガス削減目標」を定めている企業に与えられる認証）を取得している企業の場合、これからの排出を毎年2.5〜4.2%削減していくことが求められています。

アパレルの場合、売上が天候の影響を受けやすいので、今年の冬は寒くて重衣料の売上が伸びたというような話がよくあります。一見嬉しい話ですが、重衣料が沢山売れるとCO_2排出量も増加するので、年度が終わり排出量を計算したら前年より増えてしまったなんてことが簡単に起きてし

第13章　アパレル／ラグジュアリー

■ **図表13-4　国内に供給される衣類のサプライチェーン別CO_2排出量［百万t-CO_2］**

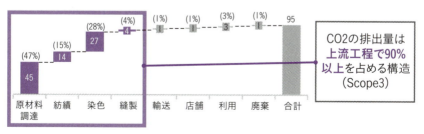

出所：環境省

まいます。

　これを防ぐには可能な限りタイムリーに、たとえば四半期単位で排出量をモニタリングすること、MDや生産管理にCO_2排出量の積算機能をもたせ、現場で排出量と削減量をコントロールするなどの体制を構築することが必要です。しかしながら、日本企業の多くは、サステナビリティ推進室が年1回排出源データベースを活用して集計する程度で精一杯のリソースしか割けておらず、あるべき姿と現実の乖離が大きい状況です。

　なお、サステナビリティレポートは、現状は年1回アニュアルレポートと共に開示されるのが一般的です。ただし、今後の気候変動問題の進捗によっては、Scope1/2/3の排出量についてはよりタイムリーな把握と開示が求められる可能性があります。会計では企業業績の四半期開示が当たり前になったように、特に上場企業についてはスピードと中身が求められる可能性があると考えていた方がよいでしょう。

　現在、国際会計基準（IFRS）財団のもと国際サステナビリティ基準審議会（ISSB）が、国際的に統一されたサステナビリティ基準の開発を進めています。その中で欧州では先んじてCSRD（Corporate Sustainability Reporting Directive、企業サステナビリティ報告指令）という、第三者認証が必要なサステナビリティレポートの義務化を検討しており、2024年から段階的に導入されていきます。

　気候変動リスクをはじめとするサステナビリティ情報の開示については、今よりももっと厳格にタイムリーな内容が求められていくと考え、必要となるサプライチェーン改革を進めた方がよいでしょう。

②循環型・再生型のビジネスモデルの設計・導入

　スウェーデンの環境学者のヨハン・ロックストロームは、プラネタリー・バウンダリーという考え方を提唱しています。日本語では地球の環境限界、環境容量と訳されますが、人間が地球上で持続的に生存していくた

めには超えてはならない地球環境の境界（バウンダリー）があるという概念です。プラネタリー・バウンダリーは、具体的には気候変動や窒素・リンの循環など9つの項目に分かれています。ヨハン・ロックストロームによれば人類はすでに3つの領域において境界を越えており、危険な水準にいると指摘しています。

このような状況下、環境負荷の高いアパレルにおいて、新しい事業として取り入れたいモデルが循環型や再生型のビジネスとなります。バージン素材を使ったものづくりでは、どのような素材を用いようとどうしても一定の環境負荷がかかります。そこで、いまあるものを循環させることで新しいものを作り出す、また事業そのものが環境の再生に繋がるようなビジネスモデルを設計することが、中長期的には重要な経営アジェンダとなります。

たとえば、ランニングシューズで有名なOnが満を持して2021年に投入したCyclon（サイクロン）というランニングシューズのサブスクリプションサービスがあります。このサービスは、ランナーがシューズを所有しないことで廃棄をさせないという循環型のビジネスモデルを構築しています。

ユーザーはサイクロンに登録すると、Cloudneo（クラウドネオ）というサブスクサービスでしか履けないシューズを受け取ります。ユーザーはクラウドネオを履きつぶしたら返却して新しいクラウドネオを入手します。毎日走るランナーは平均的に半年程度でシューズを履きつぶすことから、半年毎の交換を想定して料金体系が設計されています。

Onでは返却された古いシューズをリサイクルして、サイクロンのサーキュラーループに戻します。これを繰り返すことで、バージン素材の使用と廃棄物を減らすことができるという循環型システムです。通常スニーカーは数十のパーツから構成されており、100％リサイクルするのは困難です。一方、Onのクラウドネオは、部品点数が約10と少なく抑えられており、すべてリサイクル可能なサステナブル素材が使われています。アッパ

一部分には、トウゴマから抽出されたヒマシ油で作られたバイオ素材を使用。100％素材をリサイクルすることで、文字通りサーキュラーループを作り上げています。

　Onはサイクロンの目的を、循環型システムを構築して環境負荷を減らすこととしており、ユーザーには製品の返却・リサイクルを徹底してお願いしています。仮に、ユーザーが新しい製品をリクエスト後、以前の製品を返却しないと、サステナビリティ料金として100ドルまたは100スイスフラン（またはその他の通貨換算額）を請求するほどの徹底ぶりです。

　このサイクロンですが、リリース以降急成長しており2022年は前年比300％を超える売上成長となりました。優れた機能性及びデザイン性を兼ね備えたシューズと、循環型システムを実現するためのサブスクモデルが相まって魅力的なストーリーとなり、世界中でユーザーを惹きつけています。

　サイクロンは、特定製品に特化をしてリサイクル可能な製品設計を行い、ビジネスモデルとして回収・リサイクルを含めた垂直統合型のサーキュラーモデルを設計すれば、グローバルで収益性を兼ね備えた循環型システムが構築できることを示した好事例でしょう。ユーザーも、サイクロンのサーキュラーループに入ることによるバージン素材利用と廃棄の削減という意義を理解して、シューズを保有から利用に切り替えています。

　また、再生型のビジネスモデルとしては、リジェネラティブ農業（環境再生型農業）で作られたコットンの活用がグローバルで進んでいます。リジェネラティブ農業は、農地の土壌の健全性を保つだけではなく、土壌を改善しながら自然環境の回復に繋げることを目指します。一般的に、土壌は健全であればあるほど多くの温室効果ガスを吸収するため、リジェネラティブ農業は気候変動対策の一つとして有効なアプローチと考えられています。地球上の陸地の約46％を占める農耕地のCO_2吸収力が上がれば、効果的な温暖化対策になるというわけです。

たとえば、2023年ステラマッカートニーがリジェネラティブコットンを100％使用したTシャツを発売。ステラマッカートニーは、現在のファッション業界においてリジェネラティブ農業は不可欠だとし、調達元であるトルコのソクタス社のリジェネラティブ農場拡大に取り組んでいます。

また、アディダスでは、海洋プラスチック廃棄物を原料とした素材でスニーカーやスポーツウェアをつくる取り組みを長年グローバルで行っています。すでに世界の海洋に投棄されたプラスチック廃棄物を1400トン以上回収し、それをリサイクルすることで数百億円の事業に育てました。この事業では、プラスチックゴミからスニーカーへのリサイクルが回っているだけでなく、売上が伸びるほど海の再生に繋がるという再生型のビジネスモデルを実現しています。

衣料品ではありませんが、同じ繊維製品であるタイルカーペットのトップシェア企業の東リ株式会社は、タイルカーペットで完全循環型リサイクルシステムを作り出しています。タイルカーペットとは、一辺が40〜50センチの正方形のカーペットを床に敷き詰めるタイプのカーペットで、オフィスやホテルなどの利用で一般的なほか、最近では家庭用も増えてきています。

東リでは、使用済みタイルカーペット廃材を回収して、すべてをタイルカーペットにリサイクルする自社完結の循環型システムを2022年6月から始動しています。カーペットの上層（繊維部分）と下層（塩ビ樹脂バッキング部分）を分離することなく、混合・溶融し再利用可能なリサイクルチップに加工する技術を開発しており、コストもバージン素材を使う場合と比べ、ほぼ同等にまで削減できています。東リによれば、現状売上の約10％をリサイクルカーペットが占めるまで成長しており、今後のさらなる成長・発展が期待できます。

なお、タイルカーペットは業界全体で環境対応が進んでおり、政府によるグリーン購入法の調達基準に、リサイクル材の25％以上の使用を明記

第13章　アパレル／ラグジュアリー

■ 図表13-5　循環型モデルの戦略フレームワーク

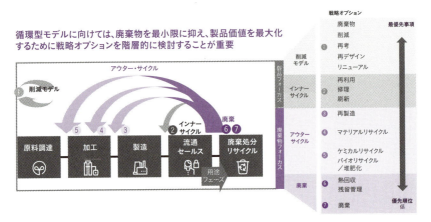

出所：A.T.カーニー

していることに加え、LCAベースでCO_2排出量の定量的な環境情報の開示をすることが基準として追加されています。

このように環境負荷が高いとされる繊維・アパレル業界でも、特定カテゴリーに絞った垂直統合型モデルをデザインすることで、環境負荷の低い循環型モデルや再生型モデルを実現することが可能です。

Circular Fashion Index（循環性指標）からみたアパレル企業の循環度とは

A.T.カーニーでは、2020年よりCFX（Circular Fashion Index）というアパレル企業の循環型・再生型モデルに対する取り組みを評価する指標を発表しています。

指標では、1次流通と2次流通での取り組みを7つの側面から評価しています。具体的には、「①再生素材を使用している製品の割合」、「②循環型を訴求するコミュニケーション施策」、「③製品をケアして長く使うことに対する説明内容とユーザーから見た情報アクセスの良さ」、「④リペアサ

産 業

ービスの内容」、「⑤リユースプログラムの内容」、「⑥レンタルやリースプログラムの内容」、「⑦リサイクルに向けた製品回収プログラムの内容」の7項目で各10点満点評価をしています。

　最新の2024年の調査では、20か国で235のグローバルブランドを、ラグジュアリー、アフォーダブル・ラグジュアリー、マスマーケット、ファストファッション、スポーツ＆アウトドア、アンダーウエア＆ランジェリーの6つの部門別にスコアリングを行いました。また、2024年からは日本企業のカバレッジも増やし、14のブランドの評価を行っています。

　上位10社は、図表13-6の通りでGANTを除き、昨年と同じ顔ぶれとなりました。これらトップ10ブランドはCFXの評価視点である7つのポイントにおいて、ベストプラクティスの殆どを実践しています。

　また、日本のブランドは、リペア・メンテナンスサービスや中古衣料品

■ 図表 13-6　2024CFX スコアトップ 10 ブランド

Top 10 circular brands	
The North Face	Gucci
Levi's	Lululemon
Madewell	OVS
Patagonia	Coach
Gant	Lindex

出所：KEARNEY analysis

第13章

アパレル／ラグジュアリー

247

■ 図表13-7　Circular Fashion Index(CFX) の 評価項目

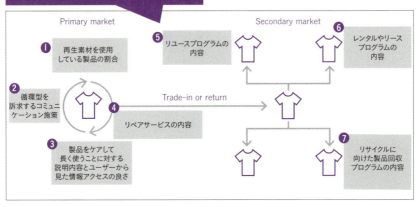

出所：A.T.カーニー

　の回収が国内市場で広まりつつあるという商習慣の特徴を活かし、上位3分の1に8社がランクインしました（上位からファーストリテイリング、オンワード、ワールド、無印良品、CFCL、アダストリア、ユナイテッドアローズ、アシックス）。結果、国別の平均スコアは3.7となり、欧米含めた国別ランキングでトップとなっています。

　他方で、トップ20に入るような企業/ブランドは無く、循環型モデルへの取り組みでロールモデルとなるようなプレーヤーを生み出せていないという特徴があります。平均的には良いが突出したプレーヤーがいないというある意味日本らしい結果ともよめますが、来年以降個別企業の躍進が期待されます。

　A.T.カーニーとしては、CFXによる企業のモニタリングと平均スコアの上昇を通じて、業界全体がサステナブルな循環型・再生型モデルに移行していくことを望んでいます。また、筆者としては循環度でトップ10入りする日本企業が出てくることを期待しています。

産　業

執筆者

福田 稔（ふくだ みのる）

A.T.カーニー 消費財・小売プラクティス APAC共同リーダー シニアパートナー

慶應義塾大学商学部卒、欧州IESEビジネススクール経営学修士（MBA）、米国ノースウェスタン大学ケロッグビジネススクール MBA exchange program 修了。

電通総研、欧州系戦略コンサルティングファームを経て、A.T.カーニーに参画。消費財・小売プラクティスのAPAC共同リーダー。主に、アパレル・繊維、ラグジュアリー、化粧品、小売、サービスなどのライフスタイル領域を中心に、GX、DX、グローバル戦略策定など様々なコンサルティングを手がける。

経済産業省産業構造審議会委員、ファッション未来研究会副座長、NEDO技術評価委員などを歴任し政策決定の支援経験多数。近著に『2040年アパレルの未来「成長なき世界」で創る、持続可能な循環型・再生型ビジネス』（東洋経済新報社）

参考文献

・The Kearney CFX 2024 report
・Euromonitor
・環境省「令和2年度 ファッションと環境に関する調査業務」-「ファッションと環境」調査結果 -
・経済産業省「繊維製品の環境配慮設計ガイドライン」
・経済産業省「繊維・アパレル産業における環境配慮情報開示ガイドライン」
・福田稔『2040年アパレルの未来「成長なき世界」で創る、持続可能な循環型・再生型ビジネス』（東洋経済新報社）
・J.ロックストローム　M.クルム著　武内 和彦（監修）、石井 菜穂子（監修）、谷 淳也（翻訳）、森 秀行（翻訳）『小さな地球の大きな世界　プラネタリー・バウンダリーと持続可能な開発』（丸善出版）

第13章

アパレル／ラグジュアリー

第 **14** 章

小売

小売企業が勝ち残るための
4つの視点

小売業界が置かれている状況

　小売業界が置かれている状況は、日々目まぐるしく変化しています。例えば、円安、原油高、光熱費の高騰等を背景とした、原材料費・仕入れ値の高騰や、人手不足に加え、燃料費の高騰を背景とした物流費の上昇は、各社の利益率を圧迫しています。

　また、スーパー等の一部業態が享受したコロナ特需がひと段落し、ドラッグストアを除き、主要小売業態の店舗数は成長が鈍化〜横ばい傾向で推移しており、全業界に通底する人口減少・少子高齢化のマクロトレンドに鑑みても、国内でのリアル店舗の出店による売上成長は限界を迎えつつあります。

　本章では、このような状況下で、小売企業が勝ち残っていくためのヒントとして、「①商品開発・MD」「②店舗形態・フォーマット」「③地理的

産業

■ 図表 14-1　小売企業が勝ち残るための 4 つの視点

拡大」「④新ビジネスモデル」の4つの視点で、これまでの小売企業の試行錯誤と、その背景にあるメカニズムを考察するとともに、これからの進化の方向性についての見立てを提示したいと思います。

商品開発・MDの最先端・試行錯誤とその背景にあるメカニズム

これまでの小売企業における商品開発・MDによる差別化の歴史を振り返ると、その出発点は、商品の仕入れによる差別化でした。ここでは、他店では手に入らない商品をいかに仕入れるかが差別化のポイントでした。その後、CVS/SM/DGSをはじめとするコモディティを扱う小売におけるNB品のMDは同質化し、次第に各社がPB品の強化へとシフトしていきました。

今後のPB品開発という観点では、特にCVS/SM/DGSの領域において、惣菜カテゴリの商品開発・MD力が差別化要素として、ますます重要になっていくものと見立てます。その理由は、大きく2つあります。

第一の理由は、惣菜は売上構成比が高く、目的買い商品になりやすいカ

テゴリの中でも、まだ品質差による差別化余地が残されたカテゴリである点です。

CVS/SM/DGSにおける主要カテゴリに目を向けると、日配品・惣菜を除く、ドライ・チルドの飲料・食品領域は大手NB品メーカーのプレゼンスが高く、各社が商品開発に投資してきた結果、味や他の知覚品質要素におけるメーカー・商品間での差は小さくなっています。

また、衣料用洗剤に代表されるような日雑・トイレタリー領域においても、内資・外資のFMCGメーカーのNB品のプレゼンスが高く、日々RN品・新商品が次々に投下され、小売企業にとっては知覚品質差をつくりづらいカテゴリでしょう。他方で、惣菜カテゴリは、相対的にはNB品メーカーのプレゼンスが低く、原材料・レシピ・調理／加工技術等で、品質差をつくり差別化しやすいカテゴリです。

第二の理由は、今後も一定リアル店舗が残り続けることが想定される小売業態において、惣菜はリアル店舗での購買行動が残り続ける蓋然性が高く、今後もリアル店舗への来店促進の起点となり得るカテゴリであるという点です。

消費のリードタイム／購買頻度／ブランド・商品へのスティッキネス等の観点で、衣類や、日雑・トイレタリー、ドライ食品・飲料（菓子類、ペットボトル飲料 等）が、まとめ買い・オンライン購買が進みやすいのに対し、消費のリードタイムが短いため都度買いされることが多く、多くの消費者がシーン・気分に合わせた買い回りニーズを持つ惣菜は、リアル店舗での購買が適しており、今後ECが拡大しても、リアル店舗での購買行動が一定程度残り続けるでしょう。

こうした中、将来的に惣菜カテゴリで差別性を築くためには、高品質・高コスト効率な垂直統合型サプライチェーンモデルの構築がポイントになっていくでしょう。

実際、サプライチェーンを垂直統合し、高品質／低コスト／短リードタ

産 業

イムで、生鮮品・惣菜を提供するために、グローバルのトップの小売企業は、例えば植物工場への投資を進めています。

ウォルマートは2022年に米・カリフォルニア州を中心に植物工場を展開する垂直農業スタートアップのPlenty社に4億ドルを出資し、生産された野菜の調達・販売の合意を実現し、一部店舗での販売を開始しています。

従来のPB品開発・MDに留まらず、惣菜カテゴリにおいて、投資のROIを確保しながらサプライチェーンを統合できれば、小売企業にとっての差別化の切り口となるでしょう。

店舗形態・フォーマットの最先端・試行錯誤とその背景にあるメカニズム

小売業態の店舗形態はもともと、いわゆるパパママストアと呼ばれるような個人商店に始まり、その後百貨店・SM・DGSなどの業態の大手チェーンが生まれ、フォーマットも進化してきました。

商圏サイズに合わせた地方での店舗の大型化／都市部での小型化が進み、また出店立地や併設施設に合わせたフォーマット・MDが開発されてきました。

加えて、客数・売上のシナジーにより坪効率を上げるべく、ビックカメラ×ユニクロや、蔦屋書店×スターバックスなど、複数業態の共同出店という形態も生まれました。

さらには、従来の売り方ではなく、事前注文・決済して店舗で商品を受け取るようなリアル店舗の使い方・売り方も生まれています。

では、今後はどのような店舗形態・フォーマットが残っていくのでしょうか。業態・立地・地域等によって様々なシナリオが考えられますが、一部の大都市圏を除き、日本の多くの地域で人口減が進むことを見据えると、各業態が店販を向上するために取り扱いカテゴリを拡大していき、業

第14章

小売

253

態間でも取り扱い商品の同質化が進んでいくのではないでしょうか。また、規制緩和・改変により、これまで以上に各業態が取り扱える商材の差が縮まり、差別性が失われていく未来も予想されます。例えば、処方薬であれば、オンライン診療・服薬指導／医薬品販売等についての規制が緩和された結果、ファミリーマートのファミマシーのように、処方薬をコンビニで受け取れるサービスも生まれています。

　こうして、商圏人口が減りゆく中、業態間の取り扱いカテゴリの同質化が進むと、結果として他業態・他店より来店動機となりやすい商品・サービスを提供し、高い坪効率を実現可能な業態・店舗が残っていくのではないでしょうか。

地理的拡大の最先端・試行錯誤と その背景にあるメカニズム

　これまでの日本発小売の海外進出は苦戦・苦労の連続であったと言えるでしょう。今でこそ海外進出の成功例として語られるファーストリテイリングでさえ、2000年初頭に英国への出店～その後の撤退を経験しており、良品計画の中国進出や、ドン・キホーテのアジア展開のような一部の成功例は存在しますが、ほとんどの日本発小売企業は、売上の大宗が国内市場となっており、グローバル展開に成功しているとは言い難い状況です。

　グローバルの小売企業に目を向けると、ヒト・モノ・カネが往来しやすく、各国間の商習慣が比較的近い欧州においては、例えばドイツ出自のディスカウンター系スーパーのリドルのように、欧州横断での展開に成功している例も存在します。

　他方、地域を越境しての地理的拡大には、グローバルトップの小売企業であっても苦戦しています。例えば、ウォルマート、カルフール、テスコはいずれも日本市場に参入しましたが、その後撤退しています。結果、地理的拡大に成功しているのは、先に挙げたリドルのような、安さが普遍的

な価値として受け入れられる市場において、スケールメリットを活かす形で拡大したディスカウンターSMや、グローバルで普遍的な利便性ニーズを充たすCVS程度ではないでしょうか。

これに対し、DGS・HC・百貨店・雑貨小売等は、いずれもローカル市場での仕入れ〜販売が主となっている業態であり、グローバル展開の難度は高いのが実態です。

したがって、今後の小売企業の地理的拡大は、オーガニックな拡大ではなく、M&Aを駆使したインオーガニックな成長が基本線となっていくでしょう。そして、M&A後のバリューアップの起点となり得るのは、模倣困難な商品力・品質か、スケールに裏打ちされたコスト競争力ではないでしょうか。

商品力・品質の観点で、バリューアップに成功しつつある例といえば、セブン-イレブンによる米ガソリンスタンド併設型CVSの大手スピードウェイの買収がその一例と言えるでしょう。セブン-イレブンは、スピードウェイ買収後、PMIを進め、物流・調達費等のコスト面でのシナジー創出に加え、特に食品領域での商品開発・MD力を活かし、スピードウェイの食品カテゴリ強化によるバリューアップにも取り組んでいます。

結果として、買収当初、3年での発現を見込んでいたシナジーを、1年7カ月で実現し、2023年度時点で8億ドル規模のシナジーを見込んでいます。

他方、コスト競争力を高め、自前での出店に加え、M&Aにも積極的に取り組んでいるのが、先述のリドルと並ぶドイツ出自の大手ディスカウンターSMで、近年米国で店舗網を拡大しているアルディです。アルディは、商品だけでなく、店舗の内装・売り場づくり・オペレーションもローコストを徹底し、近年米国で100店〜/年を超えるペースで出店を続け、自前での地理的拡大を続けつつ、足元では、ウィン・ディキシー、ハーヴィース（計400店舗）を買収し、店舗網を拡大し、さらにコスト競争力を高

めています。

　どちらも国内小売が志向しうる方向性ではありますが、品質・コストパフォーマンスに対する評価が相対的に厳しい消費者を抱える日本発の多くの国内小売にとっては、相対的に商品力・品質起点でのバリューアップの方がフィットするのではないでしょうか。

小売企業にとっての新ビジネスモデルの最先端・試行錯誤とその背景にあるメカニズム

　そもそも小売業は、B2C領域の業界の中でも利益率の低い業界です。従って、これまで小売企業が開拓してきた事業領域は、小売で培ったアセットの活用を通じて、高い利益率を実現できる領域であり、その一つが金融事業です。SM・GMS・百貨店・CVS等の様々な小売業態が、リアル店舗での個客接点を起点に、個人向けバンキングやクレジットカード等を展開してきました。これからの小売企業が狙い得る新しい事業領域・ビジネスモデルとしては、様々な方向性が想定し得るものの、その一つは、保険や個人向け金融商品等の拡販による「個人向け金融事業」の開拓でしょう。

　また、リアル店舗での個客接点を活用した新たな事業領域として近年注目されているのは、金融事業と同様に、小売比で高マージンを確保しやすい「リテールメディア事業」です。広義のリテールメディア市場の隆盛は、サードパーティーCookie規制の厳格化等を背景に、Facebook・Googleと同様に大規模な消費者のトラフィックでありながら自社サイトへの訪問データ＝ファーストパーティーデータを有していたAmazonをはじめとするECプラットフォームの広告出稿の場として注目を集めたことがきっかけでした。その後、リアル店舗小売出自のウォルマートも自社ECサイトを起点にリテールメディア事業を拡大し、2022年時点で約27億ドル・同社の売上全体の5%にまで成長しています。

　ただし、先行する米国に比べると未だ国内のリテールメディア市場は黎

明期であり、また大手小売が持つ顧客トラフィックの規模にも差があるため、日本でも投資を正当化するだけの十分なROIを見込めるビジネスモデルをどのように構築するかが、各社にとっての論点となると見立てます。

これら、「個人向け金融事業」「リテールメディア事業」は、あくまで事業領域の例ですが、リアル店舗での顧客接点を活用しているという点では共通しています。

おわりに

ここまで「①商品開発・MD」「②店舗形態・フォーマット」「③地理的拡大」「④新ビジネスモデル」の4つの視点を紹介してきましたが、これらはあくまでオプションです。例えば、「①商品開発・MD」の視点で、徹底的に惣菜の開発力・それを支えるサプライチェーンを磨き込み、坪効率を高め、国内で生き残る「②店舗形態・フォーマット」の確立を目指す方向もあれば、積極的なM&Aで「③地理的拡大」にフォーカスする方向もあり、小売業に次ぐ／代わる「④新ビジネスモデル」の創出に注力する方向性もあります。これらの視点をどう組み合わせるか・選ぶかが、小売企業にとっての戦略であり、その策定には、それぞれの企業のビジョン・置かれている現状・目指す姿を踏まえた深い考察・検討が求められるのです。

執筆者

中川 健太（なかがわ けんた）
A.T. カーニー 消費財・小売プラクティス マネージャー
ブラウン大学 応用数学・経済学部卒。新卒でA.T. カーニー入社。消費財領域における全社戦略/事業戦略/マーケティング戦略の立案支援、小売領域におけるマーケティング戦略立案/バリューアップ/プライシング戦略立案〜実行支援等に従事。

小林 洋平（こばやし しょうへい）
A.T. カーニー 消費財・小売プラクティス シニアパートナー
東京大学 法学部卒。新卒で A.T. カーニー入社。消費財・小売企業において、各層の経営戦略（全社中計・事業戦略・ブランド戦略・営業戦略・新規事業開発）から組織・プロセス・オペレーション改革（全社プロセス再設計・マーケティング組織改革・広告宣伝／消費者コミュニケーション機能改革・調達改革）まで、多数のプロジェクトを推進。

関灘 茂（せきなだ しげる）
A.T. カーニー 消費財・小売プラクティス シニアパートナー
神戸大学経営学部卒業。INSEAD（欧州経営大学院）MAP 修了。
A.T. カーニー入社後は、消費財・小売・メディア・サービス・金融・不動産分野を中心に30社以上のクライアント企業と共に、新規事業創造、既存事業変革（デジタル・トランスフォーメーション）、マーケティング・イノベーション、組織文化・行動改革、M&A・PMI などを経営テーマに100以上のプロジェクトを推進。

参考文献

・「大手商社が「サーモン養殖」に本腰を入れる理由」『東洋経済オンライン』、2020年10月3日 https://toyokeizai.net/articles/-/378460?page=3
・「ターゲット、今後数年で4000億円超の大規模投資へ、クローガーは垂直農法の野菜販売を強化」『ダイヤモンド・チェーンストア』、2021年4月22日 https://diamond-rm.net/overseas/81454/
・「Walmart and Plenty Partner To Lead the Future of Fresh Produce」、2022年1月25日 https://corporate.walmart.com/news/2022/01/25/walmart-and-plenty-partner-to-lead-the-future-of-fresh-produce
・「米コンビニ巨額買収の真の狙い「セブン」のモデルは世界で磨く」『日経ビジネス』、2022年2月7日　https://business.nikkei.com/atcl/gen/19/00096/020400049/
・「アルディ、米国で約150店舗を新規出店、店舗数で第3位に」『ダイヤモンド・チェーンストア』、2022年2月14日　https://diamond-rm.net/overseas/105939/
・「処方薬を店舗にて無料で受け取れるサービスを東京都内約2,400店で展開～ファミマシーと「とどくすり薬局」の取り組み～」、2022年5月25日　https://www.family.co.jp/company/news_releases/2022/20220525_01.html
・「ウォルマートもコンビニも…米小売業界が植物工場への投資を加速させる理由」『ダイヤモンド・チェーンストア』、2022年5月16日　https://diamond-rm.net/overseas/177303/
・「イオンやマツキヨを支援 グーグル流、リテールメディア開発法」『日経クロストレンド』、2022年11月22日　https://xtrend.nikkei.com/atcl/contents/18/00729/00007/

産業

第15章

第
15
章

消費財

消費財

進化に向けた原点回帰

変わる競争のコンテクスト

　消費財メーカーは、これまで、生活者が必要とする製品を、お手頃な価格で提供し、その対価として得た利益を投資し、さらにより良い製品を創り、世の中の生活水準を向上させる循環を回してきました。この循環における企業間の競争は、エクセレンス追求の競争だったと言えます。

　競争に勝った企業が、強いブランドを保有し、強いブランドを保有する企業が規模のメリットを享受し、さらに強くなるというメカニズムが働いていました。そのため、強いブランドの銘柄は固定的となり、新ブランド投入のチャレンジも数多ありましたが、成功確率は低く、日々投入される新商品は、多くが棚に残れない構造となっていました。これにより、先行して強いブランドをつくれた企業は、改善幅は小さくとも、成功確率が高いエクセレンスの追求に経営資源を優先的に振り向けるという慣性が働き

■ 図表 15-1　消費財メーカーの従来の競争モデル

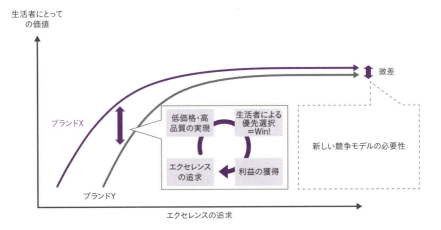

やすくなります。このメカニズムは、消費財メーカーの経営の安定化と産業成長に貢献してきました。

　しかし、その安定は崩れ、いま消費財メーカーはその産業史で、最も舵取りが難しい局面を迎えています。いずれの消費財メーカーもエクセレントな水準となったいま、エクセレンス追求の効用は逓減し、買い手である消費者からすると"微差"しかつくれなくなっています。圧勝するための新たな戦い方の模索が始まっています。

　消費財メーカーに新たな戦い方の必要性を突き付けているのは、消費財メーカーが向き合っている生活者です。生活者の要求は、消費財メーカーが応える程に高まります。歴史的には、「品質」と「価格」というトレードオフを、エクセレンス追求によるスケールメリット（規模の効果）で解消してきましたが、今では、「健康への配慮」や「社会・環境への配慮」など、これまで以上に多くのものが消費財ブランドに求められています。消費者の価値観はシフトしてきていると言われますが、新しい価値観がアドオンされていると捉える方が正確です。

　また、消費財メーカーは小売企業からも強いプレッシャーを受けていま

す。もともと薄利であった伝統的小売は、デジタル小売に利益プールを奪われ、その補填を消費財メーカーの利益プールに求めています。上位集中が進む小売による強気な取引条件の提示はもちろん、バリューチェーンを上流に拡張する PB（プライベートブランド）も拡大しています。さらに、原料費の高騰をはじめ、様々なコスト上昇が、消費財メーカーの経営を窮地に追い込んでいます。

進化を妨げる無意識のバイアス

競争のコンテクストが変化すれば、戦い方も変える必要があります。これまで国内の消費財メーカーが得意としてきた、現場でのエクセレンス追求という戦い方自体がコモディティ化しているとも言えます。経営者の多くが、同じ危機感を持っているものの、新たな進化の方向性を定め、変革に踏み切れている企業は多くないのが実態です。経営層に共通する過去の成功体験に基づく無意識のバイアスが働いていることも一因と考えられます。新たな競争優位の構築に繋がる変革の萌芽が見えても、共通の成功体験を持つ経営層だけでは舵を切る決断に至らないという状況です。優れた経営者は、そのリスクに気付き、外部の人材を経営の要となるポジションに積極的に登用するなど、動き始めています。

このような変化も背景に、ここ10年で国内の消費財メーカーによる戦略コンサルティングファームの起用も拡大してきました。中長期視点での進化の方向性を探索し、変革や新しい価値創造に向けたプロジェクトが増えています。

進化の方向性 － その可能性と限界

では、この逆風下における消費財メーカーの進化の方向性には、どのよ

うなものがあり得るのでしょうか。先進的な消費財メーカーと取り組んで
きたプロジェクトのテーマから示唆を得ることを試みました。近年のプロ
ジェクトを棚卸すると、多種多様な進化の方向性が確認されました。当
然、戦略には企業の固有性が求められますが、この点を確認したうえで、
あえて単純化するならば、以下のような方向性に整理できます。

『方向性①：既存価値の磨き込みから新価値の創造へ』

『方向性②：不特定多数との浅いつながりから特定多数との深いつながり
へ』

　これらの下層にはさらに選択肢が広がる構造にありますが、紙面の限り
から、以降の節では、それぞれの方向性につき部分を取り上げ、その可能
性と限界について考察します。

■ **図表 15-2　KEARNEY 東京オフィスの消費財メーカーとのプロジェクト例（抜粋）**

全社戦略ポートフォリオ	– 「パーパス／MVVの再設定」 – 「グループ全体の中長期経営計画の策定」 – 「ポートフォリオの経済価値・社会価値の評価」　など
事業・ブランド戦略	– 「海外展開を見越した国内のM&A領域探索・機会探索」 – 「M&AによるASEANでの成長機会探索」 – 「利益成長と社会貢献を両立する新規事業構想」　など
4P	– 「プライシング戦略」 – 「新ブランド開発」 – 「マーケティングROIの向上」　など
組織能力	– 「グループ本社機能の強化」 – 「経営人財育成プログラム」 – 「組織風土改革」　など

方向性①：既存価値の磨き込みから新価値の創造へ

　エクセレンス追求競争では"微差"しかつくれなくなりつつありますが、デジタルやライフサイエンスの技術進展は、消費財メーカーが、再び大きな差をつくれる可能性をもたらしています。

　これまで、消費財業界では、モノの属性価値や機能価値が一定成熟すると、情緒価値を高める方向で差別化が図られてきました。例えば、飲料や食品のブランドでは、味・食感といった製品属性に基づく価値が十分に高まると、情緒価値を他ブランドとの差別性に据えるのが常套手段のひとつであり、この場合の打ち手は、主に広告宣伝となってきました。しかし、近年の技術進化は、製品属性における強みを再度開発できる余地を拡大しています。

　その新たな強みを構築する候補として「健康」に注目が集まります。健康志向の高まりは世界的潮流であり、国内の多くの消費財メーカーも何らかの形で「健康」領域での強みを構築する旨を宣言しています。先進企業を中心にエビデンスの構築にも積極投資をしています。ただし、エビデンスだけでは新たな価値を届けられないというのもまた事実です。実際に使用して消費者が効果を実感できないと、継続使用は期待できません。他方、多くの商品のエビデンスは、一定期間の継続利用を前提としているため、その効果を消費者に実感いただくためには継続使用が必要というジレンマを抱えます。この継続に至るまでの"効果実感"をつくるには、コミュニケーションが切り口になり得ますが、未だその成功モデルは模索中です。

　また「健康」に過度に偏重することは、消費財メーカーとしては適切ではないと考えられます。本来、生活者の健康は、「食事」・「睡眠」・「運動」・「社会参加」といった領域の総合でホリスティックに実現されるものであり、一消費財メーカーが貢献できる範囲は限られるのが実態です。過度なコミットメントは、消費者との約束を裏切り、ブランド価値を棄損す

ることに繋がりかねません。消費財メーカーが提供できる「健康」価値の限界を受け入れ、消費者の欲求に着目し、消費財メーカーらしい価値設計をしていく必要があります。

「健康」に並んで注目を集めるキーワードは「環境」でしょう。小手先の"エコ"対応は、既に差別性を失っていますが、近年の消費者による意識の高まりと、製造技術の進展が相まって、もう一段上の環境対応に商機が生じています。清涼飲料ではラベルレスボトルを採用するブランドが増えていますが、これは10年前の常識では受け入れ難い変化です。ラベルはお客さまとのコミュニケーションの重要な接点であり、店頭におけるそのブランドの顔であるという前提がありました。しかし、いざ無くしてしまえば、捨てる際のラベルを剥がす手間がなくて良いと評価され、環境負荷も低いということで、ブランド価値の向上にもつながるため、採用するブランドが増えてきています。このような従来の暗黙の前提を覆す新たな環境対応が、市場のゲームチェンジとなる可能性があります。衣料用洗剤における濃縮洗剤、化粧品における洗顔パウダー、飲料におけるエキス・粉末など、技術進化が可能にする新たなプロダクト形態は、環境負荷軽減と、生活者にとっての差別性を両立させ得ます。しかし、メジャー企業程、既存の製造設備資産が足枷となり、新たなカテゴリでの競争に出遅れ、マイナー企業やベンチャー企業に逆転されるという未来もあり得ます。

方向性②：不特定多数との浅いつながりから特定多数との深いつながりへ

新しい価値を創造し生活者に届けていくためにも、消費財メーカーが生活者とのつながりを強化していく必要が高まってきます。生活者との関係性の深化は、小売やメディアを経由することでしかつながれなかった消費財メーカーには課題感が強い領域でした。しかし、生活者の行動の多くが

デジタルを経由するようになったことで、消費財メーカーにも直接つながれる機会が拡大しました。

消費財メーカーによるデジタルへの挑戦は2000年代初頭から続いています。しかし、20年を超える時を費やしても、成功モデルの確立には至っていません。例えば、飲食品メーカーのデジタル広告への挑戦は、一度失敗しています。グローバル消費財メジャーは、2010年代後半にデジタルに振り向けてきた広告宣伝費を削減しました。これは、マスブランドは「送客先となる自前の売場を持たない」、「販売単価が低い⇒利益が小さくデジタルメディアへの支出を回収しづらい」、「消費者の関与度が低い⇒デジタルの特性である深い情報伝達を活かしづらい」、「マス層が顧客⇒デジタルの特性であるターゲティングを活かしづらい」という特性があり、当時の広告費水準では、消費財ブランドはデジタルマーケティングとは親和性が低く、ROIが成立しにくい構造にあったためと考えられます。

それ以降も多くの挑戦が続けられています。2010年代後半からは、グローバル消費財メジャーを中心にD2CブランドのM&Aを積極化する動きが見られました。しかし、ごく一部の成功事例を除き、D2Cブランドはいずれもサブスケールに留まっています。消費財メーカーの得意とする大規模生産やマスマーケティングでのエクセレンスが活きにくく、シナジーは発揮しにくい構造にあると考えられます。マスの消滅、コミュニティの多様化、最終的にはパーソナルというように、消費財メーカーが向き合う単位はより狭くなると言われますが、不特定多数を相手にしてきた消費財メーカーが、どのような単位で特定の消費者とつながっていくかは、未だ答えが出ていない論点です。

原点回帰

ここまで、消費財メーカーの進化の可能性と現在地につき考察してきま

した。消費財メーカーの経営者には、本稿で言及していないものも含め、日々新しい解決系のコンセプトが提案されています。しかし、一口に消費財メーカーと言っても、食品・飲料・日用品・化粧品などのカテゴリの違いや、そのカテゴリに対する生活者の関与度の違い、企業ごとの組織能力の違いがあり、消費財メーカーという単位での共通解はありません。各企業が、それぞれ最適な解を見つけていく必要性がより高い、経営の難易度が高い業界と言えるでしょう。経営が間違った方向に舵を切れば、経営の理想と現場の現実の間に、どう頑張っても埋められない溝が生まれ、組織は疲弊し、結果的に競争力が低下するということが懸念されます。2010年代後半に「デジタル」の大号令のもと、多くの経営資源が投入されたものの、目に見える成果に繋がらなかったという経験をされた方は少なくないでしょう。消費財メーカーの経営者には、目まぐるしく進む技術トレンドにアンテナを張り、その本質を理解し、それが自社の経営課題解決にフィットするかどうかの判断を日々繰り返すというタフな仕事が求められます。

　経営判断の精度を高めていくためには、逆説的ではありますが、進化のための原点回帰－自社の原点、提供価値をはっきりさせることが有効です。自社を客観視することで見出される提供価値が、新しいコンセプトを取捨選択する判断基準になります。これを見出すには、生活者との対話を通じて、自社の提供価値に対するニーズの規模や性質に変化がないかを確認し続ける必要があります。そして、変化を捉えれば、しなやかに自社の提供価値をアップデートしていくことも求められます。

　残念ながら、現時点では国内発のグローバル消費財ブランドは多くありません。しかし、日本という世界的に見ても要求水準の高い生活者に寄り添い、勝ち残ってきた日本の消費財メーカーには、本質的によいモノを創り、世界中の人々の生活をより豊かにできるポテンシャルがあると確信します。新たな競争モデルの模索が始まった今こそ、日本の消費財メーカー

■ 図表15-3　消費財メーカーのこれからの成長モデル

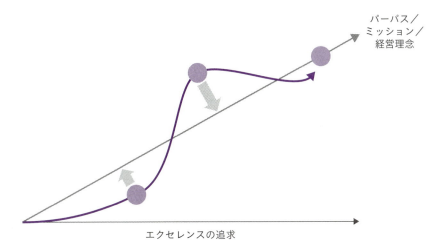

が可能性を解き放つ好機ではないでしょうか。

執筆者

酒井亮（さかい りょう）
A.T. カーニー　消費財・小売プラクティス　パートナー
早稲田大学理工学部卒。東京大学院新領域創成科学研究科修了。モニターグループを経て、A.T. カーニーに入社。消費財・小売をはじめ、生活者接点を持つ幅広い業種の企業に対して、経営から実行機能まで、幅広いプロジェクトを推進。

井上真（いのうえ まこと）
A.T. カーニー　消費財・小売プラクティス　シニアパートナー
東京大学文学部卒業。ワシントン大学（ミズーリ州）MBA修了。
三井物産、化学品メーカー、米系戦略コンサルティングファームを経て、A.T. カーニー入社。消費財・小売、化学、総合商社を中心に、全社戦略、事業戦略、グローバル成長戦略、営業・マーケティング改革、組織診断・設計、チェンジ・マネジメント等のコンサルティングに従事。

岡野卓郎（おかの たくろう）
A.T. カーニー 消費財・小売プラクティス パートナー
慶應義塾大学総合政策学部卒。15年以上のコンサルティング経験を持ち、戦略コンサルティングファームを経てA.T. カーニー入社。
消費財・小売業界を中心に支援し、レベニューマネジメント（取引条件、販促費最適化）、カテゴリーおよびチャネル戦略や、店頭実行にも知見を持つ。また、グローバルイニシアティブおよびクロスボーダープロジェクトの経験も豊富。

小林洋平（こばやし ようへい）
A.T. カーニー 消費財・小売プラクティス シニアパートナー
東京大学 法学部卒。新卒でA.T. カーニー入社。消費財・小売企業において、各層の経営戦略（全社中計・事業戦略・ブランド戦略・営業戦略・新規事業開発）から組織・プロセス・オペレーション改革（全社プロセス再設計・マーケティング組織改革・広告宣伝／消費者コミュニケーション機能改革・調達改革）まで、多数のプロジェクトを推進。

後藤治（ごとう おさむ）
A.T. カーニー 消費財・小売プラクティス シニアパートナー
消費財・小売産業を中心に、戦略・組織の設計から実行まで広範な領域テーマに活動している。
専門領域は、「成長戦略、マーケティング、ブランドマネジメント」・「組織設計・変革」・「オペレーション改革」。

関灘茂（せきなだ しげる）
A.T. カーニー 消費財・小売プラクティス シニアパートナー
兵庫県神戸市出身。神戸大学経営学部卒業。INSEAD（欧州経営大学院）MAP修了。
A.T. カーニー入社後は、消費財・小売・メディア・サービス・金融・不動産分野を中心に30社以上のクライアント企業と共に、新規事業創造、既存事業変革（デジタル・トランスフォーメーション）、マーケティング・イノベーション、組織文化・行動改革、M&A・PMIなどを経営テーマに100以上のプロジェクトを推進。

第 **2** 編

業界横断
テーマ

第16章

企業価値向上

事業ポートフォリオ改革を契機とした
根源的価値の向上

　昨年、東京証券取引所より発表された「東証の要請[1]」を契機に、上場日本企業の株式価値は上昇しています。2024年2月、日経平均は史上最高値を更新し、以降も時に40,000円台に達しながら推移し、本書執筆時の2024年8月には「やや軟調」な状況でありながらも35,000円前後での推移を続けています（2024年8月9日現在35,025円）。

　「東証の要請」発令前の2023年初の25,000円前後という水準から比べると、約一年半で1.5倍前後の上昇を見せています。また、PBR観点でも、発令直前の2022年12月末と、発令から一年半経った2024年6月末を比べると、東証上場企業の約半数（49%）がPBR1倍割れをしていたところから一年半でPBR1倍割れ企業数は全体の42%まで減少しました（図表16-1）。また、特に東証プライムのみに限定すると、当時PBR1倍割れ企業数が全体の48%だったところから、4割を切る水準まで下がっています。日本の

1　東証より上場企業に向けて2023年3月に要請された「資本コストや株価を意識した経営の実現に向けた対応」

業界横断テーマ

■ 図表 16-1　東証上場企業における PBR1 倍未満企業の割合

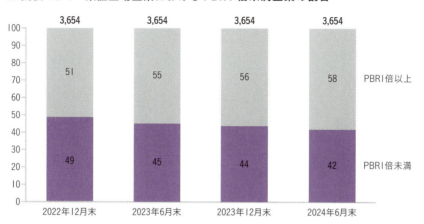

出所: SPEEDA。2024年6月末現在東証プライム・スタンダード・グロース上場の日本企業について2022年12月末、2023年6月末、2023年12月末におけるPBRを基に試算

株式市場は、これまでになく経営者の企業価値への意識が高まり、上昇機運にあると言えます。

　この株価やPBRの上昇は何が起因となってきたのでしょうか。ご存知の通り、時価総額（または企業価値）は利益に対して投資家の期待を表すマルチプルを乗じて試算されます（時価総額の場合は当期純利益×PER、企業価値の場合はEBITDA×EBITDAマルチプルで試算され、企業価値から純有利子負債を控除して時価総額が試算可能）。また、昨年の本書で議論した通り、PBR＝ROE×PERですから、利益水準が増えれば企業価値は上昇するはずです。一方、図表16-2は、東証上場企業の、営業利益水準を比較してみたものですが、こちらをみて分かる通り、利益水準は時価総額ほど大きな成長を見せてはいません（2022年度から2023年度で1.15倍）。では、一体他に何がドライバーとなり時価総額を押し上げたのでしょうか。

　この本を手に取られた皆様はご存知かもしれませんが、過去一年半で多くの企業が引いたレバーは株主還元でした[2]。株主還元総額が過去最高に到達したというニュースも話題となりましたが、より多くの日本企業が、

■ 図表 16-2　東証上場企業の営業利益総額

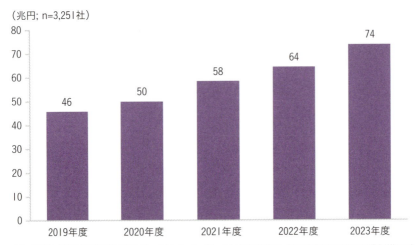

出所：SPEEDA。2024年8月10日現在東証プライム・スタンダード・グロース上場の日本企業で、2023年度決算を公表済みかつ営業利益の公表がある企業全数の営業利益額を合算

　企業に溜まっている（＝よい投資機会を見出せていない）資金を、内部留保として溜め込むのではなく、株主に還元したというのが過去一年半で見られた大きなトレンドでした。内部留保を外に吐き出すことにより、純資産が減少し（少なくとも過去と比較し増えず）、PBRの分母が改善するとともに、株主からみると、足元の株主総利回り[3]の上昇、並びに今後の企業の改善姿勢への期待値の向上を伴って、マルチプルも上昇し、株価やPBRの向上に繋がったと想定されます。

　さらにもう一つ、過去一年半で大きく変わったものが、為替です。円安が進み、海外投資家にとって日本企業は（現地通貨ベースでみると）割安となりました。昨今の日本株式市場の上昇への為替相場の影響は切っても切り

2　日本経済新聞記事（2024年3月25日）によると、上場企業の2024年3月期の配当と自社株買いを合わせた株主還元総額は約25兆円と、2年連続で過去最高
3　TSR（Total Shareholder Return）とも言われ、インカムゲイン（株価上昇）及びキャピタルゲイン（配当）により構成される。自己株買いは市中に出回る株式数を減らし、一株当たりの価値を高めることからインカムゲイン上昇に、配当はキャピタルゲイン上昇に貢献

業界横断テーマ

第16章 企業価値向上

離せません（図表16-3を参照。2024年8月に急速に円高が進んだ際には日経平均が急落した）。例えば株価が10,000円だった企業の株価が15,000円まで株価が上昇したとします。日本円をベースに投資を行う投資家からすると、1.5倍の価値を確信しないとなかなか買い増しの決断がしづらいところですが、仮に為替レートが1米ドル100円から150円に変化していたとすると、米国ドル建てでは株価は変化していません。もちろん、短期に1.5倍の為替安が進む環境をどうみるか、という観点はありますが、激しい円安環境を前提とすると、海外投資家からみた日本円建て資産が割安にみえるという点はお分かりいただけたのではないかと思います（「東証の要請」と円安があいまって、いわゆる海外アクティビスト投資家も頻繁に取りざたされるようになりました）。

　株主還元や、円安環境を活用し、株主・投資家に「買い」を訴求することに成功したという観点では、日本企業が「東証の要請」以来、企業価値への意識が高まり、資本市場とより向き合ってきたことを評価できます。一方で、株主還元は、効果の一時性が高く、持続的な企業価値向上に寄与

■ 図表16-3　為替レートと日経平均の推移

出所: SPEEDA

するものではありません。もちろんキャッシュフローを創出し、株主が満足する水準での還元を続けられるのであれば効果は持続的ですが、一般的には企業のキャッシュフローは成長投資なくしては効果は永続しません。従って、本来的には、企業価値を上げうる機会を見つけ、投資することを求められますから、溜まった資金や資産を一定程度還元するフェーズが終われば、株式市場からは還元以外への投資資金配分を期待されえます。また為替も、企業にとって良い側面も悪い側面もありますが、一企業がコントロールできるものではありません。

　企業価値向上の機運を、短期のものとして終わらせないためにも、日本企業各社には、現在の株高を、より中長期的な視点で企業価値向上に取り組むよい契機と捉えていただきたいと思っています。では、具体的にどのようなレバーを引いていくべきなのでしょうか。

企業価値向上のための施策

　図表16-4は企業が、企業価値向上のために引きうるレバーを取り纏めたものです。

　四つに大別しており、(1) 既存事業の底上げ、(2) 事業ポートフォリオの見直し、(3) 経営基盤の向上、(4) 財務戦略としています。

　(1)「既存事業の底上げ」と、(2)「事業ポートフォリオの見直し」は事業に関わる項目です。昨年の本書でも取り上げた、運転資本の圧縮などは(1) 既存事業、特に各事業単位での価値の底上げ、にあたります。文字通り、現在各社が有している事業を起点に、事業毎に各種レバーを引くことで、結果的に総和としての企業価値を向上させるものです。一方、(2)「事業ポートフォリオの見直し」は、より長期的・横断的な取り組みになります。長期的という意味は、足元から離れて、各社が将来的にどのような企業になりたいのか、のゴール・イメージを持つことが起点になる、と

274

業界横断テーマ

■ 図表 16-4　企業価値向上レバーの全体像

| 企業価値向上のレバー | 打ち手施策例 |

企業価値の向上

FCFFの最大化

各事業主体のオーガニックな取り組み
- PL：NOPATの最大化
  - 売上高成長
  - コスト低減
- BS・CF：投下資本の最適化
  （結果として）FCF, ROIの最大化

多様な事業・エリアの統合的把握と成長領域への投資強化
- 各事業の価値を統合的に把握
- 優先順位をつけて戦略的配分

「次の成長の柱」の探索・獲得
- ポートフォリオ構築に向け大型M&A
- 特定領域のR&D加速、事業開発

ノンコア事業のスピンオフ・売却
- 成り行きの事業価値の客観評価
- 他のベストオーナーの思考実験

WACCの最適化

株主資本コストの適正化
- ベータの適正化
- リスクフリーレート
- ERP

負債コストの適正化
- リスクフリーレート
- クレジットスプレッドの最小化

最適資本構成
- 負債・資本の構成

既存事業の底上げ
- ⓐ Marketing等による売上底上げ
- ⓑ オペレーション改革、BPR等によるコスト削減
- ⓒ 税務戦略
- ⓓ 運転資本の圧縮

事業PFの見直し
- ⓔ 既存事業投資の見直し/CAPEXの最適化
- ⓕ 既存事業・ブランド撤退・売却
- ⓖ 新規事業投資配分見直し(M&A含む)
- ⓗ R&D方針の見直し
- ⓘ 非事業資産・遊休資産の圧縮

経営基盤の向上
- ⓙ "中計2.0"、FP&A
- ⓚ 組織・人材育成・底上げ
- ⓛ IR戦略の見直し
- ⓜ ESG、コーポレートブランディング
- ⓝ データ・DX

財務戦略
- ⓞ 負債活用・負債比率の見直し
- ⓟ 現金水準の見直し
- ⓠ 自己株買い／配当水準の見直し

凡例：
- 本社主体のレバー
- 事業主体のレバー
- 調整困難なレバー

いうことであり、（事業）横断的という意味はゴール達成のためには往々にして資源の傾斜配分や事業の入れ替えが必要になるケースが多いからです。

　いずれにしろ、各事業の「成り行き」（延長線上）にない取り組みとなる

ので、検討と実行の難易度は (1)「既存事業の底上げ」と比べ一段上がります。(3)「経営基盤の向上」は、一見事業とは関係がありませんが、事業の「イネーブラー（能力を引き出すためのもの）」といえ、事業とのバランスが非常に重要です（「本社機能」について本章の後段でも扱います）。

最後に、(4)「財務戦略」です。これも事業自体と直接的には連関しませんが、各社が持っているお金・資産をどのように使っていくかを決める非常に重要な戦略です。例えば、先に触れた還元強化は財務戦略の一環ですが、仮に事業からのキャッシュ創出能力が過去と変わらなかったとしても、保有するキャッシュを含めより多くを投資家に還元するという意味ですから、資本市場からの見方をポジティブに変えることに繋がります。

(2)「事業ポートフォリオの見直し」は、前述の通り、時間軸の長さという意味でも、事業横断的という意味でも、不確実性・難易度が高い打ち手ではありますが、その分、一過性ではない、成長エンジンを手に入れる可能性がある、チャレンジに値する打ち手だと考えています。事業ポートフォリオというテーマは、一冊の本としても成り立つ深淵なテーマではありますが、本章ではここから、事業ポートフォリオの見直しと、事業ポートフォリオ再構築を成功裡に導くために、車輪の片側として必須ともいえる本社機能について、そのさわりをご説明申し上げます。

事業ポートフォリオの再構築

事業ポートフォリオを再定義し、実践するアプローチを図表16-5に纏めています。ここでは各フェーズについて、より詳細に説明していきます。

Phase 1 　足元の"企業価値"の分解・可視化

事業ポートフォリオの見直しに向け、まず行うこととしては、①経済価

業界横断テーマ

■ 図表16-5　事業ポートフォリオ 検討のアプローチ

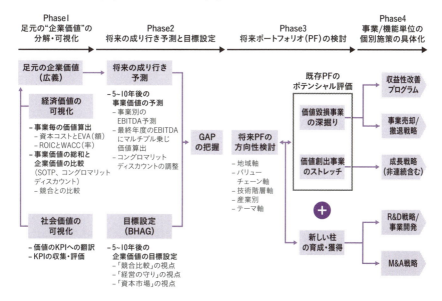

値の可視化、そして②社会価値の可視化です。①「経済価値の可視化」は、既存各事業が自社企業価値にどの程度の貢献をしているのかを定量化し、経営陣の間で共通理解を醸成することです。

　ここで定量化したいのは、まず、売上高や営業利益のような、損益計算書上の項目だけではなく、その売上高や営業利益を創るために、どの程度の資本を投下しているのかという資本市場からみた各事業の価値を含みます。資本に対して生み出した価値を判断する指標は、ROEやROA、ROICなど多数ありますが、資本市場からみた期待収益率（＝資本コスト）との対比ではROIC、EVAが代表的な指標として知られており、各事業の資本市場観点でのパフォーマンス評価や事業ポートフォリオ再定義のとっかかりとしては、私たちもこれらの指標を活用することが多いです。ただし、たとえばROICといえども決して万能ではなく、きれいに投下資本を事業毎に分解できない、などの実務的なチャレンジや、将来の成長性を含んでい

ないなど、指標そのものの特徴も当然ながらあり、事業の責任者にも納得感をもてるような分解ロジックの構築や、他指標と組み合わせるなど、「使用上の注意」は必要になります。

その他には、各事業の「ベストオーナー」が該当企業であるかを判断するうえでもコングロマリットディスカウントがどの程度発生しているか、ディスカウントが発生している場合に具体的にどのようなフィードバックが市場から得られているかを確認したり、各事業が各市場でどのようなポジショニングなのか（例えば売上は成長しているが実は市場全体はもっと成長している、等が起こっていないか）を判断するうえでの競争環境の整理等、既存事業を巡る環境の可視化を行っていきます。

②「社会価値の可視化」は、上記のような財務的・経済的指標からは離れ、各社が事業を通じ、どのような価値を社会に与えたいかの指標化を試みるものです。これは、まず、各社が社会にどのような価値を与えるかの言語化、また、その定量化・指標化、そして財務・経済指標と異なり各社間での共通指標が存在しないという三つの観点から、非常に難しい作業です。しかしながら、中長期の自社にとっての主戦場を決めるという重要な戦略的意思決定へのインプットとしては非常に重要な作業ともいえます。

Phase 2　将来の成り行き予測と目標設定

Phase 2では①将来の成り行き予測、②目標（BHAG[4]）設定を行い、「成り行き」の成長を前提とすると、どこまで売上高、利益、企業価値が向上しそうなのか、また、「成り行き」とは独立して検討した目標と、どこまでの乖離が生まれそうなのかを試算し、目標と現状とのギャップを認識することが要諦です。

4　Big Hairy Audacious Goalsの略。社運を賭けた、長期をかけて実現する、困難だがチャレンジのしがいのある目標。『ビジョナリーカンパニー』（ジム・コリンズ著）で、多くのビジョナリーカンパニーが掲げてきたものと紹介

まず、①「将来の成り行き予測」では、Phase 1で行った既存事業の足元の評価に対して、外部環境・事業環境を加味したうえで、5年先・10年先に各事業がどのような状況になっているかを定量化していきます。例えば、事業を行う国のマクロ環境やリスク、市場そのものの成長期待、技術変化の起こりやすさ、競争環境等を加味したうえでの試算を行います。そのうえで、将来創出すると試算した各事業の売上高・各利益を合算して、全社売上高・利益の将来図を描くとともに、各事業利益を前提に将来の期待企業価値を試算します。

また、②「目標（BHAG）設定」は、①を並行して行いながらも、できるだけ①に引っ張られ過ぎず、独立して検討することが肝要です。目標を、あえて「BHAG」と記載している通り、現在の手なりでは達成できない、ストレッチな目標を設定することが重要です（手なりで達成できる目標であれば、事業ポートフォリオを入れ替えるリスクをとる価値のない目標という見方もできます）。

目標設定の観点はいくつかありますが、ここでは三つご紹介します：(i) 競合比較の観点、(ii) 経営の守りの観点、(iii) 資本市場の観点です。

(i) 競合比較の観点：競合と比べて、これまでどの程度株主に利回り（TSR）を還したか、どの程度株価を伸ばしてきたかは重要な観点です。競合間で最も高いTSRを創出してきた企業はどの程度のTSRであったか、最も高い株価成長を遂げた企業はどのような水準であったか等を踏まえた目線設定も可能です。売上高や利益水準が大きく変わらないにもかかわらず、時価総額で水をあけられている競合がいる場合には、市場からは当然比較されていますから、その企業との乖離が目標となる場合もあります。ただし、競合比較に際しては、実際の事業モデルが異なる場合やポートフォリオが異なる場合等、市場が競合とみなしていない場合がありますし、どの企業と「競合」とみられるかによりマルチプルも変わってきますので、IRを活用しながら目線を形成する

必要があります。

(ii) 経営の守りの観点：特に2023年以降、アクティビスト投資家の台頭が日本でも見られます。アクティビスト投資家は、基本的には各銘柄が割安だと判断された場合に活動を始めますので、「割安だ」と判断されないような水準・目線を目標とすることが可能です。また、アクティビスト投資家が顕在化しない場合でも、株主を満足させる業績を上げられない場合には、経営陣に対する追及が強くなってきて、最終的には経営の安定性が損なわれますから、経営を安定的に行う観点で、達成が必要な水準がどの程度かを見直す必要があります（例えばROICが想定資本コストを大きく毀損している場合などは注意が必要です）。

(iii) 資本市場の観点：企業は定義上株主が保有していますから、上場している以上、資本市場の見方を取り去ることはできません。また、ややテクニカルな話になりますが、昨今増えていると言われるパッシブ投資では、各業界・各市場の代表的な銘柄の方が「買い」が集まりやすい構造にあります。したがって、既に一定の規模がある企業であれば、さらに業界や日本の「代表的」な銘柄となるためにどのような企業価値創造を行っていくかを考える余地も生じます。

Phase 3　将来ポートフォリオの検討

　Phase3では、Phase1及び2を通じて可視化された、既存事業の現況と期待値、及び当社の目標到達のために埋めるべきギャップに基づき、既存事業のうちどの事業を成長させるのか、どの事業が梃入れ（場合によっては売却・撤退）が必要なのか、また、どんな新事業を獲得すべきか、の検討を進めます。

　Phase 3も大きく二つの議論を以て進めます。一つ目が、将来ポートフォリオの方向性、二つ目が、各事業の方向性です。「将来ポートフォリオの方向性」ですが、各社が企業として、どのような企業となりたいのか、

地域・バリューチェーン・技術のレイヤー・顧客等様々な軸・観点から解像度を上げていきます。現在と同じ範囲の仕事を多国展開することと、現在と同一地域で、現在よりもバリューチェーン上の機能を広げていくこととは大きく意味合いが異なります。もちろん、全てにおいて拡大を志向することは可能ですが、投資原資との兼ね合いがありますので、一般的には、企業が進む方向性を定める必要があります。

　他方で、各事業についても、その方向性の議論を行います。まず、既存事業についてです。既存事業のうち、価値を毀損しており、今後も成り行きでは成長の見込みがない事業（群）が存在することがあります。その事業群について、今後収益性や効率性を高め、価値創造事業に転換していくことが可能なのか、それとも、縮小・撤退が必要なのかの議論が必要です。また既存事業のうち、価値を創出している事業について、成り行き以上の価値成長をさせるためになんらかの施策・投資を講じうるかを議論します。

　そして、新たな成長の柱となりうる、新規領域の議論を行います。領域・市場自体の市場規模・成長性の他、自社のこれまでの競争優位性・ケイパビリティが活用できそうか、自社の戦略性・目指す姿と方向性が合致しているのか、等を含めた定量・定性面双方からの検討を行います。もちろん、検討の中には、既存事業を破壊する（ディスラプトする）事業が入ることも当然あります。

　投資原資は、一般的には制約がありますから、価値毀損事業の梃入れと、価値成長事業のさらなる成長双方に十分な投資を行うことができず、梃入れ余地がある事業にもかかわらず縮小・撤退を決めることもあります。また、新規領域のチャレンジのために原資を捻出する必要があり、例えば現在は価値を創造しているが、自社が持っていても成長余地が多くないような事業については、ベターオーナーを求めた売却の意思決定を迫られることもあります。

Phase 4　事業/機能単位の個別施策の具体化

　各事業についての方針が決まれば、ここからは事業単位で施策を具体化していきます。撤退やM&Aのような非連続な戦略の意思決定が行われた場合には、本社側が推進することが多いですが、収益性の改善、成長戦略、事業開発や研究開発（R&D）を推進する場合、事業側で施策を具体化し、実行していきます。

　検討すべき項目は多々ありますが、私たちが最も重要と考えるのは、「各社がどうなりたいか」という絵姿を描くために議論を尽くすことです。これは前述の通り非常に難しい問いですが、経営陣・従業員のよりどころとなる、議論のしがいのある論点だと考えています。

企業価値向上のために必要な本社改革

　最後に、事業ポートフォリオとは少し異なりますが、事業ポートフォリオの再定義・実行に向けた「イネーブラー」となる、本社機能について触れておきます。図表16-4（前出）をご覧いただくと分かる通り、事業ポートフォリオの議論には「本社」のリーダーシップが求められます。ある特定事業に肩入れせず、客観的に現在の自社の状況と、将来の期待を踏まえたうえで、資源の再配分を決定し、牽引する必要があるからです。時には既存事業の抵抗を退けて大きな意思決定を行う必要があります。一方で、事業ポートフォリオの再構築がうまく進行しない企業の様子を伺ってみると、本社機能が事業に対してリーダーシップをとれていないという構造を見かけることがあります。つまり、これまで当該企業の強み・競争優位性を作ってきた「強い」事業部が反作用し、本社機能の発言に耳を貸さないような状況が生まれていることがあります。そのような事態を招かないためにどうすべきか、ここからは、複数の事業を有するポートフォリオ企業の本社機能として、必要な要件と、その要件を発揮するために必要な管理

業界横断テーマ

第16章 企業価値向上

の仕組みについて述べていきます。

　複数事業を束ねる本社機能には主に四つの類型があると考えています。図表16-6に四類型を示していますが、類型1から類型4に進むに従い、本社の事業自体への関与が強くなります。私たちが、長期戦略の策定や事業ポートフォリオ変革等、より中長期視点が必要な（つまりある種不確実な）テーマでのご支援を申し上げる際に、本社の立ち位置について特に悩みが生じやすいと感じるのが、類型2と類型3の本社機能要件の乖離にあります。

　類型2と類型3について、大きな相違は、主体が誰かという点にあります。類型2では主体は事業です。当然グループ会社の一つの事業ですか

■ 図表 16-6　グループ企業の本社の四類型

一般に、事業毎の「足し算」を超える成長加速には、企業戦略の策定と実行を通じ、グループ全体をリードする3への移行が有効

事業/地域戦略の企画機能

	1. 投資会社的な本社	2. KPI管理型	3. 戦略リード型	4. マイクロマネジメント型
概念図	本社 / 事業/地域 事業/地域 事業/地域	本社 / 事業/地域 事業/地域 事業/地域	本社 / 事業/地域 事業/地域 事業/地域 事業/地域によって本社の関与の濃淡が異なる	本社 / 事業/地域 事業/地域 事業/地域
事業構造のイメージ	- 投資会社と投資先のような関係	- 多角化事業からなる企業	- 相互に関連度合いの高い事業群からなる企業	- 単一事業にかなり近い企業
本社の基本的な役割	- 本社は買収・売却を通じたポートフォリオ管理を行う財務上の持ち株会社であり、投資会社の様な性質	- 本社は、事業/地域の立案した戦略を、全社ビジョンや目標に則して審議・決定 - 平時は**主に事業別のKPIを管理**	- 本社は**企業戦略目標設定、ポートフォリオの新陳代謝**をリード - 一部の事業・エリアでは、**方向性の提示・専門サポートの提供**を実施	- 本社は基本全ての事業を運営し、全主要課題に対して意思決定
事業部/地域の基本的な役割	- 事業部門/地域が主に独立して事業を主導する	- 事業部門/地域は、意思決定素案となる方向性を立案し、本社へ報告	- 事業部門/地域は、本社の意思決定のための材料を提示	- 事業部門/地域は本社の立案した戦略の実行へ特化

ら、グループ全体の戦略を念頭に置きつつも、例えば計画策定時には、事業が主体となり計画を策定し、本社との議論を経て最終化していきます。また年度中の管理としては、本社はKPIの管理・モニタリングを行っていきます。類型2は事業が主体で、価値創造の源泉の大半は一つ一つの既存事業ですから、本社としては各事業が計画を推進していくサポートを行います。対して類型3では、本社の関与は、より強くなります。本社は事業運営や計画策定を事業のみに任せるのではなく、グループ全体の視点から、各事業にどの程度の目標を置くのか、そのためにリソースをどう配分するかを検討していき、各事業と対話していきます。また年度中も、KPI管理に留まるのではなく、リソースが足りない場合には本社側から人を派遣したり、事業の競争優位性が低く、自社内のリソースでは賄いきれない事業については、新陳代謝を促す可能性を含めて検討します。

　各事業が手なりで利益創出を伴いながら成長していく状況においては、本社による、グループ全体の視点からのリソースの差配や目標設定は、そこまで重要ではありません。むしろ、各事業をよく知るリーダーが、各事業の成長にとって正しいことを行う裁量を与え、事業を拡大させることが是であり、類型2のような本社が機能します。一方で、そもそも市場が停滞していたり、競争が激しかったり、技術革新によりゲームのルールが変わるような局面では、そうは言っていられません。これまで業界で一番競争優位性が高い事業だと思っていた事業が、技術革新への適応に後れを取り競争力がなくなることもありますし、市場自体が急激に衰退することもあります。この場合、本社が、より大きな視点で、自社の事業ポートフォリオのどこに資源を配分するか、または事業ポートフォリオに新しい成長の柱として何を加え、どのように進化させていくのかを、変化の兆候を感知しながら検討する必要があります。その場合には、類型3のような本社の効果が高いと言えます。

　では具体的に類型3のような本社は、どのような要件を具備することを

意味するのでしょうか。図表16-7は、一般的に本社が有する主たる機能を記載しています。

　長期戦略の策定、事業ポートフォリオの再構築の観点から重要度が高いのは、「①戦略的リーダーシップと目標設定」及び「⑤透明性の確保／ガバナンス」の手綱を本社が握ることです（加えて、①と⑤の実効性の担保という観点から「④必要資本の調達と調達コストの最小化」を本社が効果的に行っていることも重要です）。本社が①と⑤のコントロールを強くするということは、グループ視点で目標設定を行い、グループ視点で進捗をモニタリングする体制を構築するということに他なりません。これまでの議論と重複がありますが、①と⑤について、詳細をみていきましょう。

■ 図表 16-7　本社のコア機能

「戦略リード型」を目指す場合、本社が
①戦略的リーダーシップと⑤透明性確保の機能を強めることが必要（連動して④も）

①戦略的リーダーシップと目標設定

- 企業戦略の策定（BHAGの設定、ポートフォリオ戦略、など）
- 個別事業の目標のストレッチ、戦略の質の向上
- 新規事業の育成
- 大きな変革の管理

②企業とブランドのアイデンティティ

- コーポレートアイデンティティと価値の策定
- ブランドアイデンティティと戦略の策定
- 政府、株主、従業員などとの関係の維持／構築

③組織能力の向上

- 幹部／グローバル人材育成
- 技術／イノベーション
- 学習する組織、知的資産管理

グローバル/
グループ本社

④必要資本の調達と調達コストの最小化

- IR戦略、財務戦略の立案と実行
- 株式、借入による資金調達、資産管理
- トランザクションの組成、サポート
- トレジャリーとキャッシュマネジメント

⑤透明性の確保/ガバナンス

- 資本コストを勘案した経済価値のモニタリング
- FP&A（事業の予算・計画の進捗管理、未達時の問題解決の支援）
- 意思決定プロセス、利害対立の解消
- 法務／規制遵守

①戦略的リーダーシップと目標設定

　これまでに述べてきた通り、事業ポートフォリオ変革の観点からは、グループとしての大きな目標（BHAG）を掲げる必要があり、その設計は本社が事業を巻き込みながら行う必要があります。また、BHAG を基とした各事業の目標設定についても、本社からストレッチした目標設定を要請し、それを行うための発想の転換を各事業に迫るような対話が必要です。

　各事業とそういった対話を行う傍ら、既存事業だけでは埋められない将来の絵姿との乖離を、どのような事業・技術で埋めていくのかの見立てを行い、投資を行う意思決定をするのも本社の仕事です。

⑤透明性の確保／ガバナンス

　目標設定およびそこへの「登り方」（＝戦略）の議論がなされても、進捗を確認できなければ片手落ちです。その意味では、進捗確認への透明性確保は①が成立する要件ともいえ、この進捗確認の透明性を高め、効果的に管理を行うことが本社に求められます。

　本社はリソースの出し手でもありますから、自社の株主と同様の視点で経済価値をモニタリングする必要があります。つまり、事業ポートフォリオの節でも述べたように、売上高や営業利益のような損益計算書上の項目だけでなく、資本コストを勘案した経済価値をモニタリングします。ここで活躍するのが、FP&A という機能です。

　FP&A は、Financial Planning & Analysis の略ですが、その言葉の通り、財務・会計に基づいた分析を行い、戦略的なアドバイスを行うような職種です。企業によっては Finance Business Partner と呼ばれますが、単に事業業績の結果を集計するだけでなく、事業の「パートナー」として財務・会計の立場から伴走するようなイメージをお持ちいただくのが分かりやすいかもしれません。

　FP&A は事業の伴走者ではありますが、事業とはレポートラインを別と

することも多く、あくまでも客観的に事業を分析しながら事業と共に事業価値を高める役割を持ちます。外資系の複数事業・ブランドを有する企業を中心に、FP&A（またはそれに類する職種）を配置する企業が既に多い印象です。ファイナンス機能を、単に事後的な結果を見る機能に留まらせず、事業の戦略パートナーと位置づける考え方は、透明性を向上し、進捗を確認し、場合によっては梃入れするうえで、重要です。

おわりに

　本章では、今年は、企業価値向上について、より長期戦略の観点から、事業ポートフォリオ改革と対になる本社改革について述べてきました。本文でも申し上げた通り、事業ポートフォリオ改革は、まだ見ぬ各既存事業の将来性や、まだ見ぬ成長の柱の議論を行い、資源配分を大きく変えていく、非常に難易度の高い戦略テーマです。また、その企画・実行には、本社改革など、「準備運動」の範囲におさまらない、大胆な組織変更や機能強化が必要な場合もあります。

　ただ、それらに粘り強く取り組み、成し遂げることができれば、「円安」と「株主還元」だけに頼らない、より持続的に企業価値を高め続けることができるという、大きな効用が期待できます。本稿が企業・事業の経営を担う読者の皆様にとって、皆様の会社の現状を見直し、具体的に次の一歩として何をすべきかを考えるきっかけとなれば幸いです。

執筆者

井上 真（いのうえ まこと）

A.T. カーニー　戦略トランスフォーメーションプラクティス アジア太平洋共同リーダー シニアパートナー

東京大学卒。Washington University in St.Louis 経営学修士。総合商社にて、事業投資や投資先の経営を経験。その後、米系コンサルティング会社を経て、A.T. カーニーに参画。企業戦略、ポートフォリオ戦略、競争戦略、組織設計、収益改善など企業の根源的価値向上に向けた様々な取り組みをハンズオンで支援。

梶 沙瑶子（かじ さよこ）

A.T. カーニー 戦略トランスフォーメーションプラクティス プリンシパル

慶應義塾大学卒。米系証券会社での投資銀行業務、日系銀行での企業投資業務や投資先の経営を経験。その後米系コンサルティング会社、日系・米系コマース企業を経て、A.T. カーニーに入社。

組織戦略、ポートフォリオ戦略、企業価値向上戦略、海外事業展開戦略策定などを支援。

業界横断テーマ

第**17**章

M ＆ A

買い手側の変化が起こす
M＆A競争の変質

第17章 M＆A

活況な日本M＆A市場と、5つの変化

　2023年後半から2024年の日本のM＆A市場を振り返ると、MBO（経営者による買収）も含め上場企業の非公開化、日本企業による海外企業の大型買収やPEファンドによる企業買収の活発化など、従来からのトレンドが継続し引き続きM&Aが活況な年でした。2023年、2024年における大型買収を見てみると、日本製鉄によるUSスチール（米）の買収やアステラス製薬によるアイベリック・バイオ（米）の買収などのクロスボーダーの超大型案件や、PEファンドによる日本の半導体関連銘柄を中心とする数千億円の大型案件が相次ぎました。

　一方で、同時期の世界に目を向けると、世界的にはインフレ対策の利上げなどに伴い景気減速の恐れが高まり、不確実性が大きくなる中で企業の買収意欲に陰りが見え、欧米のM&A市場は、好調だった2010年代と比

289

べると、明らかにスローペースとなりました。具体的には、欧米のM&A市場は、2021年から2024年にかけて4期連続で、前年比件数ベースでの減少が予測されています。しかし、我々の海外オフィスの同僚たちと話していると、足元では、欧米においても利上げにもかかわらず消費が想定よりも落ち込んでいないこと、企業の資金の調達コストの予測可能性が高まっていることから、再びM&Aの機運が高まっているようで、来年以降はM&A市場が回復するのではという期待が広がっているようです。

　このように近年の日本のM&A市場が活況であったのは、以下のような『売り手の事情』『M&Aのアドバイザーの変化』に支えられてきました。

『売り手の事情』

● コーポレートガバナンス強化に伴うノンコア事業のカーブアウトニーズの高まり

● PBR1を割る企業の資本効率向上の意欲の高まり

● 事業承継ニーズの高まり

『M&Aのアドバイザーの変化』

● 巨大な投資銀行が十分に対応してこなかった中小規模のM&Aニーズに対応するM&A仲介業者の台頭

● 都市銀行や地方銀行が、新たな収益源としてM&A関連業務を強化してきたこと

　これらの要素は、今後も通奏低音として当面日本のM&A市場を下支えしていくと考えられますが、足元では、そういった『売り手側の事情』や『M&Aのアドバイザー側の変化』に加えて、『制度・仕組みの変化』や『買い手側の変化』も起こっており、それらが組み合わさることで、今後一層日本のM&A市場が成長していくものと見ています。

業界横断テーマ

■ 図表17-1　M&Aの件数、金額の推移

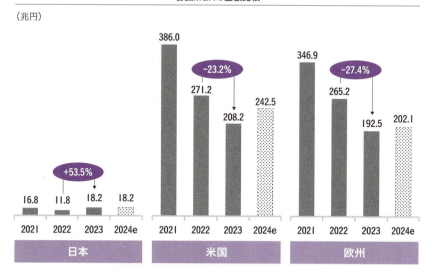

各国M&Aの金額比較

各国M&Aの件数比較

注1: 各年為替レートは6月末終値を採用し、日本円へ換算
注2: 各国M&Aの金額比較・件数比較において、2024年は上半期のみの実績が開示。従って下記の予測値もしくは推計処理分を表示している
　　日本: RECOF M&A Database における2024年における上半期（1月〜6月）の実績値を基に、下半期分を予測し加算
　　米国・欧州: Institute for Mergers, Acquisitions & Alliances による予測値を表示
出所: RECOF、Institute for Mergers, Acquisitions & AlliancesよりKEARNEY作成

第17章　M&A

■ **図表 17-2　2023 年・2024 年の大型 M&A**

年度	#	公表日	買い手	買収/出資先	(億円)	形態	出資比率
2023年	1	2023/12/19	ニッポンスチールノースアメリカ（日本製鉄子会社）	USスチール	20,053	三角合併＜逆＞	100
	2	2023/3/23	日本産業パートナーズ（JIP）	東芝	20,009	TOB+少数株主排除	100
	3	2023/6/26	JICキャピタル	JSR	9,039	TOB+少数株主排除	100
	4	2023/5/1	アステラスUSHD（アステラス製薬関連会社）	アイベリック・バイオ（米）	8,007	買収	100
	5	2023/11/27	大正製薬現経営陣（創業家）	大正製薬	7,077	MBO	ー
	6	2023/12/13	JICキャピタル、大日本印刷、三井化学	新光電気工業	6,848	TOB+少数株主排除	100
	7	2023/12/17	東京ガス	ロッククリフ・エナジー（米）	4,050	買収	100
	8	2023/8/2	伊藤忠商事	伊藤忠テクノソリューションズ（CTC）	3,882	TOB+少数株主排除	100
	9	2023/6/13	ケネディクス・オフィス投資法人	ケネディクス・レジデンシャル・ネクスト投資法人（KDR）、ケネディクス商業リート投資法人（KRR）	3,779	吸収合併	
	10	2023/3/31	WHI Holdings現経営陣	WHI Holdings	3,500	MBO	
2024年	1	2024/2/15	ルネサスエレクトロニクス	アルティウム（米）	8,897	買収	100
	2	2024/1/19	セキスイハウスUSHD（積水ハウス子会社）	M・D・Cホールディングス（米）	6,879	三角合併＜逆＞	100
	3	2024/5/1	小野薬品工業	Deciphera Pharmaceuticals（米）	3,760	買収	100
	4	2024/6/19	Black Stone	インフォコム	2,759	TOB+少数株主排除	100
	5	2024/6/17	キリンホールディングス	ファンケル	2,216	TOB+少数株主排除	100
	6	2024/5/9	ロジスティード（KKR傘下）	アルプス物流	1,758	TOB+少数株主排除	80
	7	2024/5/29	旭化成	カリディタス・セラピューティクス（スウェーデン）	1,739	買収	100
	8	2024/1/12	7-Eleven,Inc.（セブン＆アイHD孫会社）	スノコ（米）	1,458	事業譲渡	ー
	9	2024/5/21	カーライル	日本KFCホールディングス	1,350	TOB+少数株主排除	100
	10	2024/6/3	SGホールディングス	C&Fロジホールディングス	1,239	TOB+少数株主排除	100

出所:RECOF、その他公開情報よりKEARNEY作成

　具体的には、『制度・仕組みの変化』としては、以下の2つが挙げられます。

> ①株式交付制度の拡充
> ②スタートアップ投資を後押しする税制改正

　また、『買い手の変化』としては、以下の3つが挙げられます。

> ③積みあがる現預金と金庫株による日本企業の投資余力の増大
> ④PEファンドの新規参入の増加・大規模化
> ⑤総合商社とPEファンドの連携強化

業界横断テーマ

■ 図表17-3　M&A市場の変化

```
『M&Aアドバイザーの変化』
・巨大な投資銀行が十分に対応してこなかった中小規模
  のM&Aニーズに対応するM&A仲介業者の台頭
・都市銀行や地方銀行が、新たな収益源としてM&A関連
  業務を強化してきたこと
```

凡例：従来からの変化／足元での変化

```
『買い手の変化』
・積みあがる現預金と金
  庫株による日本企業の
  投資余力の増大
・PEファンド数の増加・
  大規模化
・事業会社とPEファンドの
  連携強化
```

```
『売り手の事情』
・コーポレートガバナンス
  強化に伴うノンコア事業
  のカーブアウトニーズの
  高まり
・PBRIを割る企業の資本
  効率向上の意欲の高まり
・事業承継ニーズの高まり
```

```
『制度・仕組みの変化』
・株式交付制度の拡充
・スタートアップ投資を後押しする税制改正
```

制度・仕組みの変化

変化①：株式交付制度の拡充

（後述するような）日本企業のカネ余りの状態を鑑み、日本政府は資金を成長投資へと振り向けるように動いています。具体的には海外企業やスタートアップへの投資を後押しする法令・税制の改正がなされています。

　1つ目は、金庫株（自己株式）の活用を促す会社法の改正です。今までの会社法で規定されているM&Aスキームでは、以前から株式交換と呼ばれる手法がありましたが、株式を対価とするM&Aは行いにくいという問題がありました。具体的には、株式交換は完全子会社化する場合（相手の株式を100%取得する場合）のみを対象としており、過半数〜100%未満の株式を取得する時には活用できないという問題がありました。このような問題点

に対し、2021年に株式交付制度が設けられ、国内企業の買収に限定して、完全子会社化する場合以外においても、自己株式を用いた買収ができるようになりました。

しかし、従来の株式交付制度においては、子会社の出資比率を上げる場合や海外企業を買収する場合は適用外とされていました。そういった場面で活用できないといった不満に対し、2024年の規制改革推進会議の答申において、活用範囲の拡大が提言され、子会社の出資比率を上げる場合や海外企業の買収時にも活用できるよう会社法を改正する方向性で現在調整されており、法制審議会への諮問等を行い結論を得次第、法案が国会に提出される予定です。

日本企業が海外企業を現金で買収する場合には、為替が大きな逆風となっており、日本勢は入札における金額面で劣後しやすい状況となっています。そこで、自己株式を対価にできれば資金面や買収後の財務体質面での負担が減ります。既に欧米の大規模M&A案件の3割から5割を占める株式と現金を組み合わせる「混合対価」と呼ばれる買収手法が使いやすくなることで、日本企業による海外企業の買収がさらに加速することが考えられます。

変化②：スタートアップ投資を後押しする税制改正

2つ目は、スタートアップ企業（設立10年未満の国内非上場企業）への出資時の税制改革です。スタートアップ企業への出資時においては、既存株主が保有する株式（発行済株式）の取得が中心であるM&Aは、実質的に税制優遇の対象外となっていました。

これに対し、2023年度税制改正により、議決権の過半数を取得するM&Aを行った場合には、取得した株の25％を課税所得から控除できる制度（例えば、10億円でスタートアップの株式を取得し、完全子会社化に至った場合、その25％にあたる2.5億円部分が所得から控除でき、約8,500万円＝2.5億円×実効税率約34％が

業界横断テーマ

■ 図表17-4　2023年度の税制改正の概要図

出資額の25%が所得控除可能に

出資

出資法人
（国内事業会社又はその国内CVC）

スタートアップ
（設立10年未満の国内外非上場企業[1]）

所得控除上限額	1件あたり12.5億円以下[2]、対象法人1社・1年度当たり125億円以下[3]
出資行為の要件	以下の要件を満たす出資であること - 1件当たりの出資金額下限：大企業は1億円、中小企業は1,000万円以上。海外企業への出資は一律5億円以上 - 資本金増加を伴う現金出資（発行済株式の取得は対象外）、なお純投資は対象外 - 取得株式の3年以上[4]の保有を予定していること

注1：売上高研究開発費比率10%以上かつ赤字企業の場合、設立15年未満の企業も対象。令和4年4月1日以降の出資が対象。
注2：取得額換算50億円/件。なお令和5年3月31日までの出資については、25億円（取得額換算100億円/件）。
注3：オープンイノベーション促進税制（M&A型）と合算。注4：令和4年3月31日までの出資については、5年以上。
出所：「オープンイノベーション促進税制（新規出資型）の概要」『経済産業省』

節税される）が認められるようになりました。今回の税制改正では、大企業がイノベーションを加速させるためにスタートアップとの連携強化しやすくなるだけでなく、スタートアップとしても大企業のアセットを活用して成長につなげやすくなります。

買い手側の変化

変化③：積みあがる現預金と金庫株による日本企業の投資余力の増大

　日本の民間事業法人（非金融）が保有する2024年6月の時点での現預金残高は、354兆円まで積み上がっています。この5年CAGR 5％で増加し、実額では80兆円の現預金残高が純増しています。そのペースは、一貫して衰えない様子であり、実質GDPの約60％に相当する資金が現預金として民間企業に滞留している状況と言えます。その背景には、コロナ禍にお

■ **図表 17-5　2025 年における株式対価 M&A の活性化に向けた会社法の見直しの概要**

#	項目	概要	投資に対する意味合い
1	上場買収会社の株式買取請求権撤廃	買収会社が上場会社である場合、当該上場会社の株式流通市場における株式売却の機会が担保されていることを踏まえ、当該買収会社の反対株主の買収会社に対する株式買取請求権を撤廃	株式交付の際に発生する手続が簡略化され、買収会社にとって実施が容易になる
2	外国会社買収への株式交付拡大	現行法上、株式交付は、制度利用可否を一律に判断する観点から、国内株式会社を買収する場合のみに利用が認められているところ、外国会社を買収する場合にも利用可能とする	海外展開ニーズを持つスタートアップなどが、株式交付を用いた海外企業買収を行うことが可能に
3	子会社追加取得・連結化への株式交付適用	現行法上、株式交付は、一度の制度利用で買収会社が買収対象会社を子会社化する場合のみに利用が認められているところ、既に子会社である株式会社の株式を追加取得する場合や連結子会社化する場合にも利用可能とする	子会社に対する株式追加取得や連結子会社化に際して、株式交付での実行が可能に
4	混合対価における債権者保護手続の撤廃	現行法上、株式交付は、買収対価が株式のみである場合には買収会社において債権者保護手続が不要となっているところ、株式と現金を組み合わせた混合対価の場合にも、必ずしも過大な財産流出が生じないことを踏まえ、同手続を撤廃する	欧米企業が買収時によく利用する混合対価（株式交付と現金とを組み合わせる手法）がより使いやすくなり、金庫株を用いた買収がやり易くなる

出所：「株式交付制度とは？　株式交換との違いや手続きなどの概要・注意点を解説」『M&A総合研究所』2024年4月10日

ける先行き不安での借入増などもありますが、根本的には、ここ数年インフレによる原材料高などの対応のための収益性改善が喫緊の課題とされ、各種収益改善活動をした結果利益が底上げされたことに加え、手元資金を使った新規投資は後回しにされてきたといった理由が挙げられるでしょう。

　また、現預金だけではなく、いわゆる「金庫株」も積み上がりが続いている状態です。「金庫株」とは、正式には「自己株式」と言い、企業が自社の株式を買い戻し、手元に置いている株式です。自己株式の取得の目的は、1.会社の乗っ取りの防止、2.株価の下支え、3.株式配当の減少といっ

業界横断テーマ

■ 図表17-6　直近5年における法人の現預金保有額

注1: 各年為替レートは6月末終値を採用し、日本円へ換算
出所: 日本銀行、IN情報センター、日経新聞よりKEARNEY作成

た効果があります。ここ数年では、アクティビスト（物言う株主）に投資対象とされた企業が自社株買いで彼らの保有株を買い取る動きや、東証からの「PBR1倍割れ」指摘をされた企業が自社株買いを増やす動きが出てきました。

例えば、2022年4月には大豊建設が上限418億円の自社株買いを、同年9月にはセントラル硝子が同500億円の自社株買いを、11月下旬にはジャフコグループも420億円の自社株買いを発表するなど、アクティビストによる株式取得に対して数百億円単位の自社株買いが相次いでいます。

また2024年においても、自社株買いを実施する企業の裾野は広がっており、2024年1〜5月だけで社数ベース（重複除く）でも606社と23年通年（884社）の7割弱が自社株の取得枠を設定しており、その中でも初めて自社株買いを実施すると表明した企業は60社と全体の1割に上ります。例えば島津製作所、厨房機器大手のホシザキや、住友重機械工業など、各産

■ 図表17-7　直近（5年程度）の自社株買い取得金額（単年）

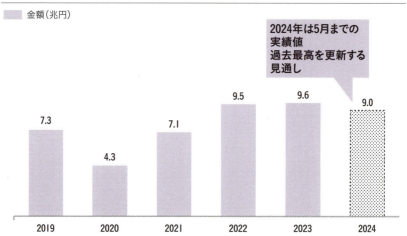

注1：各年為替レートは6月末終値を採用し、日本円へ換算
出所：日本銀行、IN情報センター、日経新聞よりKEARNEY作成

業の名だたる大企業が初めて自社株買いを実施するなど、その動きは広がっているといえます。

　これらの現預金と金庫株の積み上がりによって、日本の企業は、特に大企業を中心に、"潜在的なM&A原資が積み上がっている"状態にあると言えます。"潜在的なM&A原資"の積み上がり状況を産業別セクターでみていくと、特に輸送機械、機械・電気製品、素材、広告・情報通信サービスの業界では、手元で使えるM&A原資（現預金＋金庫株）の積み上がりが大きく見えており、これらのセクターなどを中心に、大きな借入をせずとも大型の企業買収に踏み切れる企業も存在しています。投資家からの資本効率に対する厳しい目線が向けられる中では、前述の株式交付制度の拡充と合わせて、こういった潜在的なM&A原資を使って、海外などの成長領域で大きな投資がなされていく可能性が十分あります。

業界横断テーマ

■ 図表17-8　セクター別[1]の上場企業の手元資金（現預金＋金庫株）の積み上がり

※現預金の保有高の大きい金融セクターを除く

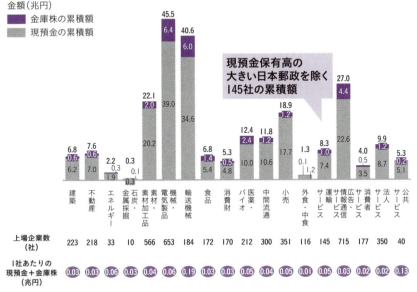

注1：セクターの定義はSPEEDAの業界中分類に基づく。
出所：SPEEDAよりKEARNEY作成

変化④：PEファンドの新規参入の増加・大規模化

　日本のM&A市場においては、年々PEファンドによる買収の比率が高まり、足元では約3割を占めていると言われています。日本では1990年代後半からバイアウト案件が増えはじめ、アドバンテッジパートナーズやユニゾン・キャピタルが第1号ファンドを組成し、そのような動きに対し、既にベンチャー投資を行っていたみずほキャピタル、ジャフコ、東京海上キャピタルなどが後に続きました。また海外プレイヤーの参入もこの頃から活発化し、2000年代に入ると、日本で活動するファンド数は一気に増えていきます。象徴的なものとしては、カーライル、CVC、CITIC、ベインキャピタル、KKRなど、海外の大手ファンドの日本参入が相次ぎ、日本におけるバイアウト市場の黎明期となりました。

第17章　M&A

299

その後、順調に成長してきた日本のバイアウト市場ですが、リーマンショック以降、一部撤退するPEファンドが出てきたこともあり、「日本のPEマーケットは成熟市場に入ってきた」という声もありました。これが一転、2010年代後半から、グローバルから見ても日本のバイアウト市場はもう一段の"成長市場"と見なされ、足元ではかつてないほど日本のバイアウト市場が注目を浴びるようになっています。特に、日本できちんとリターンを上げているファンドにおいては、新規ファンドレイズの際には海外の機関投資家からの出資ニーズが大きく、すべてには対応しきれないと言ったような声も聞こえてきています。

　その背景として、日本株を取り巻く内外の要因が挙げられますが、大きくは①低金利により魅力的に映る日本の投資環境、②欧米PE市場のリターン低下、③中国市場の投資リスク顕在化などが挙げられます。

　このような期待感をうけて、日本市場に既に根を深く張る既存ファンド

■ **図表 17-9　日本のバイアウト市場が着目される 3 つの要因**

要因	概要
①低金利により魅力的に映る日本の投資環境	-インフレの抑止に向けて、22年から欧米の中央銀行が急ピッチで利上げを行う中で、日本銀行は超低金利政策を継続（ただし24年7月31日に政策金利を0.25％程度に引き上げ）
	-PE投資に不可欠なLBOローン（買収対象企業の資産や将来キャッシュフローを担保にした資金調達）の貸出金利は欧米で9～11％なのに対し、日本は2～3％の水準
②欧米PE市場のリターン低下	-足元では、欧米を中心とする23年のIPO（新規株式公開）やM＆A（合併・買収）などでエグジットされた企業価値の総額は、過去10年での最低を記録
	-また中長期でみると、欧米中心のグローバル全体のPEファンド10年間IRRは、1999年時点では約15％に対し、2019年時点では9％程度であるなど、6％ptの有意な減少トレンドにある
③中国市場の投資リスク顕在化	-中国市場の成長鈍化で公開市場が低迷し、魅力的なバリュエーションが提供されない中、非公開Exitも、セカンダリーバイヤーが最大60％強のディスカウント要求するなど、リターン環境が悪化
	-加えて、「適格投資家」がPEファンドへ投資する際の最低額の上昇（300万元、現行の3倍程度）や、米国との政治的対立激化によるAI、半導体、顔認証を含むハイテク分野でのEXIT困難リスクが顕在化しつつある

出所：「買収ファンド、日本に投資　米欧より高リターン」『日本経済新聞』、2024年6月11日、State Street Private Equity Index、「PE投資会社、中国からの撤退に苦慮－投資リスク巡る懸念が足かせ」『Bloomberg』2023年11月14日

業界横断テーマ

は、ここ数年相次いで日本を含むアジア向けのファンドレイズを進めており、その規模は数百億円〜千億円超えなど、大型化していく傾向が顕著に表れています。また米系大手である米ベインキャピタルは今後5年で5兆円（不動産投資も含む。EVベース）、米ブラックストーンも不動産を含めて3年で1.5兆円の投入をめざすことを表明しています。その巨額の投資規模から日本のコングロマリットのカーブアウト案件、業界を代表するメガプレーヤーのMBOなどを通じたLarge/Larger midへの投資期待が高まっています。

加えて、米系のPEファンドと比べやや出遅れ感のあった欧州系や中東系、中韓系のファンドが、このタイミングで相次いで日本への参入を図ろ

第17章 M&A

■ **図表 17-10　2011年以降の日本向け投資を目的とするファンドレイズ**
（単位：10億円、アジア向け投資として発表されているものは、一部推計も含む）

分類	会社名	2011	2012	2013	2014	2015	2016	2017	2018	2019	2020	2021	2022	2023	2024
日本	アドバンテッジ パートナーズ			20			60			85			130		
日本	アスパラントグループ					28			50						
日本	エンデバー・ユナイテッド					23		35				53			
日本	インテグラル		44				73			124					250
日本	日本産業パートナーズ			67				149					314		
日本	日本成長投資アライアンス						17.3			38				65	
日本	J-STAR	20			33				49			75			
日本	マーキュリアホールディングス					21.3						44			
日本	日本企業成長投資 (NIC)								55			51			
日本	日本産業推進機構 (NSSK)					60					100				
日本	ポラリス・キャピタル・グループ			39				75			150				
日本	J-Will Partners	55	47												
日本	ティーキャピタルパートナーズ	23				51.7					81				
日本	ユニゾン・キャピタル				70						71				
外資系	サンライズキャピタル[1]		17				43			48				79	
外資系	ロングリーチグループ	31							71						
外資系	ベインキャピタル										110				
外資系	カーライル・グループ			119.5					258					430	
外資系	KKR									50					
外資系	Black Stone												25		
外資系	CVC Capital Partners				84					150				219	
外資系	L Catterton														20[5]

注1: 旧名CLSA分のファンドレイズも含む　注2: ファンドサイズはクロージング時のおおよその為替レートで算出。　注3: 2011年〜2023年は当該年の12月末の為替レート、2024年以降は2024年6月末の為替レートで算出。　注4: 2024年以降のファンドサイズは各社が公表している投資規模　注5: 出資先エリアの5か国で按分
出所：「Japan PE fundraising: Why everyone wants a piece of the middle market」『ION Analytics』2024年6月12日、「インテグラル代表、5年後に5000億円規模調達へ意欲―ファンド拡大」『Bloomberg』2023年10月17日、「CVC、日本市場に1500億円投資　企業と共同投資も」『日本経済新聞』2020年4月16日、「買収ファンド、日本に巨額投資　米ベイン5年で5兆円」『日本経済新聞』2024年6月11日、「「KKRアジア・ファンド4号」150億ドルの対日投資戦略を語る」『MARR Online』2021年11月号 325号、「ブラックストーン、アジアPEファンド2号で1兆2700億円調達」『Bloomberg』2022年1月31日

■ **図表 17-11　2020 年以降の海外ファンドの東京オフィスの開設および日系独立ファンドの設立**

年度	ファンド名	外資系進出／日系独立系設立	本拠地	日本市場における投資方針
2020年	ブルパス・キャピタル	日系独立系設立	東京	–完全成果報酬型でファンド投資先類型100社の経営コンサルティング実績を持つ、株式会社ブロレド・パートナーズの子会社として設立 –みずほ証券、みずほ銀行等より1stクローズで65億円の出資を受け、第一号ファンドを組成
2021年	PAG	外資系進出	香港	–投資銀行とファンドからそれぞれ1人ずつ幹部人材を招き、ファンドの運営体制を拡充 –今後数年かけて、国内で数千億円を投じる方針
2021年	EQT	外資系進出	スウェーデン	–2023年には今後2-3年内に日本で30億ドル（約4,480億円）規模のプライベートエクイティー投資を行う方針と発表
2021年	D Capital	日系独立系設立	東京	–独立行政法人中小企業基盤整備機構等より315億円の出資をうけ、第一号ファンドを組成 –DXプロフェッショナルのネットワークを活用し、出資先へのハンズオン支援を行う
2022年	パートナーズグループ	外資系進出	スイス	–2022年夏には米大手ファンドのKKRなどでPE投資の担当者を日本のPE部門責任者として採用。今後採用を拡大し、まずは3～4人体制とする –主に企業価値で数百億～1,000億円程度の中堅企業に投資をする想定
2022年	PROSPER	日系独立系設立	東京	–地域金融機関9行等より、総額176億円の出資を受け第一号ファンドを組成 –観光業を中心としたB to C業種の中小企業が主な投資対象
2023年	ティケオーキャピタル	外資系進出	フランス	–日本拠点の社員を数年程度で30～40人に増員 –数十億ユーロ規模の投資を計画
2023年	インベストコープ	外資系進出	バーレーン	–東京で20人規模の投資チームを年内に編成 –プライベートエクイティーを中心に1億ドルから4億ドル規模の企業へ投資。投資対象は主に消費財、ヘルスケア、テクノロジー分野
2023年	アレスマネジメント	外資系進出	アメリカ	–プライベートクレジットのノウハウが豊富だが、日本ではPE投資や不動産に注力し事業基盤を築く方針

出所：「株式会社ブルパス・キャピタル主導による1号ファンドの組成（1stクローズ）に関するお知らせ」『株式会社ブルパス・キャピタル』2021年1月29日、「グループ概要」『株式会社マーキュリアホールディングス』、「D Capital 1号ファンドのセカンド・クローズに関するお知らせ」『D Capital』、「2024/1/31 PROSPER日本企業成長支援ファンド第一号投資事業有限責任組合の募集完了について」『PROSPERニュースリリース』

うとしています。例えば、2022年には欧州の大手パートナーズ・グループが日本での投資拡大を明らかにしたり、同様に欧州大手のEQTはアジア拠点の同業大手のベアリングを買収し日本での投資を強化したりしています。また、中国系のFountainVestが、日本での活動を強化しユニゾンと共同でTASAKIを買収しているという報道があります。こういった公表されている案件以外にも、我々の元には、中韓系のファンドや中東のファンドから日本でどういった案件に投資すると良いかといった相談が増えてきており、日本のPE市場の注目度が高まっていると感じています。

　このようなPEファンドによる投資の加熱は、事業の売り手にとっては、(PEファンドが高値を付ける買い手として) 事業の売却機会の増大をもたらし、事業の買い手にとっては、同一案件を争う競合として位置づけられると同時に、仮にその際には買い負けたとしても、(数年後に) PEファンドによって構造改革を果たした企業が売却され、結果的に自社にとっては買収機会の増大を意味します。

変化⑤：総合商社とPEファンドの連携強化

　足下では、総合商社のような自社内に幅広い事業基盤を保有しているコングロマリットが、PEファンドと連携を強化して投資をする動きが強まっています。

　これまでも、超大型案件でPEファンドと事業会社がコンソーシアムを組む場合 (例：東芝、新光電気の買収案件など) 以外にも、PEファンドが事業会社と共同で投資する案件は多く存在していました。例えば、2020年にアドバンテッジパートナーズが、東京センチュリーとユーグレナと共同してキューサイを買収した案件などが該当します。しかし、足元では、総合商社を中心に、単発の案件だけではなく、包括的にPEファンドとの距離感を縮め、より戦略的に連携・活用しようという動きが強まっています。

　かつて2000年頃には、軒並み総合商社は、PEファンドを設立したり包

括的に連携したりして、戦略的に活用しようとした時期がありました。例えば、三菱商事はリップルウッドの日本進出を支援したり、伊藤忠商事は金融機関などと連携してラフィアキャピタルやイデラキャピタルなどのPEファンドを設立したりしました。また三井物産は三井物産企業投資を、丸紅はアイ・シグマ・キャピタルを自社の子会社として設立しました。総合商社は、それらの自社関連のPEファンドの活用や、他のPEファンドとの共同投資を推進しようとした時期がありました。その代表的な例が、ユニゾンキャピタルと丸紅が共同投資した東ハトや、東京海上キャピタル（当時）と住友商事が共同投資したバーニーズジャパンなどがあります。しかし、総合商社とPEファンドとの連携は、必ずしも成功例は多くなく、徐々に規模縮小や撤退がなされていきました。

　ところが、足元で、再度総合商社による自社グループのPEファンドやLP投資しているPEファンドとの連携を強化する動きが起きています。例えば、三菱商事は、2024年の組織改編によって、小売・アパレル・ヘルスケアなどを担うSLCグループの下に金融事業本部を移管し、その金融事業本部が子会社であるPEファンドの丸の内キャピタルを見る形に変え、小売・アパレル・ヘルスケア領域で幅広く保有している事業基盤とのシナジー追求を強化するのではないかと思われます。実際に、2024年6月には、従来から食品卸業を通じて関係性のあった永谷園ホールディングスに対し、三菱商事、丸の内キャピタル、創業家で共同投資することを発表し、特に永谷園の海外での成長支援をしていくこととしています。また、三井物産は、こちらも従来からアパレル事業で関係のあったビギホールディングスに対し、2018年にLP出資しているMSD企業投資と共同で株式を取得していましたが、2024年にMSD企業投資からのエグジット時に、ビギ・ホールディングスの持分すべてを取得しています。

　それ以外にも、住友商事も、PEファンドとの関係強化として、従来からLPとして出資していたライジング・ジャパン・エクイティに加えて、

中堅企業DX化に強みを持つREVA社に出資するとともに、REVA社と共同でファンドを組成しています。また、ラフィアキャピタルなどの解消後は、自社グループ内にPEファンドを持たない伊藤忠商事は、WECARS（旧ビッグモーター）の案件では、グループ会社である伊藤忠エネクスに加え、J will partnersと共同投資という形を取っています。

　元来、総合商社は、自社で幅広い事業基盤を持ち、買収した企業と広範なシナジーを創造しうる立場であるとともに、会社・個人が持つ広範なネットワークを用いて新たな販路や新規サービスを作りうる立場にあるため、買収時に最も有利なプレイヤーの一つです。一方で、買収時の金融スキームの作り込みや買収後短期での構造改革を進める点は必ずしも得意ではなく、そういった意味では、総合商社とPEファンドが互いの強みを生かして買収するというのは理に適っています。

　こういった動きは、総合商社が先行していますが、広範な自社グループを形成している地域のインフラ企業やコングロマリットも同様の構図であり、今後波及していくのではないかと考えられます。実際に、JR九州は、前述のJ will Partnersと共同して地域特化ファンドを立ち上げて、後継者問題などに悩む九州の地場企業に共同で出資しています。

5つの変化の先に来る買い手間の競争の変質

　これまで説明してきた5つの変化、とりわけ『買い手の3つの変化』によって、M&A機会に対する買い手側の競争が、従来以上に激しくなってきています。買収時のマルチプルの上昇については、昨年版の『業界別経営アジェンダ2024』で言及した通りですが、その傾向は継続、むしろ強まってきています。そういった環境の中では、今後次の3つのような動きが強まっていくと考えられます。

①トランザクション時にフルポテンシャルを踏まえた独自の事業計画
　の策定と、それを（特にグローバルで）実現できる人材の獲得競争の激
　化
②事前にオーナーを口説くための活動への重点的な投資
③事業再生案件への投資の増加

① トランザクション時にフルポテンシャルを踏まえた独自の事業計画の策定と、それを（特にグローバルで）実現できる人材の獲得競争の激化

　買い手間の競争が激しくなると、案件時のビジネスデューデリジェンスにおいて、対象会社が提出したマネジメントケースを評価し、根拠が薄い要素を割り引いて事業計画を修正するといった進め方では、入札時の価格で負ける可能性が高くなります。かといって根拠がないまま強気な値段を出すだけでは投資後の減損リスクが高まってしまいます。そこで、ビジネスデューデリジェンスを通じて、事業計画を叩くのではなく、対象会社が現在の株主から離れ、自分たちが株主になったら、フルポテンシャルでどのような収益成長機会があるか、それを事業計画に反映させるとどうなるかといった視点から、独自の事業計画を作りに行くビジネスデューデリジェンスが増えてきています（その結果、マネジメント計画以上の収益を見込む場合も）。

　また、仮に案件時にそのような形で事業計画を作り直しても、それを実現できる人材がいなければ、計画は実現できないのですが、まだまだ買収後のPMI・バリューアップをできる人材は多くなく、そのような人材の獲得競争が激しくなっています。そのような人材に対しては、投資後ではなく、案件段階からアドバイザー契約を結び確保しておく動きが強まっています。

業界横断テーマ

②事前にオーナーを口説くための活動への重点的な投資

　このように入札案件においては買収価格を含めた競争が激しくなると、それをバイパスするために、潜在的な対象会社に対して能動的にアプローチして、できる限り相対での交渉（最終的に入札になっても事前に交渉している強みを得る）となるようにする動きが活発化してきています。これまでは、対象会社のオーナーとの初期段階の面談は、会社の概要紹介や提携スキーム、一般的な業界に関する理解や成長仮説の提示に留まることも多かったと思いますが、足元では初期段階の面談に向けて、我々のような戦略コンサルティングファームを雇って、徹底的に業界研究や対象企業固有の強みや課題感を踏まえた成長仮説を提示するということも珍しくなくなってきました。面談に向けて、公表情報に基づく業界調査に加えて、その業界の関係者へのインタビューだけでも数十本重ね、初期的な面談の段階からこの買い手候補は他社とは違って、業界理解や自社理解が進んでおり、会社を任せても良いと思ってもらうことに重点を置くようになってきています。

③事業再生案件への投資の増加

　通常の案件の競争が厳しくなってきている中で、一部のプレイヤーは、それとは違った切り口という意味で事業再生案件への投資が増えていくのではないかと考えています。事業再生案件は、破綻のリスクや、短期的に財務的な整理や人員のリストラクチャリングなどを伴うとともに、整理後の再成長にむけた事業の立て直しや新規事業作りなどが求められ、事業会社やPEファンドにとってはM&Aの対象としづらいものでした。しかし、前述のように、コングロマリットや総合商社と、PEファンドによる共同投資であれば、コングロマリットや総合商社の、必ずしも短期でエグジットしない目線感や幅広い事業基盤・ネットワークと、PEファンドのM&Aスキーム力、短期での構造改革能力が一緒になることで、事業再生案件へ

の投資がしやすくなり、この領域で超過利潤を取ろうとするプレイヤーが増えてくるのではないでしょうか。

　実際に、伊藤忠商事は、J will Partnersと一緒になって、コンプライアンス問題に端を発し経営不振に陥ったWECARS（旧ビッグモーター）に投資をして、経営から現場レベルまで数十人～単位で人材を派遣して、総合商社基準のコンプライアンスを徹底するとともに、業務オペレーションの再構築を図るなど、構造改革を推し進めています。また、ゆうちょ銀行は、200億円規模の事業再生ファンドを立ち上げて、今後事業再生に本格的に乗り出すと発表しています。

　このように買い手側の変化によって、M&A競争が一層激化してくる中で、各プレイヤーが自分達なりの勝ち筋を求めて、投資する案件の種類や、案件前後の力の掛け方を変化させており、M&Aを本格検討する際には各社ともどうすれば厳しい競争に勝って、M&Aを成功させられるのか熟考する必要が高まっています。

執筆者

久野 雅志（くの まさし）
A.T. カーニー PEPI プラクティスリーダー シニアパートナー
東京大学法学部卒。中央省庁の官房企画部門にて、法令審査や国会対応、規制改革など業務を担当後、A.T. カーニーに入社。ビジネスブレークスルー大学 客員教授。
PE ファンドや事業会社のM&Aを、M&A戦略の策定からビジネスデューデリジェンス、PMI・バリューアップまで一貫して支援。また、消費財、小売・外食領域において中期経営計画策定や事業戦略策定、オペレーション改善など企業の変革をサポート。著書に、『最強のM&A』（東洋経済新報社）などがある。

三野 泰河（みの たいが）
A.T. カーニー PEPI プラクティス プリンシパル
慶應義塾大学法学部卒。A.T. カーニーに新卒入社
PE ファンドや事業会社のM&Aを、主にビジネスデューデリジェンス、バリューアップの領域で支援。
また、エネルギー分野における中期経営計画策定や事業戦略策定、オペレーション改善など企業の変革をサポート。

業界横断テーマ

『最強のM&A』(東洋経済新報社)を共同執筆。

参考文献

- 「M＆A市場拡大へ、海外企業による日本企業買収やMBO－投資銀幹部」『Bloomberg』2024年2月22日、布施太郎
- 「第23回『PEファンドによるIPO EXIT』」『一般社団法人日本プライベート・エクイティ協会』2023年9月25日　和泉　憲治著
- 「スタートアップを応援する税制改正。超重要ポイントを分かりやすく解説！」『METI Journal』2023年5月25日
- 「自社株買いラッシュ、5カ月で23年に迫る　株価を下支え」『日本経済新聞』2024年6月11日号　今村 桃子著
- 「空前320兆円の金あまり～民間法人企業の現預金をどう動かすか？～」『株式会社第一生命経済研究所』2021年7月20日 熊野 英生著
- 「四季報「秋号」で算出、"金庫株"の保有額が大きいTOP50社」『会社四季報ONLINE』2023年9月28日　石川 正樹　著
- 「日本におけるファンド市場の歴史」『Movin' Strategic Career』
- 「第29回『PEファンドによるIPO exit – part II』」『一般社団法人日本プライベート・エクイティ協会』2024年3月13日 松田 紳吾著
- 「オープンイノベーション促進税制(新規出資型)の概要」『経済産業省』
- 「株式交付制度とは？株式交換との違いや手続きなどの概要・注意点を解説」『M&A総合研究所』2024年4月10日　矢吹 明大 著
- 「買収ファンド、日本に投資　米欧より高リターン」『日本経済新聞』2024年6月11日
- 「Japan PE fundraising: Why everyone wants a piece of the middle market」『ION Analytics』2024年6月12日　Tim Burroughs 著
- 「インテグラル代表、5年後に5000億円規模調達へ意欲－ファンド拡大」『Bloomberg』2023年10月17日　谷口崇子、Winnie Hsu 著
- 「PE投資会社、中国からの撤退に苦慮－投資リスク巡る懸念が足かせ」『Bloomberg』2023年11月14日　Cathy Chan、Preeti Singh 著
- 「CVC、日本市場に1500億円投資　企業と共同投資も」『日本経済新聞』2020年4月16日
- 「買収ファンド、日本に巨額投資　米ベイン5年で5兆円」『日本経済新聞』2024年6月11日
- 「「KKRアジア・ファンド4号」150億ドルの対日投資戦略を語る」『MARR Online』2021年11月号325号
- 「ブラックストーン、アジアPEファンド2号で1兆2700億円調達」『Bloomberg』2022年1月31日　Cathy Chan、Baiju Kalesh 著
- 「日本のバイアウト市場における商社の役割」『日本貿易会月報』2006年10月号　杉浦慶一著

第17章
M&A

第18章

サプライチェーン

グローバル環境変化に対応する
サプライチェーンのレジリエンシー

グローバルサプライチェーンを取り巻く環境

あらゆる産業を取り囲む世界的な乱気流（Global Turbulence）に対し、経営のレジリエンシー向上とCarbon Neutralityへの対応が喫緊の課題となる中、事業のサプライチェーンをEnd to End（E2E）のオペレーションとして統合的に捉える重要性が急速に増しています。

近年、各地に燻る地政学的緊張の高まりや各国の保護主義の台頭、自然災害の発生の加速、COVID-19など過去に類を見ない感染症の世界的流行などが同時多発的に発生し、ビジネス環境に大きな影響を及ぼしています。2018年のトランプ政権による中国製品への関税率25%適用に端を発した米中貿易摩擦は、米国/中国企業のみならず、米国向け製品の中国から他国への製造拠点移転を余儀なくされました。日本・他国企業にも大きなリスクが顕在化したと同時に、東南アジア域内では新たな需要を創発す

るなど大きな経済変動を引き起こしています。

　足元では依然ロシアの軍事侵攻は終わりが見えず、資源をはじめとした
あらゆるサプライチェーンが緊迫している状況です。ある金属企業では、
ロシアの侵攻開始時に、金属材料の入手困難化と調達価格の大幅な上昇に
直面しました。さらにCOVID-19時には、多くの企業がコンテナ市況の暴
騰と多額の物流費支出に直面しました。地政学的リスクだけでなく、環境
問題もサプライチェーンに影響を及ぼしています。GHGプロトコルの
Scope3が各社にも浸透する中、企業側もエネルギー調達先や輸送手段の
選択、環境負荷の低い原材料/製品の設計、循環型サプライチェーンの構
築などが求められています。

　これらサプライチェーンの環境変化には、従来と異なる三つのポイント
があります。まず第一に、従来のサプライチェーンリスクは希少なリスク
として扱われ、リスク発生時に対症療法的な対応で済ませるケースが大半
でした。しかし近年では同時多発的なリスク影響を受けて、一過性の対応
ではなく構造的に「サプライチェーンの柔軟性と耐性（レジリエンシー）を
向上させる」必要性が増しています。

　第二に、サプライチェーンに求められる要件が変わりつつあります。従
来のサプライチェーンは、コストやキャッシュフローなどの特定の目的を
最適化するものでした。しかし今後は、従来のコスト効率性に加えて、脱
炭素、サーキュラーエコノミー、人権などの観点も目的関数に入れたサプ
ライチェーンが求められます。しかもサプライチェーンの至上命題である
「適正なものを適切なタイミングで適切な場所から場所へ供給する」こと
を実現したうえです。サプライチェーンへの要求水準は高度化していま
す。

　第三に、社会的なアジェンダが企業の活動やサプライチェーンの運営に
影響を及ぼしています。例えばアパレル業界では、新疆ウイグル綿の人権

■ 図表18-1　近年の世界的な乱気流の実例

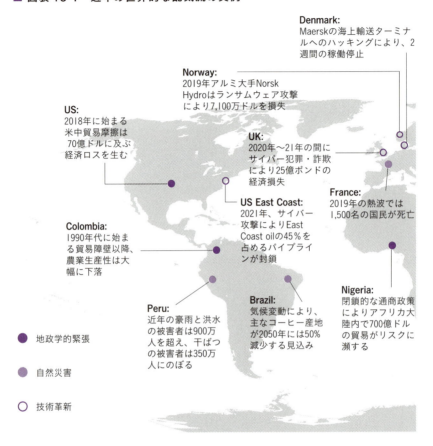

出所: Kearney analysis, The New York Times, Security Affairs, BBC, Los Angeles Times, Microsoft, Foreign Policy, Reuters, Worldwide, Al Jazeera, Voice of America, Australia and New Zealand Banking Group, Bloomberg, Verisk

問題により具体的な対応が必要となり、供給安定性の確保だけでなく、社会的要請への配慮が求められるようになりました。

サプライチェーンのレジリエンシー向上に向けたアプローチ

A.T. カーニーでは2021年に "Navigating Disruption with a Resilient

業界横断テーマ

Germany: 2021年、西ドイツと東ベルギーを襲った洪水では200人を超える死者が発生

Russia: ウクライナ侵攻以降、各国からの経済封鎖により輸入品は枯渇

Ukraine: ロシアによる侵攻は5,600億ドル超の国内損失に。世界のエネルギーコスト増の引き金にも

China: 米中摩擦はもとより、冬季五輪の、米、英、豪、加による政治的ボイコットなど、摩擦は加速

Japan: 2019年の台風・水害被害額は、2兆円以上と過去最大を記録

Iran: 2019年の洪水はテヘランに22億ドルの損害を

Taiwan: 2021年、Acerはランサムウェア攻撃により守秘情報を人質に5,000万ドルの身代金要求を受ける

India: 中国への牽制、国内産業保護により、世界経済の3分の1を占めるRCEP協定の交渉から離脱

Indonesia: ジャカルタの地盤沈下、沈没が現実的に。新首都ヌサンタラとしてボルネオ島へ首都移転

Australia: 2019〜20年の森林火災では800万ヘクタールの土地が焼失

The Economist, NBER, The Moscow Times, AIR

第18章 サプライチェーン

Global Value Chain Survey"として調査を実施し、400以上のグローバル企業の経営層に対し、これら地政学的緊張、自然災害、技術革新、Covid-19の世界的乱気流が5年以内に自社サプライチェーンにディスラプティブ（破壊的）な影響を与えると想定しているかを問いました。結果として、各要素それぞれについて70−80％の経営層が破壊的影響を想定しており、またどれか一つでも破壊的影響を想定し対策が必要と捉えている経

■ 図表 18-2　グローバル企業の経営層の破壊的リスクへの懸念

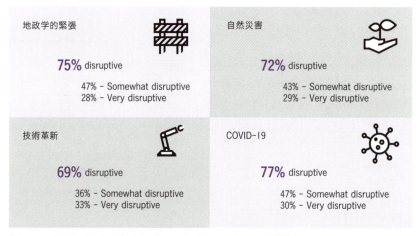

出所：Kearney, Navigating Disruption with a Resilient Global Value Chain Survey (January-June 2021)
https://www.kearney.com/service/operations-performance/article/-/insights/the-resiliency-compass-navigating-global-value-chain-disruption-in-an-age-of-uncertainty

■ 図表 18-3　End-to-End (E2E) バリューチェーン

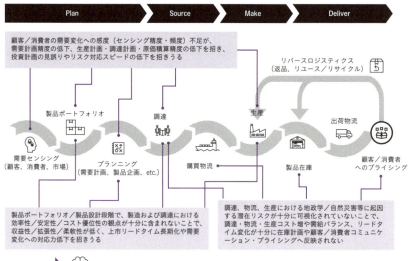

営層は88%にも及んでいます。

　これら多発的・連続的に起きうるディスラプティブな影響に対しては、サプライチェーンのレジリエンシー向上が不可欠です。その為には、まず①自社のレジリエンシーを評価・測定すること、②評価・測定内容を踏まえてレジリエントなサプライチェーンに転換することが求められます。

　これらのポイントは、Source（調達）、Make（製造）、Deliver（物流）、Plan（計画）、といった個別機能を最適化するだけでなく、サプライチェーン全体を俯瞰した経営視点から捉え直すことを意味します。つまり、企業全体としての最適化を図るために、CEO（最高経営責任者）直下で統合的な計画を立てる必要があるのです。

　A.T. カーニーでは、①レジリエンシーの評価・測定を、「Resilience Stress Test (RST^{SM})」によるレジリエンシー度合いの測定、および「Resiliency Compass」として俯瞰・可視化のうえで、②レジリエントなサプライチェーン転換にむけて「Sense & Pivot」サプライチェーンを提唱し、E2Eサプライチェーンのレジリエンシー向上へと取り組んでいます。

アプローチ①「レジリエンシーの評価・測定」

　A.T. カーニーがWEFおよびMITと協業で開発した「Resilience Stress Test (RST^{SM})」では、1.Planning Capability、2.Supplier Landscape、3.Product Platform、4.Inbound Logistics、5.Manufacturing Footprint、6.Outbound Logistics、7.Geographic Footprint、8.Financial/Working capital の8軸で、現状の事業のレジリエンシー度合いを包括的に測定し、リスク耐性の高い領域/低い領域を把握することを可能としています。

　これらの8軸について、各サプライチェーンを担当する部署における近年のCOVID-19やロシアのウクライナ侵攻にも起因したエネルギー・資源価格高騰、半導体不足などの世界的な需給変化への過去の対応と今後の対

応計画を外部からの第三者視点で測定することで、RST^{SM}を実施してきたグローバル企業群の中における自社サプライチェーンのリスク耐性度合いの状況を確認し、自社のリスク耐性の強い領域と弱い領域を認識した上で、今後優先的にリスク対策を取るべき領域の検討が可能となります。

1.**Planning capability**：需要の変化を迅速に感知し、サプライチェーン全体を俯瞰し適切に方向転換する企画能力

2.**Supplier Landscape**：特定のサプライヤーへの依存度を低めた多様なサプライヤー網

3.**Product Portfolio & Platform**：需要変化に対応可能な製品ポートフォリオの幅と、供給変化に対応可能な材料・部品の代替性を持った製品プラットフォーム

4.**Inbound Logistics**：インバウンドロジスティクス（購買物流）の可視性とコントローラビリティ

5.**Manufacturing Footprint**：地域・製品ポートフォリオの変化、供給リスクへの対応に柔軟性を持った生産ネットワーク

6.**Outbound Logistics**：リードタイムおよび確実な納品への信頼性の高い製品物流・配送ネットワーク

7.**Geographic Footprint**：需要変化に対応できる地域多様性と、供給—生産—需要の地理的近接性、供給・需要両面のリスク発現時の代替ネットワークへの組み換え能力

8.**Financial/Working Capital**：リスク対応に備えた資本体力、供給リスクに備えた原材料・製品在庫量

　ただし、仮に自社のリスク耐性が低い領域が判明したとしても、そのすべての領域について同時にレジリエンシー向上を進める道のりは果てしなく、各業界・企業の戦略に応じて目指すべきレジリエンシーの在り方を設

業界横断テーマ

■ 図表 18-4　Resilience Stress Test^{SM}

定したうえで、対応コストとのバランスからどの領域のリスク耐性向上を急ぐべきかの優先度を検討することが重要となります。A.T.カーニーでは、上記RST^{SM}の8軸に「Go-to-market versatility：需要に応える販売チャネルの多様性」を加えたうえで、供給サイドと需要サイドに再整理した「Resiliency Compass」フレームワークとして、この対策優先度の検討を行っています。この「Resiliency Compass」では、1.Collaborator（協調型）、2.Planner（企画型）、3.Enhancer（強化型）、4.Adapter（適応型）、5.Provider（供給型）の5つのポジショニング類型を提示し、各企業においてどのような

■ 図表 18-5　Resilience Stress Test^{SM} の評価サマリー例（イメージ）

Dimension	Selected Indicators	Resilience Score
Geography	X is highly reliant on a single source country – China; Strategic consideration would need to be made to reduce dependence and diversify geographic risk.	
Planning	Limited supply chain visibility, an opportunity to expand capability/ability to rapidly re-plan based on visibility into demand shifts and supply challenges.	
Suppliers	High dependence on handful of suppliers with limited alternate options for large portion of spend. Good visibility to supplier tiers beyond immediate supply.	
Inbound Transportation	X takes over responsibility of freight from port of shipping and has good visibility.	
Manufacturing	No internal manufacturing facilities.	
Outbound Distribution	Level of control on outbound transportation is high. From a distribution angle additional accessibility to alternative flow paths, ability to scale/reallocate exists.	
Product Portfolio and Platform	Expanding use of generic platforms and component commonality instead of product-specific platforms, components would be beneficial.	
Financial / Working Capital	X maintains good inventory levels that can account for the spikes. Opportunity exists to balance inventory on the right SKU's.	

ポジショニングを目指すべきか、という経営視点でのレジリエンシー戦略議論から始めます。これらの業界・企業のレジリエンシーの現状と、目指すべきポジショニング類型・方向性からレジリエンシー戦略を検討することで、サプライチェーン上で優先的にレジリエンシー向上の対策をすべき領域を明確化し、個社の現状に応じた対策アクションの検討へと進むことができます。

　読者の皆様には、上記のポジショニング類型に応じたレジリエンシー戦略とその主要なアクションをご覧いただき、ぜひ一度、自社や想定する企業について考えていただきたいと思います。まず、この数年で経験したコロナ禍やエネルギー・資源価格の高騰、半導体不足などの影響を受け、現在のレジリエンシーが強い領域と弱い領域を見極めてください。その上で、自社の経営方針、競合の動き、ステークホルダーの要請も考慮し、今後どの領域でどの対策を取るべきかをシミュレーションしていただくと良

業界横断テーマ

■ 図表18-6 レジリエンシー戦略における5つのポジショニング類型

供給サイド重視

① The Collaborator "協調型"
サプライヤーおよびロジスティクスの柔軟性を重視し、強固なサプライヤーとのパートナーシップ、協業体制構築を目指し、特に供給サイドのリスク耐性を高め自社生産の安定性を目指す

② The Planner "企画型"
バリューチェーン全体の統合プランニング能力、および顕在リスク化後の対応のための財務体力を重視し、機動的なリスク対応力の構築を目指す

③ The Enhancer "強化型"
生産・流通の柔軟性を高め、地域・製品ポートフォリオの変化に迅速に対応可能な生産ネットワークの構築を目指す

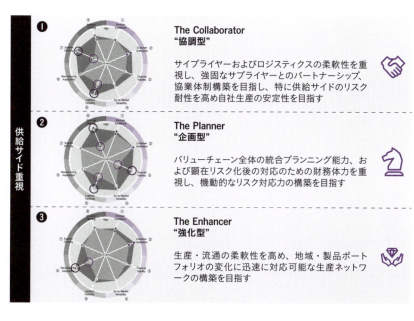

需要サイド重視

④ The Adapter "適応型"
需要の変化に左右されにくい極力シンプルな製品ポートフォリオと、材料・部品の代替性を持つ共通化した製品プラットフォームの構築を事前に目指し、需要変化に影響を受けにくい売上構成の確立を目指す

⑤ The Provider "供給型"
製品配送網の柔軟性と販売チャネルの多様化を重視し、需要形態の変化への迅速な対応力の構築を目指す

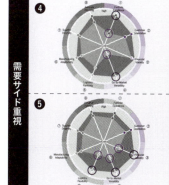

■ リーダー企業のプロファイル
■ 自社のプロファイル
○ 各ポジショニングで重視する評価軸とレジリエンシーレベル
○ 目指すポジショニングに対するレジリエンシー不足項目

第18章 サプライチェーン

■ 図表18-7　レジリエンシー戦略の各ポジショニング類型における優先取り組み例（イメージ）

❶ The Collaborator	❷ The Planner	❸ The Enhancer	❹ The Adapter	❺ The Provider
・サプライヤー依存度の可視化 ・供給安定への投資評価軸、意思決定フレームワーク検討 ・独立したサプライチェーン追加構築の検討 ・戦略的サプライヤー関係の構築 ・供給量とタイムラインの柔軟性の契約への組み込み ・サプライヤー評価・採用プロセスの合理化 ・サプライヤーの多層構造のデータによる可視化 ・R&Dおよび製品設計との緊密なコラボレーション	・サプライヤーネットワークのデータ管理 ・サプライチェーンの各供給点での在庫および生産キャパシティ可視化 ・工場から配送センターまでのキャパシティおよびボトルネックの可視化、最適化の検討 ・リスク分析機能、社内部門を横断した意思決定プロセスの強化・迅速化 ・需要センシング、予測機能の向上、各トランザクションプロセス連携 ・シナリオプランニング力、コンティンジェンシープラン策定力、リスク察知・評価力の向上	・生産フットプリント、サプライヤーネットワーク、物流網の見直し・再設計 ・生産拠点・製品の組み換えに対応する工場資産・機器の設計 ・カスタマイズとグローバル共通化、手作業と自動化度合いの最適検討 ・コントラクトサプライヤーでの追加生産能力の確保、柔軟化 ・工場から配送センターまでのキャパシティおよびボトルネックの可視化、最適化の検討	・コスト構造（各部品・部材原価構造、流通、マーケに至るまで）の複雑さの可視化とその要因特定 ・製品ポートフォリオの合理化 ・製品の共通コンポーネント比率の拡大 ・共通プラットフォーム化・モジュラー化の実装、適用範囲拡大 ・パーツ・原材料の代替許容度の向上、および製品仕様の再設計（バリューエンジニアリング） ・競合他社製品のベンチマーク ・営業、マーケティングと製品開発、調達企画との緊密な関係の構築	・流通ネットワーク、配送業者との連携による供給柔軟性の確保 ・その対策必要性の株主・経営理解の醸成 ・配送ネットワークの簡素化および最適化 ・最も効率的な配送経路・手段の選択自動化、およびそのシステム構築に向けた配送ネットワークのデータ可視化 ・戦略的在庫レベルの検討、在庫運用体制への移行 ・販売チャネル毎の需要データ活用による流通計画 ・事業者との戦略的パートナリング、その関係性構築のための事前投資判断 ・事前投資、およびリスク顕在化時の対策に向けた財務体力・流動性の確保

いでしょう。

アプローチ② 「レジリエンスサプライチェーン転換」

「Resilience Stress Test（RST^{SM}）」および「Resiliency Compass」にて自社のレジリエンシーを可視化した後、実際のデマンドやサプライヤの環境変化を迅速に検知し、サプライチェーンの構想やオペレーションをレジリエントな形に転換する必要があります。

　A.T.カーニーが提唱する「Sense & Pivotサプライチェーン」アプローチは、絶えず変化するリスクや顧客の需要を検知し、不確実性に対して堅牢かつアジャイルなサプライチェーンモデルを構築するためのものです。具体的なアプローチとしては以下の通りです。

ステップ①：センシングプラットフォーム

サプライチェーン上で起きている事象の大半は、データ化されリアルタイムで共有が可能となりました。リスクの特定と、内外のシグナルから洞察を生み出すプラットフォームを構築します。これにより、リアルタイムに追跡、市場適応性、サプライチェーン・ネットワークの可視性向上が可能となります。

ステップ②：コグニティブ・サプライチェーン

最新のデジタル技術を活用し、End to Endで情報把握・意思決定・実行が可能なサプライチェーンを実現します。リアルタイムシミュレーションや機能間の連携、コスト・リスク・サービスのトレードオフについて評価が可能となります。

ステップ③：ピボット・オペレーティングモデル

組織やプロセスなどのリソースと、生産・販売に係わる3セット（設備、車両、拠点）を組み合わせて、最適な変革の機会を抽出します。

　我々は、実際にこの「Sense & Pivot」アプローチを用いて、様々な企業の改革支援を行ってきました。例えば、世界的なコンシューマーヘルスケアメーカーのプロジェクトにおいて、A.T.カーニーは販売・需給・マーケティング・ユーザーレビュー・価格・シェアといった多岐にわたるデータパイプラインを整備し、統合管理できる仕組みを構築しました。そして多変量解析モデルを開発し、売上に最も大きな影響を与える要素を特定・抽出し、顧客行動に影響を及ぼす要素（天候変化や特定商品の動向）を特定しました。結果、需要予測精度が劇的に向上し、在庫最適化、適切な値付け設定を実現する事ができました。

■ 図表 18-8　KEARNEYのフレームワーク「センス＆ピボット」

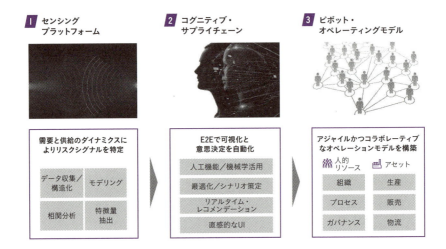

あるべきサプライチェーンにむけて具備すべき内容

　これまで、①レジリエンシーの評価・測定および②レジリエンスサプライチェーン転換のアプローチについて述べました。しかし、絶えず変化する環境に迅速に対応し、サプライチェーンの構造とオペレーションを最適化することは容易ではありません。迅速な対応のためには、体制・機能・テクノロジーが必要です。

具備すべき内容①：サプライチェーンコントロールタワー

　まず、サプライチェーン全体を可視化し、リスクを評価・管理する「サプライチェーンコントロールタワー」の構築が重要です。COVID-19以前からもその必要性は指摘されていましたが、多くの企業では議論に留まり実際の導入は進んでいません。データ収集の難しさやシステマチックな意思決定フローの欠如が原因です。しかし、近年DXによりERP刷新、デー

タレイク整備、サプライチェーン管理システムの拡充が進んできています。これにより、物理的にコントロールタワーを設置する環境が整いつつあります。

「サプライチェーンコントロールタワーに必要な機能・役割」

- **サプライチェーン評価**…カントリーリスク、年間販売・生産量、拠点位置、輸送ルート、サプライヤなどの静的な情報を基に、事前にサプライチェーンの持続性を把握する。加えて、在庫レベル、需要量、輸送ステータス、天候、最新の製品・原材料単価などの動的な情報をリアルタイムでモニタリングし、在庫過剰・ショート、コスト上昇、などの供給リスクを評価する。

- **データドリブンの意思決定**…経営層・サプライチェーン担当者がリスク内容に応じて、短期・中長期の対策を講じる。例えば足元の在庫逼迫の場合、データに基づき製品アロケーション見直し（逼迫地域を優先し在庫を送り込む）、緊急増産、輸送キャパシティ確保の短期的な対応を決定する。他方、恒久的なリスク軽減の場合、調達ソースの拡大、ネットワーク最適化（倉庫・販社の拠点位置＆経路の変更）、生産・物流キャパシティ見直し、などの中長期視点で判断する。

- **対策の実行と監視**…短期・中長期の対策により、原材料不足、製品在庫逼迫、輸送の目詰まり、などの問題が解消されたかをデータを基にモニタリングする。施策が有効に機能していない場合、柔軟にサプライチェーン構造・オペレーションを見直す。

具備すべき内容②：社外とのコラボレーション機能

次に、リスク回避や持続可能なサプライチェーンを構築するためには、原材料サプライヤや物流業者などの外部との連携が不可欠です。例えば、GHGプロトコルのScope3を実現するためには、多階層・多段階のサプラ

イチェーン工程を可視化・把握し、包括的な協力が必要です。また、突発事象にも迅速に対応するためには、高度なS&OPを実現することが求められます。企業は危機発生時に人海戦術で対応してきましたが、平時からの情報連携と異常を検知する体制構築が重要です。外部情報共有ができるプラットフォームも整備されつつあり、これを活用してコラボレーションを加速させるべきです。

「外部とコラボレーションすべき内容」

・**調達）** 調達先との需給情報共有による在庫最適化、環境素材のサプライヤ共同開発・設計、調達先におけるGHG排出量および削減取り組みの把握

・**生産）** 生産委託会社とリアルタイムの生産キャパシティ共有、中長期的な生産見通し情報の共有、生産委託先におけるGHG排出量把握と協働改善

・**物流）** 3PL/フォワーダーとの輸送情報把握、環境負荷軽減に向けた協働改善（ルート見直し・積載率向上・荷姿変更）、競合他社との共同配送/共同保管によるコスト削減

・**販売）** 流通・卸における在庫情報・セルアウト情報共有による販売・在庫最適化

具備すべき内容③：デジタル技術の実装

　最後に、デジタル技術の徹底的な実装と活用が求められます。自然言語処理技術や機械学習を活用することで、サプライチェーンの透明性や効率性が向上し、リスク管理や品質管理にも効果があります。例えば、需要予測にAIを活用することで予測精度が向上し、計画業務の負荷も軽減されます。デジタル技術は日進月歩で進化しており、適切なテクノロジーを選択・活用することが必要です。

業界横断テーマ

- **AI)** AI活用による需要予測精度向上と在庫最適化、生産ラインの稼働最適化・品質管理、配送ルーティングや配車計画の最適化、サプライチェーンリスク分析と回避策の提案

■ 図表18-9　KEARNEYにおけるデジタルソリューション

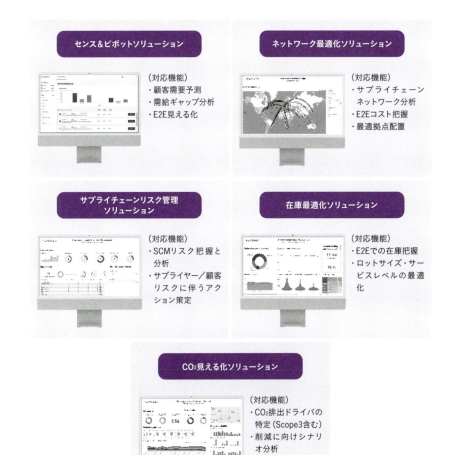

第18章　サプライチェーン

- **ロボティクス）** ロボット活用による生産ライン省人化、倉庫内の受入・出荷作業効率化
- **ブロックチェーン）** 原材料の供給源から製品納入先までのトレーサビリティ確保、サプライヤ・ベンダーとの契約・取引情報の記録
- **センシング）** センサーによる生産状況把握、品質監視、輸送ステータスのリアルタイムモニタリング
- **デジタルツイン）** 調達~製造~輸送~販売のサプライチェーン再現／シナリオ作成／シミュレーション

近年ChatGPTに代表される自然言語処理分野で、グローバルで活発に大規模言語モデルの開発が行われています。文章生成・翻訳・質問応答などの言語処理タスクに適したAIは、サプライチェーンではユーザーフィードバック分析、サプライチェーンデータ解析、レポート生成への活用が期待されます（将来的にはより活用領域は広がる可能性あり）。ただし重要なのは、デジタル化とクリエイティビティのバランスです。定型業務は自動化・機械化し、コスト効率を上昇させる一方、サプライチェーンデザインなどの非定型業務は創造性を発揮する必要があります。中長期の視点からTo-Beサプライチェーンを描き、その実現に向けたロードマップを策定し、全社的なモメンタムを形成することが求められるのです。

未来のサプライチェーンに向けた提言

ここまで、レジリエントなサプライチェーンの要件や構築に向けたアプローチ、必要な機能や体制・技術などについて述べてきました。最後に、未来のサプライチェーンに向けて必要なアクションについてお話しします。

まず一つ目のアクションは、サプライチェーンを経営アジェンダに組み

込むことです。これまでサプライチェーンといえば、「低コストでモノを切らさないこと」を目的に、オペレーションを粛々と遂行するイメージが強かったと思います。しかし、共通的な社会課題の高まりや不確実性を考えると、サプライチェーンの課題はよりハイレベルになっています。株主や顧客の期待に応えつつ、社会的な責任を果たすために、サプライチェーンの貢献がより重要になっています。したがって、強いリーダーシップのもとで、中長期的なビジョンを共有し、大規模な投資判断や部門横断の課題解決を進めるべきです。このためには、経営層自らが強く関与し、コミットメントを持つことが必要です。日本企業は「現場力」が高いとされていますが、有事のリスク対応や中長期の構造変化を現場任せにしていては、改革は遅れてしまいます。

　次に、サプライチェーン部門への最適なリソース配分が必要です。今後、サプライチェーン部門の人材要件はさらに高まります。従来のオペレーション遂行能力に加えて、脱炭素や人権、デジタルといった最新トピックに精通し、周辺部門やサプライヤーとの交渉を円滑に進めるための調整力やコミュニケーション能力、さらには戦略・方針の企画能力も求められます。サプライチェーンは企業が経済活動を行ううえで非常に重要かつ難易度の高いファンクションです。上流から下流まで一気通貫でサプライチェーンをカバーし、ビジネスとITにも精通し、現場から経営層まで広範に関与することが求められます。そのため、サプライチェーンリーダーには社内エース級の人材を配置し、リーダーをサポートする体制を確保することが望ましいです。社内リソースが不足する場合は、積極的に外部リソースの連携・活用も検討するべきです。

　日本企業はこれまで、自動車メーカーやエレクトロニクスメーカーを中心に、PDCAサイクルを長期間繰り返すことで緻密なオペレーションを行ってきました。これが日本企業の強みであり、リーンなサプライチェーンを実現できた理由です。しかし、長年磨き続けてきた結果、管理体制やマ

インドセット、オペレーションが硬直化してきた側面があります。近年頻発するリスクに機敏に対応できず、コスト上昇や機会損失の実害を被っています。今後は、経営層が社会課題を変革の好機と捉え、自社のサプライチェーンの位置付けやあり方を見直す動きが加速するでしょう。

　本章ではサプライチェーンのレジリエンシー向上にむけて述べてきました。将来の市場環境の変化や不透明性を踏まえ、今のレジリエンシーが十分なのか、どこから優先的に対策を取るべきかを考えることは容易ではありませんが、本書で紹介したフレームワーク・アプローチをご活用頂き、貴社のサプライチェーンのレジリエンシー向上に役立てていただければ幸いです。読者の皆様が一層進んで取り組むことを期待しております。

| 執筆者 |

小崎 友嗣（こざき ともつぐ）
A.T. カーニー 戦略オペレーションプラクティス　シニアパートナー
東京大学工学部計数工学科・カーネギーメロンTepper School of Business School 卒（MBA with University Honors）。
日本生命保険相互会社の経営企画、商品開発部を経て、A.T. カーニー入社。20年近くの戦略コンサルティング経験を有する。ヘルスケア、製造業、通信、商社、金融機関などに対し、E2E（End to End）でのオペレーション・組織改革を梃にクライアント企業の収益成長・改善のプランニングから実行を支援。経営陣のみならず現場との合意形成に基づく、着実な成果につながる変革支援に強み。

芳川 天音（よしかわ あまね）
A.T. カーニー 戦略オペレーションプラクティス、自動車プラクティス　シニアパートナー
東京大学工学部、東京大学大学院工学系修士卒。
多様な業界企業に対し、組織改革、営業改革、業務改革、コスト改革、SCM改革などの様々なE2Eオペレーション改革を支援。また、特に自動車業界において、先進技術の動向、将来の市場変化への幅広い知見をもち、中長期戦略から、サプライチェーン、流通販売アフター領域に至るオペレーション改革までをサポート。加え、PEファンドによるM&A、PMI、バリューアップを、オペレーション改革の専門家として多数支援。

松代 孝博（まつしろ たかひろ）

A.T. カーニー 戦略オペレーションプラクティス　プリンシパル

慶應義塾大学経済学部卒。富士フイルム株式会社を経て、国内大手コンサルファームにてサプライチェーン領域を担当し、A.T.カーニーに入社。ハイテク／自動車／重工業を中心に、サプライチェーン戦略立案、オペレーション改善、デジタル変革のプロジェクトに従事。戦略策定から具体的な実行まで支援し、企業のトランスフォーメーションを多く手掛けている。

参考文献

・日経ビジネスオンライン「東南アジアで胎動する「経済回廊」 米中摩擦が追い風に」
・NHK「ＲＣＥＰ合意――インド抜き 自由貿易圏の行方――」
・WEF「The Resiliency Compass:Navigating Global Value Chain Disruption in an Age of Uncertainty WHITE PAPER」
・MIT Technology Review「Building resilient supply chains」
・環境省：『サプライチェーン排出量　概要資料』（2023年3月1日）
・全日本トラック協会：『荷主と運送事業者の協力による取引環境と長時間労働の改善に向けたガイドラインおよび事例集について』（2019年8月）

第19章

サステナビリティ

そのサステナビリティ経営はサステナブルか

サステナビリティへの注目の高まり

既に多くの企業ではサステナビリティは経営戦略における重要なテーマの一つであると認識されています。実際の企業経営や事業の現場に於いてサステナビリティにいかに取り組むべきか、についてのご相談を頂く件数も非常に増加しています。

企業経営におけるサステナビリティという考え方の端緒は1990年前後にまで遡り、一部欧州系企業が先陣を切る形で取り組みが行われ始めました。企業の社会的責任（CSR）というテーマは同年代後半には多くの日系大企業にも浸透しつつありましたが、同時期から2000年代前半にかけて、米国のビジネススクールや欧州消費財企業の経営者などが先鞭を付ける形で、共有価値の創造（CSV）という哲学が創造されていきました。企業の本業としての事業活動と、幅広いステークホルダーへの価値共有（還元）

に関する直接的な連関性の重要度がこの時期に提唱され、形式知化が進んだと言えると思います。残念ながら、一部の先進的な企業を除いては、日本企業のキャッチアップはなかなか進まず、最先端と比せば周回遅れともいえる状態が、長期にわたり続いていたと見ています。

漸く日本においてもサステナビリティの気運が盛り上がったと言えるのは、2020年前後にかけてのように思います。2015年のSDGsやパリ協定の採択、2019年末からの新型コロナ禍、2021年のIPCC第6次報告書の発行等を契機として、気候変動対策の重要性に関する気運が盛り上がるにつれて、グローバル市場におけるサステナビリティへの関心はもう一段さらに急速に高まっていきました。

菅総理大臣（当時）が2020年の国会における所信表明演説において、「2050年までにカーボンニュートラルを目指す」と宣言されたことも、こと日本において気候変動対策への関心が急激に高まるきっかけとなりました。

"サステナビリティ"には多様な要素が含まれ、また業界・個社によっても取り組むべき内容は異なります。ここでは、業界横断的な考え方として、そもそもサステナビリティ経営とは何か、サステナビリティ経営を志向するうえで理解すべき視点について語っていきたいと思います。

サステナビリティ経営はサステナブルか

実際のところ、サステナビリティ経営とは何かについて、明確に語れる方はまだまだ少ないように感じます。企業の役員の方とお話ししていても、ごくごく最近まで見返りのない追加コストをかけて社会善を追求する（≒寄付行為）としてしか認識されておらず、積極的に取り組む必要性もインセンティブもほとんど感じていなかった、という声も伺います（図表19-1）。グローバル市場（顧客）との接点が多い企業ではサステナビリティへ

■ **図表 19-1　APACの経営者がサステナビリティをコストとしてみている割合**

サステナビリティを価値創造の機会ではなくビジネス継続のためのコストと見なす経営者の割合

国別	平均	オーストラリア	中国	インド	インドネシア	日本	マレーシア	フィリピン	シンガポール	タイ
強く同意する	25%	26%	16%	31%	26%	14%	27%	28%	19%	35%
同意する	47%	51%	40%	46%	51%	41%	50%	42%	57%	42%
強く同意する又は同意する	72%	77%	40%	78%	77%	56%	76%	70%	76%	76%
同意しない	22%	16%	33%	14%	15%	34%	21%	25%	20%	18%
分からない	7%	7%	10%	8%	8%	11%	3%	5%	4%	6%

セクター別

平均	ビジネス専門サービス	教育	製造業	建設・不動産	金融サービス	ヘルスケア	小売	通信メディアテクノロジー	自動車運輸工業	エネルギー公益事業
72%	78%	81%	61%	76%	80%	79%	74%	70%	60%	71%

出所: KEARNEY 2023 Asia Pacific Sustainability Study

の意識が高まっている一方で、特に日本国内の市場を主戦場とする企業では取り組みの必要性について十分腹落ちしていない様子が見て取れることも多いです。

　サステナビリティ経営の理解に際して、CSR経営というものとの比較の中で捉えると助けになることがあります。両者を区別せずほぼ同義として使われることもありますが、本来両者は全く異なる意味合いを持つものです。A.T.カーニーでは、サステナビリティ経営は事業活動と密接に関係する領域において社会貢献と経済的利益・合理性の両立を追求するものと捉えています。これは、時に事業活動との直接的な関係性が無い領域への貢献を是とし、企業活動で得た利益を原資として寄付的な視座で社会善を追求するような従来のCSR活動とは大きく一線を画すものです（図表19-2）。

　また例えば、CSR活動は原理的には本業で稼いだ利益を原資としてそ

業界横断テーマ

■ 図表 19-2　CSR経営とサステナビリティ経営の違い

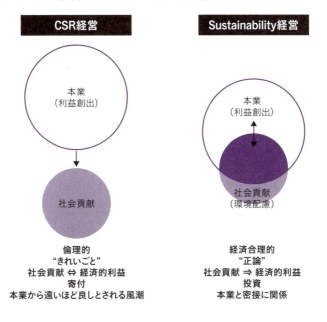

れを払い出すという特徴を背負うため、業績悪化局面ではその活動範囲を縮小することが宿命付けられているとも言えます。これでは企業活動の本質と社会の持続可能性に対する貢献が独立的にブツ切れになってしまっており、サステナビリティ経営とは言えません。

現実的には、従来から存在するCSR部門をサステナビリティ部門として看板を掛け変えただけの組織も未だに散見されますし、サステナビリティ組織の担当者が従前と同様のCSR業務に忙殺されており、本業の事業活動や経営とは縁遠い"社会貢献的な"活動を続けてしまっている状況もよく見られます。そのような企業では往々にして、サステナビリティ戦略や施策の検討主体とCEOやCOOなどとの距離は遠く、中核のコーポレート機能としてサステナビリティ組織とは位置づけられていないため、多くのステークホルダーを巻き込んで戦略性の高い課題を解決するためのケイパビリティや、予算・人材の確保などの観点で目詰まりを起こしてしまっ

第19章　サステナビリティ

ていることも少なくありません。

　本来は、事業活動と一蓮托生で企画立案され、また実行されていくことが必要なサステナビリティ経営であるはずが、リソースや能力不足から構想と実現の両面で巧く立ち行かなくなり、窮乏の打開策をご相談頂くことも非常に多くなっています。

　さすれば、サステナビリティに対してどのような事業的あるいは経済的な合理性を担保できるのでしょうか。その目的別にいくつかの典型が見られます。

　こうした典型例は全てそのままに企業に適用されるというわけではなく、それぞれの業界や個社のポジショニング、市場・顧客の特徴、自社の戦略によって具体的な取り組みにはカスタマイズが必要です。このあたりのポイントについては、後程「サステナビリティ経営の検討視点」のパートでもう少し深掘りしていきたいと思います。

今こそ求められる企業経営者のコミットメント

　企業のサステナビリティへの取り組みに対する最終責任を誰が負うべきかについては依然様々な見方がありますが、経営陣の個人の成果指標の中に、サステナビリティに関する結果責任が組み込まれていることも増えています。A.T. カーニーがAPAC地域の大企業経営者に対して昨年実施した調査によれば、サステナビリティへの取り組みがCXOレベルの経営陣によって指揮されることが増えてきていることが確認できています。APAC地域の企業を押しなべて見た時には、半数近く（46％）の企業には、既にチーフサステナビリティオフィサー（CSO）が設置され、サステナビリティ戦略の策定と実践を主導する役割を負っていることも確認できます（図表19-3）。

業界横断テーマ

■ 図表 19-3　サステナビリティの推進と経営陣の責任

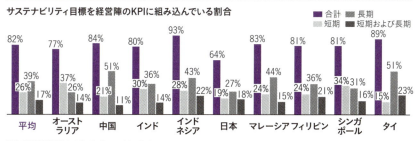

出所：KEARNEY 2023 Asia Pacific Sustainability Study

　この図表をご覧頂くと、CSOの設置や経営陣の成果KPIにおけるサステナビリティの勘案について、日本の数値がAPAC諸国のなかで際だって低いことが目に留まるのではないでしょうか。それらの差異が企業の取り組みにおけるケイパビリティの巧拙を直接的に示唆するものではありませんが、経済規模では本邦より圧倒的に劣るASEAN各国にすら日本のスコアが大きく劣後している現状には危機感を覚える面もあり、この背景や有効な対策などについて、私たちも今後、政府や企業の皆さまと議論を尽くしていきたいと考えています。

　また加えて、「役員や経営陣はサステナビリティの動向をよく理解しているか？」という質問に対して、強く賛同すると回答した企業はわずか37％に過ぎませんでした。これは、経営における注目度が確かに高まる一方で、経営陣のサステナビリティリテラシーの低さは憂慮されている実

態を示しており、企業に於いて誰がサステナビリティの先頭に立つべき
か？についても、必然的に混乱を生じさせている理由とも見て取れそうで
す。

　企業に於いてサステナビリティを牽引する主役の基本は、やはりCEO
であることが理想的であると考えています。経営陣の成果KPIとサステナ
ビリティを連動させる動きは盛んになりつつありますが、現実には、未だ
多くの企業では"なんちゃって"の域に留まった展開となっており、魂を
込めた取り組みに至れていないのではないでしょうか。CEO自身がサス
テナビリティに関する理解を深め、自社のコア戦略や本業と一体的に追求
する経営をリードしていくことが求められていると思います。

サステナビリティ経営の検討視点

　サステナビリティ経営とは、社会貢献性と本業の事業活動が直接的な関
係の中で併存する状態を目指すことであることを繰り返し述べてきまし
た。それでは、実際に、サステナビリティと企業経営の現場・リアリティ
をどのように一体的に繋ぎ合わせば良いのか？　ここでは以下4つの視点
から例を示し、読者の皆様により具体的イメージを持っていただきたいと
思います。

> 視点①：資本市場とサステナビリティ
> 視点②：消費者市場とサステナビリティ
> 視点③：採用・労働市場とサステナビリティ
> 視点④：事業収益の改善とサステナビリティ（一挙両得の機会）

視点①：資本市場とサステナビリティ

　サステナビリティに取り組む理由としてよく耳にすることの一つに、取

業界横断テーマ

り組みにより資本市場からの評価を高め、最終的には株価・企業価値を高められないか、というものがあります。

2022年に発表された「伊藤レポート3.0（SX版伊藤レポート）」では、「企業のサステナビリティと社会のサステナビリティを同期化させるサステナビリティ・トランスフォーメーション（SX）」が提唱されており、それに基づいた投資家との対話の重要性が語られています。当該レポートには重要な提言が多く含まれていますが、ここでは「長期志向が重要であること」「社会課題はセクター内企業で共通のものであるため、取り組みが共通化（非差別化）しやすいこと」また、「投資家は、評価の仕方への迷いから表面的・形式的な企業価値評価を実施しがちであること」などが語られ、サステナビリティを通じて株価を直接的に上げにいくことの難しさが指摘されている点に着目したいと思います。

投資家がサステナビリティを価値評価に取り込んで投資を行うESG投

■ 図表19-4　サステナビリティ／ESG投資の動向

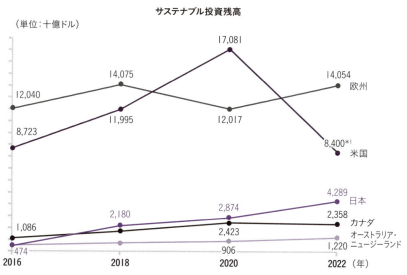

*1: US SIFの統計手法の変更（投資判断における具体的なESG基準を示していない投資家の運用資産を含まない）により見た目の投資残高が減少
出所: Global Sustainable Investment Review 2022 (Global Sustainable Investment Alliance)

資は国内外でその規模を拡大し続けています（図表19-4）。

　他方で、「伊藤レポート3.0」で指摘されたようにESGを含むサステナビリティに関する取り組みと株価パフォーマンスの関係については評価方法が定まっておらず、格付機関によるESG評価も評価ロジックが各社で異なり、評価の結果にもブレが見られるのが実情です（図表19-5、図表19-6）。

　サステナビリティへの取り組みがどれだけ企業の株価パフォーマンスに

■ 図表 19-5　格付け機関による ESG 評価方法の違い

	S&P	MSCI	Sustainalytics
算出方法	- E、S、Gそれぞれの細分化された評価項目に対し、業界毎にウェイトを設定 - 評価項目毎に採点を行い、それぞれに設定されたウェイトを乗じた値を合計して評価値を算出 算出イメージ ESGスコア ＝ Eスコア ＋ Sスコア ＋ Gスコア 項目A スコア 40 ✕ ウェイト 20% ＋ 項目B スコア 90 ✕ ウェイト 10% 項目C スコア 50 ✕ ウェイト 25% ＋ 項目D スコア 50 ✕ ウェイト 15% 項目E スコア 90 ✕ ウェイト 20% ＋ 項目F スコア 40 ✕ ウェイト 10%		- 晒されているESGリスクスコアから管理リスクのスコアを除き、未管理のリスクスコアを算出 算出イメージ ESGリスクスコア ＝ ESG露出リスクスコア － 管理リスクスコア サブ産業別露出 ✕ 課題β ＝ 露出リスク ✕ 管理リスク要因 ＝ 管理スコア
ウェイトの考え方	企業の財務状況に与える影響の大きさと、その影響の発生可能性を基に策定	［環境（E）と社会（S）］ 議論を生むなどの出来事を通じ主要リスクが顕在化する可能性とその時間軸を基に策定 ［ガバナンス（G）］ 一定の時間軸とインパクトを適用	［サブ産業別露出］ 業界の下位区分に重要なESG課題を特定 ［課題β］ 製品生産量、財務情報、企業の課題への関与度合、地理的要素等を基に策定
評価スケール	0~100の絶対値	同業他社との相対的なAAA～CCCの7段階評価	0~100の絶対値と5段階のリスクレベル
情報ソース	企業へのアンケート（未回答企業は公開情報）	企業や政府、NGOの公開情報	企業や政府、NGOの公開情報 評価ドラフトに対する企業からのフィードバック

338

業界横断テーマ

■ 図表 19-6　同一企業に対するESG評価機関による評価のブレ

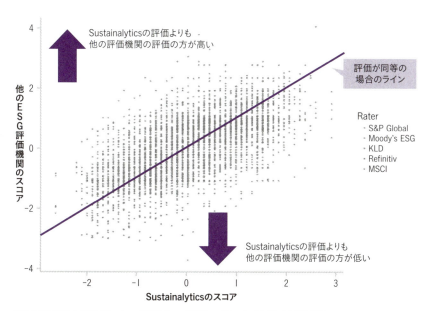

出所:「Aggregate Confusion:The Divergence of ESG Ratings」(MIT Sloan・University of Zurich、2022年4月15日)

寄与するのか？に対する期待値の大きさについて、日本と海外の投資家の間でも認識が異なっています。ESG投資家が抱くリターンの期待値を国別に見てみると、OECD各国の期待値は総じて低調ですが、中でも日本は最も低い約20％程度の水準となっています（図表19-7）。

比較対象の他国と比べてサステナビリティに対する理解・関心度のいずれもが総じて低いことの帰結である可能性も捨てきれず、所謂機関投資家に於いても比較的関心が薄い層が未だに一定規模で存在する可能性も高そうです。

仮にサステナビリティを通じて株価の上昇を企図するのであれば、株主対話の重要性が想起されますが、そこでも図表19-8で示す通り、ESGへの取り組みにより力を入れようとする企業側と、それを評価する投資家側との間に明らかに期待の差異があるのも実情です（図表19-8）。

■ 図表19-7　ESG投資についての経済的リターンへの期待

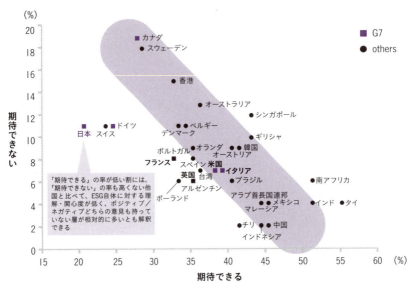

出所: Schroders Global Investor Study 2021より、KEARNEY作成

　一部の国では、"グリーンウォッシング"を規制する動きが見られるなど、反ESGともとれる動きも出てきています。例えば米国の一部の州では公的年金のESG運用を禁止する法案が成立、S&Pは定量評価取りやめ（定性評価は継続）を発表し、運用会社ブラックロックのラリー・フィンクCEOはESGという用語を今後使用しない考えを表明するなどの動きも進展しています。豪州においては、2023年7月、競争・消費者委員会により、企業がサステナビリティ関連で実施していると主張する取り組みが本当にかつ包括的に行われることを担保し、消費者を保護することも目的として、新たなガイダンスが発表されました。日本の金融庁も昨年、どの金融商品にESGラベルを付けることができるかについて、従前よりかなり厳密なルールを設定しましたし、投資信託の運用会社などには投資先選定の際に活用可能なESGクライテリアを開示し、さらに同時に、ESG関連のスチュワードシップ・コード方針を開示することが義務付けられるよう

業界横断テーマ

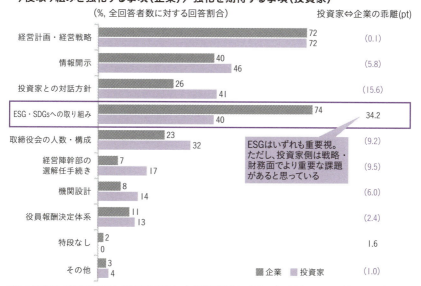

■ 図表19-8　企業活動において重視する事項に対しての企業と投資家の認識

になりました。多くの企業が「サステナビリティ活動の公表」を拡大してきたことの皮肉な結果として、反サステナビリティ、反ESGといった新たな抑制的機運が表出しつつあるとも取れそうです。

視点②：消費者市場とサステナビリティ

次に、特にB2Cの消費財企業などに於いて、サステナビリティに取り組む目的とされる「ブランド価値の向上」を考えてみたいと思います。ポイントとなるのは、サステナビリティが消費者の自社や自社製品に対する認知・知覚をどれだけ変移させ、結果的に消費者の意思決定や行動をどこまで変え得るのか？という点です。

どういった企業が実際にサステナビリティを梃子にして「ブランド価値を上げている」といえそうでしょうか。日経BPは2020年よりESGブラ

ンド調査を実施しています（図表19-9）。

　当該調査では対象企業を相対的に評価するものであり、単純な順位の上昇・下降のみに絶対的意味はありませんが、それでもいくつかの重要な事象が見て取れます。まず4年間トップ10に入り続けているのは、トヨタ自動車、イオン、サントリーの3社しかないことです。わずか4年間でここまで目まぐるしく大企業の順位が変動する様を観察すると、社会や消費者が認知するサステナビリティのブランドイメージは、とても移ろいやすいと言えそうです。次に、これらのブランドイメージが資本市場における格付機関によるESG格付とは必ずしも一致しないという点も重要そうです。例として2023年のトップ10についてS&P Global ESG Scoreとの比較を行ったところ、トップ10内でも順位の逆転が見られる他、例えば自動車業界では日経BP ESGブランド調査において4年連続1位のトヨタ自動車よりも、2022年にはランク外、23年に漸く5位となったホンダの方がS&P Global ESG Scoreは69と高いです。

■ 図表19-9　日経BPによるESGブランド調査トップ10の変遷

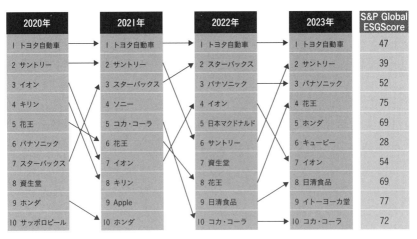

*1: サントリー食品インターナショナルのスコアを記載
*2: Seven & i Holdingsのスコアを記載
*3: コカ・コーラ ボトラーズジャパンのスコアを記載
出所: 第1-4回ESGブランド調査（日経BP）、ESG Scores and Raw Data（S&P Global）

国内外の多くの機関が消費者の意識調査を行っており、サステナビリティの取り組みの必要性への共感や生活における実践、あるいは製品の購買時にサステナビリティを評価して意思決定を行っているか、などをリサーチしています。グローバルでみれば、いずれの観点においても日本の消費者の回答は諸外国と比べてスコアが低調な傾向があり、ひとえに消費者市場とはいっても、「地域・国ごとの消費者特性の違い」を理解していくことも重要となります（一方、日本市場でもいわゆるＺ世代においては他のOECD諸国並みにサステナビリティ感度が高くなる、という調査結果もあるため、当面の間本邦においてマーケティング戦略を検討する際には、ターゲットとするセグメントの属性とサステナビリティへの感度を慎重に見極めることが必要そうです）。

消費者に対するサステナビリティ価値の提案と その科学的検証の事例

　サステナビリティをフックに消費者市場における自社、あるいは自社製品の「ブランド価値向上」を目指すのであれば、どういった消費者セグメントにおいて、どのような取り組みであれば現実に評価され得るのか、そしてその評価自体が消費者の購買行動や意思決定を変容させることに繋がるのかをきちんと科学的に検討・分析することが重要だと思います。

　サステナビリティに関する消費者の行動変容を科学的に分析する観点で、2016年に米国科学アカデミー紀要（PNAS, Proceedings of the National Academy of Sciences）に掲載された論文「Online purchasing creates opportunities to lower the life cycle carbon footprints of consumer products（消費者がオンラインで購買する製品のカーボンフットプリントを削減するオプションを提示されたとき）」には興味深い実験結果が掲載されています。論文執筆にあたり、Amazonを模したECサイトで商品を購入する際に、消費者の購買行動で発生するであろうCO_2を相殺する（カーボンニュートラル）配送オプションを提示する実験が行われ、消費者の選択行動の分析がなされました。

実験では有料のAmazon Prime会員を想定し、追加料金はなしで2日以内の配送（お急ぎ便）が提供されること、および、急ぎでない配送（5～7営業日）を選択すれば次回購入時に利用できる1ドル分のクーポンが提供されるということを前提としています。

　そのような前提下で、以下の①～③の3つの異なる選択肢を創り、そのうちどれか一つだけを消費者に提示して、実際に消費者がどういった選択をするかを試しました。

①急ぎでない配送を選択した際には、1ドル分のクーポンはもらえない代わりに、消費者に成り代わってAmazonがカーボンクレジットを購入してくれる（結果、配送自体がカーボンニュートラルになる）
②引き続き急ぎでない配送を選択すれば1ドル分のクーポンを消費者は受け取れるが、その1ドルの一部を、配送をカーボンニュートラルにするために消費者が寄付することができる
③どのような配送オプションを選択したとしても、商品配送に関わるカーボンニュートラルを実現するために、消費者は追加料金を支払う選択ができる

　このうち特に①の条件については、EC企業側がカーボンオフセットを実現するためにクレジットを調達するコストが消費者が諦める1ドル分の値引きクーポンよりも低かったため、企業にとってはカーボンニュートラルを実現しつつ同時に実コストの削減にもつながり得る画期的なオプションとして注目を集めました。

　現実の結果は次の通りでした。①を提示した際には約半数の消費者は急ぎでない配送（1ドルの値引きクーポンはもらえないが、Amazonがカーボンオフセットしてくれる）を選びました。特に、重量の嵩む商品を購入する消費者ほど、輸送によるCO_2排出量が増えることを気にする人が多く、平均よりも高

い選択率でこのオプションが選ばれたことが観察されています。②を提示した際には、選択肢①よりも実は消費者にとっては最も合理的なはずで、一定の次回値引きクーポンとカーボンオフセットの双方を実現できる選択肢であったにもかかわらず、選択条件の中身の複雑性が増してしまったことも影響し、①に比べて選択率は低い結果となりました。次いで、オプション③を提示した際には、追加料金がデフォルトで表示されている場合にはなんと約9割、デフォルトで表示されていない場合でも約4割の消費者が追加料金の支払いを選択するという結果が得られています。さらに結果に加えて、①〜③のいずれの選択肢が提示された消費者においても、約3割の消費者は、カーボンニュートラルな選択肢を提示してくれたEC事業者に対するイメージが良くなった、とも回答しました。

　この実験はとてもロイヤリティの高いユーザーを数多く抱えるAmazon社を前提としていてすぐさまに日系企業が再現性を求めることは難しいのかもしれません。しかしながら、特定の条件さえ整えば、商品の販売、サステナビリティオプションの提供、コストの削減、「ブランド認知」向上、などを同時に併存的に成立させ得る可能性を示しており、有益な参考情報になるのではと考えています。

視点③：採用・労働市場とサステナビリティ

　近年、人材獲得のためにもサステナビリティが重要だという認識が広まりつつあります。実際に海外では、自社の事業がサステナビリティを軽視していると従業員側が判断した場合には、公に自社のビジネスを批判したり、自主的に退職してしまう、といった事例もよく耳にします。

　マイナビが新卒学生向けに実施した企業選択のポイントについての調査では、サステナビリティに関連する項目として「社会貢献度が高い」は約2割が重視する比較的優先度の高い項目となりつつあります（図表19-10）。また、自社の社員に対してサステナビリティを訴求して意識向上に努めて

■ **図表19-10　学生が企業を選ぶときに注目するポイント（上位3項目）**

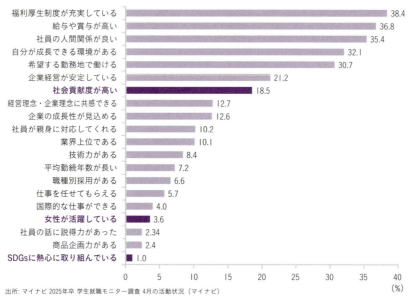

出所：マイナビ 2025年卒 学生就職モニター調査 4月の活動状況（マイナビ）

いる企業においては、社員のモチベーションが高いという調査結果もあります（図表19-11）。

　英国のチャリティー団体 Charities Aid Foundation が毎年実施している World Giving Index（世界寄付指数）調査において、日本は調査参加国の中で恒常的に低位に甘んじています。

　宗教的要因が語られることもよくありますが、人助け・寄付・ボランティア等に対する関心が日本では他の先進国と比べて低位に留まります。もちろん、それら行為の倫理的な重要性は広く認識されているはずですが、いざ現実的に、自らの時間や財を社会のために積極的に投じることについて、他の欧米先進国と比して消極的であることを調査は示しており、私たち個々の社会人の価値や行動の源泉として、サステナビリティが真に根付くまでには、未だ時間がかかりそうと言えるのかもしれません。

　グローバルアジェンダとしてサステナビリティが提唱されたのは1990

業界横断テーマ

■ 図表 19-11　社員への SDGs の告知・教育と社員のモチベーションの関係

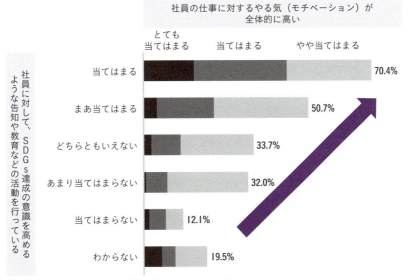

出所：SDGsと社員のモチベーションに関する調査（JTBコミュニケーションデザイン）

年ごろにまで遡ります。2015年に国連で採択されたSDGsは有名ですが、その前身として、既に2000年にはMDGs（Millennium Development Goals）が採択されていたことはあまり知られていません。カーボンニュートラルに向けた温室効果ガス排出量の算定基準であるGHGプロトコルもその根本が策定されたのは2001年であり、またESG投資の原点ともいえる国連PRI（責任投資原則）：Principles for Responsible Investmentが発足したのは2006年のことでした。

　サステナビリティに関連する規範や基準の勃興は、主に欧米の国家や非営利団体、もしくは国際的な大企業自身がこれを先導する形で今日まで進んできており、多くの取り組みにおいて、それらの原点まで遡れば、既に20年以上の歴史を有するものがほとんどです（図表19-13）。

　ここでは、採用・労働市場を切り口として、社会的、個人的なサステナビリティの受容性に着目してきました。そのような観点でみれば、日本は

■ 図表19-12　サステナビリティと企業選択の関係

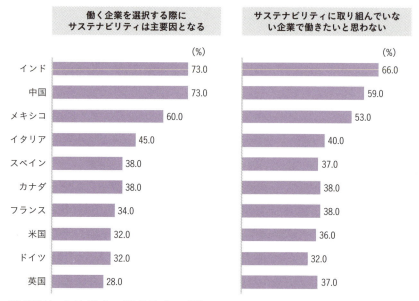

出所: HP Workforce Sustainability Survey Global Insights Report（HP）

まだまだ「サステナビリティ後進国」と呼ばれても仕方ない状況にあるのかもしれません。しかしながら、近年は学校教育でも初等教育の段階からSDGsをテーマに授業や課外活動が行われるなど、いわゆるサステナビリティ・ネイティブ世代が日本でも育まれつつあります。優秀人材を自社に惹きつけ、そして長く活き活きと活躍してもらうためには、企業のサステナビリティの取り組みはより重要性を増していくはずであり、社内に向けた情報発信やエンプロイヤーブランディングの観点でもより広範なステークホルダーに向けてサステナビリティに向き合っていく必要がありそうです。

視点④：事業収益の改善とサステナビリティ（一挙両得の機会）

　サステナビリティと事業活動の共存性を追求していく中で、最も取り組

業界横断テーマ

■ 図表19-13　サステナビリティ関連年表

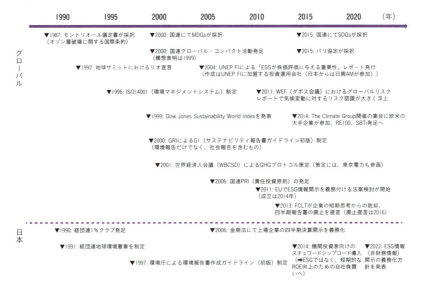

みやすいテーマの一つがコスト削減です。一般的には、「サステナビリティに取り組むためには、新たに追加的なコストがかかる」と考えられがちですが、実際には企業にとってはコスト増ではなく、逆にコスト低減に寄与し得る取り組みも多くあります。ただし、たとえコストが低減できたとしても、現実にはコスト以外の"代償"を払う羽目になるケースが多いのもまた事実であり、その"代償"を企業として許容できるか、許容すべきか、についての見極めが重要な論点となります。

例えば、顧客を巧く説得し、従来空輸していた製品・部材などを海上輸送に切り替えることができれば、多くの場合において、CO_2排出に関する製品負荷は削減でき、同時にまた輸送コスト自体も低減します。もちろんその際には物流リードタイムの長期化が"代償"としてトレードオフの関係になりますが、その際に、生産や納品スケジュールを調整して工夫することができれば、航空輸送をしてまで短納期を実現しなくとも済むケース

もあります。当然、顧客から見れば、ベンダーのサービスレベルが下がる、とも見えますし、たとえ自社内で受け渡す物流であったとしても、製品の受け手である社内のステークホルダーにとってみれば、従来の物流所要日数に比べて数倍から10倍以上もリードタイムが延びることはまずもって不便で不都合が生じることも多々あります。個別企業、ないしは自社内の部門間の壁を跨いだ交渉や調整が必要になるため、初見では強い拒否反応に遭ってしまうことも少なくありません。しかしながら、地政学や天災のリスクなどへの注目度が改めて高まり、サプライチェーンのレジリエンスを高めることや輸送モードを複数オプション保有すること自体がオペレーションの堅牢性を高めることが認識されつつあり、製品輸送に絡むGHGの削減以外にも、輸送モードを変更することには便益があることが共通認識化されると状況は一変し、関係者の合意に至れるシーンを頻繁に目にします。

　同様に輸送コストとリードタイムのトレードオフをサステナビリティを絡めて最適化する例として、顧客とリードタイムを含む納入条件自体を積極的に交渉して、アップデートを掛ける取り組みを良く耳にするようになってきました。従来は多くの日系企業の購買部門において、多品種小ロットかつ高頻度輸送により製品を都度納品できることこそが、プリファードベンダーとして、優秀なベンダーと認知されるための絶対条件として定着していました。これまでは多くの業種で多品種小ロット生産ないしは輸送による短リードタイムとフレキシブルな納品が称賛されることが多かったわけですが、サステナビリティ気運の高まりや社会的要請は、その伝統的なQCD評価基準を抜本的に見直すことを迫っています。

　その背景には、先に論じた航空輸送の切替と同様に製品輸送時のCO_2を極小化したいというインセンティブが顧客企業側に強く働いているということがまず挙げられますが、加えて24年問題と頻繁に論じられるトラックドライバーの皆さまの労働基準の変更に伴う輸送キャパシティそのも

のの不足に対する憂慮も存在します。取引先の従業員の皆さまも包摂して、自社の事業活動に関わる全ての人々の安全や健康に配慮することは待ったなしのサステナビリティの命題であるからです。

　結果として、トラックの荷台のキャパシティをできる限り満載に近い状態で活用したり、トラック便の運航本数自体を減便して延べ走行距離をも削減し、結果として顧客企業にとっての原材料調達時のScope3としてのGHG負荷を減らしたり、あるいは輸送業者さんのドライバーの健康や安全にも配慮でき、なおかつ運行本数減により物流費用自体の低減にも繋がるという一石三鳥で三方良しの交渉が、頻繁に実施されるようになってきています。

　冒頭に申し上げた通り、“代償”として「従来は当たり前だった顧客（荷主）にとっての利便性」は損なわれますが、調達に絡むGHG削減や自社事業に関連するすべてのステークホルダーの安全・健康や人権への配慮は顧客企業にとっても、また物流を担う企業にとっても既に重要命題となっており、結果として手に入れ得る輸送コスト自体の削減も便益として俎上に載せることにより、伝統的にはなかなか交渉余地のなかったリードタイム長期化の提案を、ベンダー側が顧客に提示できるようになってきています。

　視点②で述べたAmazonと顧客のやりとりを模した実験においても、本来「1ドル分の値引き」であったロイヤル顧客へのリワードについて、実際にはその1ドルよりもコストが低いカーボンオフセットをオファーすることで、EC側の企業にとって経済性も追求できる可能性があることが示されました。

　いずれも、ほんの数年前までは否応なしに（取引慣行的に）顧客（企業）側が要求していた従来型のベンダー/サプライヤーと顧客の間に存在する「当たり前の要望」に真っ向からチャレンジをし、今一度暗黙の了解であった事柄も含めて様々な条件を再度交渉の俎上に載せ、業態の変革に取り

組むものとなります。したがって、従来の取引慣行に雁字搦めの現場の担当者や責任者にとっては、なかなか発想や伝達がしにくいものかもしれません。とはいえ一方で、だからといってこの手の条件交渉や仕事のやり方自体のアップデートを企業のサステナビリティ部門に任せきりにすることもまた現実的ではないことが多く、注意が必要です。

　先に述べてきた通り、コスト削減やGHG負荷の低減などの便益がありながらも、同時にリードタイム長期化などの“代償”（トレードオフ）が付きものであり、オペレーションのやり方を変えるに際して必ずと言って良いほど生みの苦しみを伴うことが想定されるからです。最近はESGに関するトピックエキスパートを新たに中途採用して雇い入れることも頻繁化しており、サステナビリティ部門の組織や人員は多くの企業で非常に強化されつつあります。

　ただそうではあっても、開発や生産、営業などの事業のど真ん中で市場に相対してきた人材は現業に忙しいケースも多く、多くの企業でサステナビリティ部門は所謂コーポレート部門の一つとして事業とは全く別の組織であることが多いです。結果として、社外のベストプラクティス事例の提示や初期的なアイディアの着想はできても、いざ顧客や取引先に対して具体提案をする段となれば、新たな取り組みの結果発生し得るリスクやその回避策、取引先社内のオペレーション変更に掛かる負荷やコストのイメージ、自社内の他部門や顧客に対してどういう不便をお掛けし得るのかについてなど、幅のある想定と対策の立案に限界があるケースが多く見られます。

　このようなことを避けるうえでは、CEOやCOOあるいは事業責任者自体が取り組み全体を統率し、営業や生産、物流、時には開発部門のメンバーがクロスファンクショナルに一体となったチームを組成し、サステナビリティ推進部門と協業することが欠かせません。

業界横断テーマ

おわりに

　本章では、資本市場、消費者（顧客）の認知、採用市場、事業収益性との関わりなど様々な観点でサステナビリティに関するトレンドや重要論点を俯瞰してきました。

　広く取り組みの重要性は認知されているサステナビリティではありますが、現実の企業活動の最前線で実際的に取り組みを遂行し、成果を勝ち取っていくことは容易ではありません。サステナビリティ経営は社会や市場の要請であり、必然として「守り」の側面を宿します。一方、それは慈善の精神論に基づくボランティアのようなモノでは毛頭なく、本業ど真ん中の事業活動の成功・拡大と表裏一体の関係にあるのだという「攻め」の視点が何よりも重要であると考えます。私たちA.T.カーニーは、Regenerateを提唱し、サステナビリティの活動が財務投資対効果に見合うことを追求することはもちろん、企業はさらに高次を目指すべきであり、企業が環境や社会にネット・ポジティブ（全体で正味ゼロを目指すネット・ゼロに対して、全体で正味プラスである状態のこと）な影響を与えることを、企業経営者の野心に据えて頂くべきだと考えています。

　サステナビリティ経営の中核取り組みの多くは顧客企業や社内のクロスファンクショナルな連携、トレードオフを乗り越える難しい折衝を必須とするため、その主導権は取締役会やCEOが中枢として握り、リードすべきであると思います。往々にして広報部門やCSR推進部門などから派生する形でサステナビリティ部門が新設されているケースを目にしますが、意味のあるサステナビリティ経営のエッセンスは全て、企業の実業に直接的にリンクしており、"出島"的な部署と事業未経験のコーポレート人材を中核とした組織体制では決してうまくいきません。今後の企業経営において、サステナビリティや弊社が提唱するRegenerateは待ったなしで避

けられない競争戦略要素であり、より多くの日本企業がその本質を見つめて変革を実行し、企業の成長・成功と両立される形で、サステナビリティが拡大再生産されていくことを強く期待しています。

| 執筆者 |

筒井 慎介（つつい しんすけ）

A.T. カーニー エネルギープラクティス シニアパートナー

東京大学工学部卒。決済企業においてICカード事業の立ち上げ、人事制度改定を担当後、A.T. カーニーに入社。

2013～2014年 経済産業省資源エネルギー庁出向。環境省某委員会委員。

電力会社や都市ガス会社等のエネルギー企業を中心に成長戦略、シナリオプランニング、リスクマネジメント、新規事業戦略等を支援。近年は、エネルギー企業に加え幅広い業界の企業に対し脱炭素を契機としたアセット管理、次世代燃料への移行、炭素除去への取り組みをサポート。

日山 史巳（ひやま ひとし）

A.T. カーニー エネルギー、サステナビリティプラクティス プリンシパル、西日本担当

国際基督教大学教養学部卒、IMD MBA。三井物産、海外におけるスタートアップ経営、米系戦略ファーム、などを経てA.T. カーニーに入社。エネルギー・資源、交通、製造業等を中心に、10年/10ヵ国以上でのコンサルティング経験を有する。キャリアの過半を海外、特に新興国（ASEAN、アフリカ）で過ごしてきたこともあり、「エマージングマーケットの成長を日本企業の活力に変える」というビジョンの下でGo-to-marketや新規事業戦略の構築経験を数多く有するとともに、難局に直面するグローバル企業の構造改革設計やオペレーティングモデルの変革、組織・風土改革等のプロジェクトを数多く手掛けている。また、ライフワークとして自身が生まれ育った関西域の企業・人材の振興にフルコミットしており、家族との生活拠点も関西に置き活動している。

| 参考文献 |

・経済産業省「伊藤レポート3.0（SX版伊藤レポート）」
・Global Sustainable Investment Alliance「Global Sustainable Investment Review 2022」
・「Aggregate Confusion: The Divergence of ESG Ratings」Florian Berg（MIT Sloan），JulianF. Kölbel（University of Zurich），Roberto Rigobon（MIT Sloan）April 15, 2022
・Schroders「Global Investor Study 2021」
・Stanley Black & Decker 2022 ESG Report
・A.T. カーニー調査レポート「Regenerate：持続可能性の先を目指す〜APAC企業におけるサステナビリティの取組みに関する調査」
・日経BP「第1~4回ESGブランド調査」
・生命保険協会「生命保険会社の資産運用を通じた「株式市場の活性化」と「持続可能な社会

の実現」に向けた取組みについて」
・マイナビ「マイナビ2025年卒学生就職モニター調査4月の活動状況」
・JTBコミュニケーションデザイン「SDGsと社員のモチベーションに関する調査」
・HP「HP Workforce Sustainability Survey Global Insights Report」
・Charities Aid Foundation「World Giving Index 2023 Global trends in generosity」

【編者紹介】

A.T. カーニー

1926 年に米国シカゴで創立された世界有数の経営コンサルティング会社。世界 41 の国と地域、71 拠点に、約 5,300 名のスタッフとグローバルネットワークを擁す。あらゆる主要産業分野のグローバル 1,000 社や各国の大手企業や政府系機関等を中心顧客とし、戦略からオペレーション、IT にいたるまで一貫した高品質のサービスを提供。

A.T.カーニー 業界別 経営アジェンダ2025

2024年11月13日 1版1刷

編 者	A.T. カーニー
	© KEARNEY, 2024
発行者	中川ヒロミ
発 行	株式会社日経BP
	日本経済新聞出版
発 売	株式会社日経BPマーケティング
	〒105-8308 東京都港区虎ノ門4-3-12
装 幀	沢田幸平（happeace）
DTP	朝日メディアインターナショナル
印刷・製本	シナノ印刷

ISBN978-4-296-12088-8 Printed in Japan

本書の無断複写・複製（コピー等）は著作権法上の例外を除き，禁じられています。
購入者以外の第三者による電子データ化および電子書籍化は，私的使用を含め一切認められておりません。
本書籍に関するお問い合わせ，ご連絡は下記にて承ります。
https://nkbp.jp/booksQA